生活·讀書·新知 三联书店

霍宏伟 著

鉴若长河

中国古代铜镜的微观世界

Copyright © 2017 by SDX Joint Publishing Company.
All Rights Reserved.
本作品版权由生活·读书·新知三联书店所有。
未经许可，不得翻印。

图书在版编目（CIP）数据

鉴若长河：中国古代铜镜的微观世界／霍宏伟著．—北京：生活·读书·新知三联书店，2017.10（2019.4 重印）
（细节阅读）
ISBN 978 - 7 - 108 - 05916 - 1

Ⅰ.①鉴…　Ⅱ.①霍…　Ⅲ.①古镜－铜器（考古）－研究－中国　Ⅳ.① K875.24

中国版本图书馆 CIP 数据核字（2017）第 123316 号

责任编辑	曹明明
装帧设计	陆智昌　康　健
责任校对	安进平
责任印制	徐　方
出版发行	生活·讀書·新知 三联书店
	（北京市东城区美术馆东街 22 号 100010）
网　　址	www.sdxjpc.com
经　　销	新华书店
排　　版	北京金舵手世纪图文设计有限公司
印　　刷	北京隆昌伟业印刷有限公司
版　　次	2017 年 10 月北京第 1 版
	2019 年 4 月北京第 2 次印刷
开　　本	787 毫米 × 1092 毫米　1/16　印张 22
字　　数	173 千字　图 297 幅
印　　数	08,001 - 13,000 册
定　　价	79.00 元

（印装查询：01064002715；邮购查询：01084010542）

目 录

以史为鉴 ……… *1*

金村王鉴 ……… *7*
广陵明镜 ……… *25*
诗镜 ……… *40*
镔铁作镜 ……… *69*
正仓院秘宝 ……… *95*

铸镜须青铜 ……… *122*
磨镜客 ……… *137*
镜架与镜台 ……… *161*

耕人犁破宫人镜 ……… *197*
镜殿写青春 ……… *215*

白居易的镜子 —— 236

佳人览镜 —— 264

汉墓鉴影 —— 295

墓里盗出的镜子 —— 317

后　记 —— 344

以史为鉴

　　心如止水鉴常明，见尽人间万物情。雕鹗腾空犹逞俊，骅骝啮足自无惊。时来未觉权为祟，贵了方知退是荣。只恐重重世缘在，事须三度副苍生。[1]

　　唐代诗人刘禹锡吟出的"心如止水鉴常明"，道出了文人墨客美好的心灵追求。无论是心如止水，还是"鉴若止水"，都是古人的说法。如果将中国古代不同时期的铜镜连在一起的话，无疑是一条历史的长河，或浩浩荡荡、波涛汹涌，或低吟浅唱、细水长流，演绎着铜镜发展的精彩与无奈，直至悄然谢幕，这就是本书书名的由来。

　　历史学家蒙文通引用孟子的话"观水有术，必观其澜"，来说明治史的关键所在："须从波澜壮阔处着眼。浩浩长江，波涛万里，须能把握住它的几个大转折处，就能把长江说个大概；读史也须能把握历史的变化处，才能把历史发展说个大概。"[2] 所以，在长达四千年的中国铜镜发展史中，本书重点选择了战国、两汉、唐代三个具有代表性时段的

1　（唐）刘禹锡：《和仆射牛相公寓言二首》，中华书局编辑部点校：《全唐诗》（增订本）卷三六一《刘禹锡八》，中华书局，1999年，4088页。
2　蒙文通：《治学杂语》，蒙默编：《蒙文通学记》（增补本），生活·读书·新知三联书店，2006年，1页。

铜镜，试图以此来诠释中国古代铜镜发展与转折的起承转合，并以小专题、长时段的写法，将涉及几个时期的某类问题打通，一贯到底。

对于古人而言，镜子是一个人见人爱的宝贝。它不仅能够映照容貌，还能趋吉辟邪，预知未来。上至皇帝老儿，下到平民百姓，无不对其钟爱有加。中国皇帝和镜子的逸闻很多，现选三例与镜子有关的故事。

第一例是秦始皇，以镜照宫人。公元前206年，刘邦率兵攻入咸阳城，亲眼见到秦始皇的大方镜。

> 高祖初入咸阳宫，周行库府，金玉珍宝，不可称言。……有方镜，广四尺，高五尺九寸，表里有明，人直来照之，影则倒见。以手扪心而来，则见肠胃五脏，历然无碍。有人疾病在内，则掩心而照之，则知病之所在。又女子有邪心，则胆张心动。秦始皇常以照宫人，胆张心动者则杀之。高祖悉封闭以待项羽，羽并将以东，后不知所在。[1]

刘邦领兵长驱直入，进到咸阳宫中。巡视大秦库府，发现了这面奇异的大方镜，人立镜前，影则倒见，还能照出五脏六腑，病灶所在，有女子邪心者则能对镜明察，胆张心动者斩之。面对着这件宝物，刘邦闭库封门，等待项羽的到来。后来项羽命人将府库中的所有珍宝包括这面大方镜全部运往楚地。至于这面宝镜的下落，唐人的一段记述或许能够满足读者对神奇方镜去向的好奇心。"秦镜，僬溪古岸石窟有方镜，径丈余，照

---

[1]（晋）葛洪撰、周天游校注：《西京杂记》卷三"咸阳宫异宝"条，三秦出版社，2006年，140—141页。

人五脏。秦皇世号为照骨宝,在无劳县境山。"¹这段故事流传久远,影响至深,甚至被作为铭文铸于隋唐铜镜之上。无论是"赏得秦王镜,判不惜千金。非关欲照胆,特是自明心",还是"阿房照胆,仁寿悬宫""销兵汉殿,照胆秦宫",镜铭中的"秦王镜""阿房照胆""照胆秦宫"等词句,都是这一传奇故事的浓缩。

第二例是隋炀帝,要谈的是迷楼镜屏与引镜自照。隋大业年间,炀帝不惜动用全国之力修大运河,并乘坐龙舟从东都洛阳南下扬州江都宫。建迷楼,铸铜屏,以供其享乐,过着奢华糜烂的生活,从而导致天下大乱。他无心理政,借酒消愁,更加荒淫无度。"尝引镜自照,顾谓萧后曰:'好头颈,谁当斫之!'后惊问其故,帝笑曰:'贵贱苦乐,更迭为之,亦复何伤!'"²这段文献似可反映出遭遇乱世炀帝的悲观情绪。大业十三年(617年),在哗变军将的威胁下,炀帝自缢而亡,结束了可悲的一生。迷楼铜屏早已灰飞烟灭,但是有关炀帝的遗存尚能见到。2013年,隋炀帝墓在扬州一处基建工地中无意被发现,后经考古工作者发掘,遗憾的是在琳琅满目的300余件随葬器物中未见到一面镜子。³

第三例是唐太宗,他拥有三面宝镜——铜镜、古镜与人镜。大臣魏徵去世之后,太宗亲临恸哭,为制碑文,自书于石。"太宗后尝谓侍臣曰:'夫以铜为镜,可以正衣冠;以古为镜,可以知兴替;以人为镜,可以明得失。朕常保此三镜,以防己过。今魏徵殂逝,遂亡一镜矣!'因泣下久之。"⁴这是后人耳熟能详的一段佳话,还被白居易引入诗作《百炼镜》:"太宗常以人为镜,鉴古鉴今不鉴容。"⁵

---

1 (唐)段成式撰、曹中孚校点:《酉阳杂俎》前集卷一〇《物异》,上海古籍出版社,2012年,53页。
2 《资治通鉴》卷一八五《唐纪一》,中华书局,1976年,5775页。
3 南京博物院等:《江苏扬州市曹庄隋炀帝墓》,《考古》2014年7期。
4 (唐)吴兢撰、谢保成集校:《贞观政要集校》卷二《任贤第三》,中华书局,2003年,63页。
5 谢思炜撰:《白居易诗集校注》卷四《讽谕四》,中华书局,2009年,360页。

实际上，李世民充满哲理的这番话不是凭空想象出来的，而是在学习前人智慧的基础上再次重申了"三鉴说"，并付诸行动。早在先秦时期，就有贤士提出以铜、以古、以人为鉴的说法。《孔子家语·观周》："孔子徘徊而望之，谓从者曰：'此周公所以盛也。夫明镜所以察形，往古者所以知今。'"[1]《韩非子·观行》："古之人目短于自见，故以镜观面；智短于自知，故以道正己。"[2]《墨子·非攻中》："镜于水，见面之容；镜于人，则知吉与凶。"[3]

汉晋时期的镜铭中也出现了类似含义的句子。《北堂书钞》引汉李尤《镜铭》："铸铜为鉴，整饰容颜，修尔法服，正尔衣冠。"同书引晋傅玄《镜铭》："人徒鉴于镜，止于见形，鉴人可以见情。"[4]东汉末荀悦撰写的《申鉴·杂言上》，较为全面、深入地阐述了"三鉴说"："君子有三鉴，世人镜鉴。前惟训，人惟贤，镜惟明（此君子之三鉴）。夏商之衰，不鉴于禹汤也。周秦之弊，不鉴于民下也。侧弁垢颜，不鉴于明镜也。故君子惟鉴之务，若夫侧景之镜，亡鉴矣（但知镜鉴是为无鉴）。"[5] 由此看来，唐太宗的言辞不是独创，只是对先贤"三鉴说"的继承，并使之发扬光大。

对于李唐王朝而言，隋朝灭亡就是一面发人深省的镜子。贞观十一年（637年），魏徵上疏曰："夫鉴形之美恶，必就于止水；鉴国之安危，必取于亡国。故《诗》曰：'殷鉴不远，在夏后之世。'又曰：'伐柯伐柯，其则不远。'臣愿当今之动静，必思隋氏以为殷鉴，则存亡之治乱，可得而知。若能思其所以危，则安矣；思其所以乱，则治矣；思

---

[1] （魏）王肃注：《孔子家语》卷三《观周第十一》，《文渊阁四库全书》695册，上海古籍出版社，2003年，27页。
[2] 张觉撰：《韩非子校疏》卷八《观行第二十四》，上海古籍出版社，2010年，523页。
[3] （清）孙诒让著、孙以楷点校：《墨子闲诂》卷五《非攻中第十八》，中华书局，1986年，128—129页。
[4] （唐）虞世南撰、（清）孔广陶校注：《北堂书钞》卷一三六《服饰部三·镜六五》，中国书店，1989年，551—552页。
[5] （汉）荀悦：《申鉴·杂言上第四》，《诸子集成》（八），国学整理社，1954年，19页。

其所以亡，则存矣。……此圣哲之宏规，而帝王之盛业，能事斯毕，在乎慎守而已。"[1] 魏徵以隋亡为鉴的进谏可谓用心良苦，得到了唐太宗的肯定与重视。

魏徵文中所用"殷鉴"这一典故，亦作"殷监"，意为殷灭夏，殷商子孙应以夏代的灭亡为鉴戒。《诗·大雅·文王》："宜鉴于殷，骏命不易。"[2]《诗·大雅·荡》："殷鉴不远，在夏后之世。"《笺》："此言殷之明镜不远也。近在夏后之世，谓汤诛桀也。"[3] "殷鉴不远"是指前人失败的教训就在眼前，应引以为戒。《孟子·离娄上》说"殷鉴不远"，赵岐注："《诗·大雅·荡》之篇也。殷之所鉴，视近在夏后之世耳。以前代善恶为明镜也，欲使周亦鉴于殷之所以亡也。"[4] 北宋司马光用了19年的时间主编《历代君臣事迹》一书，进献朝廷，宋神宗当面赐御制序："《诗》云：'商鉴不远，在夏后之世。'故赐其书名曰《资治通鉴》，以著朕之志焉耳。"其在序中用典"殷鉴"，意在以史为鉴，"鉴于往事，有资治道"[5]，所以神宗将书名改为《资治通鉴》。从哲学的角度来看，即以已知推导未知，彰往察来。变化的是现象，不变的是本质。

秦始皇、隋炀帝及唐太宗三位皇帝的用镜所为，各不相同。秦始皇常以大方镜照宫人，胆张心动者斩杀之，一统华夏的大秦朝二世而亡。隋炀帝年轻时欲效仿始皇，开疆拓土，创立伟业。年过半百却心灰意懒，迷楼镜屏，为所欲为。天下大乱，无力回天时，览镜自嘲，竟然想到谁人来取项上人头。唐太宗励精图治，常保三镜，遂有"贞观之

1　（唐）吴兢撰、谢保成集校：《贞观政要集校》卷八《论刑法第三十一》，441—442页。
2　（清）王先谦撰、吴格点校：《诗三家义集疏》卷二一《文王》，中华书局，1987年，826页。
3　《诗三家义集疏》卷二三《荡》，928页。
4　（清）焦循撰、沈文倬点校：《孟子正义》卷一四《离娄章句上》，中华书局，2007年，491页。
5　《资治通鉴》，1—30页。

治"，坐稳大唐基业。以上三段铜镜故事映照出三位皇帝的不同态度，三个王朝的两种结局，从中可以看到铜镜折射出中国历史的精彩片断。镜子已从普通的梳妆照容器具，上升到了关乎王朝兴亡的层面。

上述征引的多为历史文献，而本书重点记述的则是铜镜实物，将中国铜镜发展与转折作为主线，以考古发掘品与大型博物馆藏品为主要例证，以与镜相关的历史文化、社会生活为背景，希望能够以文字和图片为载体，与读者一起去探寻绚丽多姿、扑朔迷离的有关中国古代铜镜的微观世界。

历史是一面镜子，镜子是一段凝固的历史，可照容颜变化，可鉴国家盛衰。

金村王鉴

1928年盛夏的一场暴雨之后,河南洛阳东郊金村东北侧的田地出现塌陷,有人怀疑此处有古墓,用洛阳铲一探,果然发现了一座积石积炭墓,后来相继找到了另外7座大墓(图1-1)。盗掘时间长达三年,[1] 所获精美文物数以千计,轰动一时(图1-2)。金村东北俗名"东城",王道中曾说,民国十八年(1929年),自东城掘出大批古物,包括银、玉、铜、竹、木等不同质地。"银器多刻篆文,殊不可识,当系周秦时物。玉器多系玉杯、玉人,皆完好无瑕,湿润有光,古玩家称为前此所未睹。"其他尚有瓶、镜、酒樽、车饰、镶铁等,精妙绝伦,令人惊叹。[2] 令人扼腕长叹的是,这些国宝级文物大多流落海外,散布于世界各地。

金村大墓位于汉魏洛阳故城内城东北隅。8座墓自东向西,自北向南,呈有规律的分布。这些大墓墓道均位于墓室南端,平面呈"甲"字形。其中,在一号、五号、七号墓的墓道南端两侧,各陪葬一座马坑。学术界对于金村大墓基本概况及出土器物的了解,

---

1 容庚:《商周彝器通考》,哈佛燕京学社,1941年,10—12页。
2 王广庆:《洛阳访古记》,《河南文史资料》23辑,内部资料,1987年,132—133页。

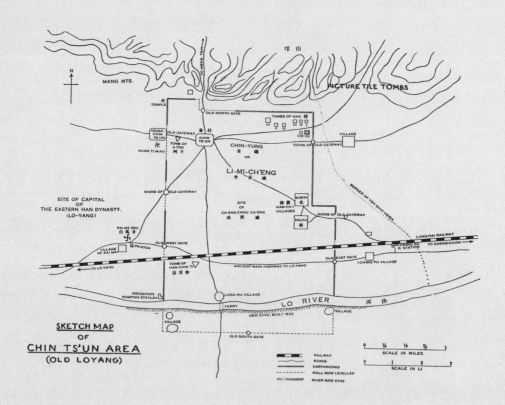

图1-1 金村大墓平面分布示意图(《洛阳故城古墓考》)

图1-2　金村大墓盗掘现场
（《洛阳故城古墓考》）

主要依据《洛阳故城古墓考》《增订洛阳金村古墓聚英》两部著作。[1] 前者收录11面铜镜，其中一面四乳双龙镜为汉镜，应予剔除。后者著录铜镜20面，其中7面与怀履光书中铜镜重复。再加上海博物馆藏一面传洛阳金村出土四虎镜，共计24面。[2]

金村8座大墓出土铜镜形制多样，依工艺技术的差别，可分为一般工艺镜与特种工艺镜。一般工艺镜，即一次翻模成型、铸造而成的铜镜，共计15面。根据其镜背纹饰的不同，分为几何纹、禽兽纹及叶纹三类。几何纹镜包括羽状地纹镜、螭蟠菱纹镜各1面，龙虎连弧纹镜3面。禽兽纹镜有饕餮镜、兽纹镜各1面，三龙镜2面，四虎镜1面，山

1　William Charles White, *Tombs of old lo-yang*, Shanghai: Kelly & Walsh, Ltd., 1934（[加]怀履光：《洛阳故城古墓考》，上海别发印书馆，1934年）。[日]梅原末治：《洛阳金村古墓聚英》，京都小林写真制版部，昭和十二年（1937年）；《增订洛阳金村古墓聚英》，京都小林出版部，昭和十九年（1944年）。

2　陈佩芬：《上海博物馆藏青铜镜》，上海书画出版社，1987年，图1；本专题部分内容，引自霍宏伟《洛阳金村出土铜镜述论》，《洛阳博物馆建馆四十周年纪念文集(1958-1998)》，科学出版社，1999年，79—95页。

图 1-3 传金村出土饕餮纹镜(《增订洛阳金村古墓聚英》，图版 58)

兽镜、四叶禽兽镜各 2 面。叶纹镜有八花瓣镜 1 面。

  金村发现的一般工艺镜，从纹饰的题材内容方面来看，传统与创新并举。属于传统类的，如饕餮纹、蟠螭纹、龙纹、凤纹、云雷纹等。继承传统特点的铜镜以饕餮纹镜为代表（图 1-3），其镜背纹饰为云雷纹地上以双线勾勒一对上下对称的饕餮纹。1978 年，河北邯郸周窑村一号战国中期墓出土一面相同纹饰的铜镜，布局与河北易县燕下都出土的饕餮纹半瓦当近似。[1] 日本泉屋博古馆珍藏一面同类题材的饕餮纹方镜，形制少见。[2] 具有创新性的一类，如山字纹镜中的狗与鹿等写实性较强的动物纹饰、新出现的植物纹饰八花瓣纹（图 1-4）。中国先秦青铜艺术的风格，呈现出由商周原始宗教的神秘性，向着战国时期反映现实生活鲜活性方面转变的特点。

---

1 河北省文管处等：《河北邯郸赵王陵》，《考古》1982 年 6 期，604 页，图一三。
2 [日]泉屋博古馆：《泉屋博古·镜鉴编》，便利堂株式会社，平成十六年（2004 年），9 页。

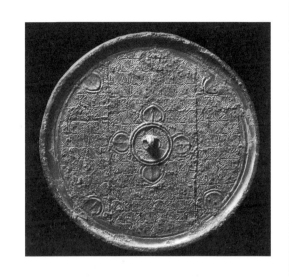

图 1-4 传金村出土八花瓣纹镜
（沈辰供图）

特种工艺镜，即经过特殊制作、加工而成的铜镜，展现出较高的工艺技术水平。金村大墓出土的此类镜子有9面之多，有鎏金、金银错、嵌玉和琉璃、透空复合、彩绘等多项技术，甚至在一面铜镜上反映出几种工艺。最为突出的是镶嵌工艺的大量使用，就是将一种材料或若干种材料嵌入镜体，成为一个复合体，如金银错铜镜、嵌玉琉璃镜等。

金村出土的金银错铜镜有狩猎纹镜与蟠龙纹镜，均为圆形，圆钮座。金银错狩猎纹镜为半环钮，外饰凹面宽带一周，其外侧弦纹圈上向外等距饰以三片银色扁叶纹。钮座之外，饰以六组金银错纹饰。其中三组为错金的涡纹，还有三组不同纹饰，尤以骑士搏虎图最为著名（图1-5）。画面右侧是一武士，头戴插两根羽毛的鹖冠，身披甲，左手执缰，右手持剑，蹲在披甲的战马上，正向一只猛虎刺去。左侧的立虎作欲噬状，全身饰以斑纹。第二组为二兽相斗图，第三组是一只蹲立于扁叶之上、展翅欲飞的凤鸟。三组纹饰皆嵌以金银丝。金黄色卷缘，大部分被覆以绿锈。在镜钮、钮座、凹面宽带、镜缘

鉴若长河：中国古代铜镜的微观世界

图 1-5　传金村出土金银错狩猎纹镜
（《中国青铜器全集》16《铜镜》，33页）

图 1-6 传金村出土金银错兽形器座残件（马麟供图）

等处均残存鎏金。镜面用含锡量高的白色青铜制成，与镜背成分不同，成为珍贵的复合镜。直径 17.5 厘米。现藏日本永青文库。李学勤曾进入该文库仔细观察了这面宝镜，镜体局部可见粘有织物片屑，这些细节在照片上不易辨别。[1] 美国堪萨斯城纳尔逊·阿特金斯艺术博物馆（Nelson-Atkins Museum of Art）收藏有传金村出土的金银错兽形器座残件，[2] 怪兽身上多处饰以金银错涡纹（图 1-6），与狩猎纹镜上的涡纹装饰手法相似。

将有关该镜 1976、1998 年发表的两种图片资料进行仔细比对，可以清晰地看到这面宝镜右下方镜缘残损修复前后的不同状态。从 1976 年的图像版本来看，右下方镜缘的裂

---

1 李学勤：《四海寻珍》，清华大学出版社，1998 年，29 页。
2 [加] 怀履光：《洛阳故城古墓考》，图版 53—131；[日] 梅原末治：《增订洛阳金村古墓聚英》，51—52 页，图版 90。

缝呈弧线形分布，甚至还有残缺。[1]而在1998年的版本上，原有缝隙已被修复得完整无缺，天衣无缝，看不到任何瑕疵。

沈从文在《唐宋铜镜》一书收录的该镜图片下写了一段批注："此镜为唯一有战国戴鹖尾冠骑士镜纹。彩图印于《战国铜器之研究》《古铜菁华》《世界美术全集·战国编》内，极精。日人仿图作成六寸大扁漆盒，极精工。"[2] 鹖冠，即古代武士戴的插有鹖羽的冠。张衡《东京赋》："虎夫戴鹖。"李善注："应劭曰：……鹖，鸷鸟也，斗至死乃止。令武士戴之，取猛也。司马彪《续汉书》曰：虎贲（武）骑皆鹖冠。"[3] 由此看来，让武士戴鹖尾冠是为了激励他们勇猛作战。

对于这面铜镜上的骑士搏虎图，沈从文认为可能反映的是"卞庄刺虎"的故事。"在先秦镜纹上表现人物，著名的只有两面镜子：一面是错金骑士刺虎镜，……第一面或用的是'卞庄刺虎'故事，和宗教无关联。"[4] 卞庄，亦称卞庄子，因食邑于卞，谥号为庄，故名。他是春秋时期鲁国大夫，著名勇士。东汉时避讳明帝刘庄，改名卞严。《论语·宪问》："卞庄子之勇，冉求之艺。"[5]《荀子·大略》："齐人欲伐鲁，忌卞庄子，不敢过卞。"注云："卞，鲁邑。庄子，卞邑大夫，有勇者。"[6]

"卞庄刺虎"的故事，详见于《史记·张仪列传》。战国时期，韩、魏两国相互攻杀，久战一年仍未和解。秦惠王想出兵援助，询问于左右。恰好陈轸到达秦国，对秦王说，大王听说过卞庄子刺虎的故事吗？庄子欲刺虎，馆竖子制止了他，曰："两虎方且

1　[日]熊本县立美术馆：《永青文库名品展：熊本县立美术馆开馆纪念》，大冢巧艺社，昭和五十一年（1976年），彩版壹。
2　沈从文：《唐宋铜镜》，《沈从文全集》29卷，北岳文艺出版社，2002年，90页。
3　（梁）萧统编，（唐）李善注：《文选》卷三《京都中》，中华书局，2005年，59页。
4　沈从文：《镜子的故事》下，《沈从文全集》29卷，157页。
5　杨伯峻：《论语译注》，中华书局，1962年，156页。
6　（清）王先谦撰、沈啸寰等点校：《荀子集解》卷一九《大略篇第二十七》，中华书局，2007年，504页。

食牛，食甘必争，争则必斗，斗则大者伤，小者死，从伤而刺之，一举必有双虎之名。"卞庄子觉得有道理。过了一会儿，两虎果然开始搏斗，大者伤，小者死。庄子从伤者而刺之，一举果有双虎之功。"今韩魏相攻，期年不解，是必大国伤，小国亡，从伤而伐之，一举必有两实。此犹庄子刺虎之类也。"[1] 后以此典故来指趁着两股势力相互争斗、两败俱伤之际，将其一网打尽。金村出土狩猎纹镜是目前发现的我国铜镜中最早的人物镜。湖北云梦睡虎地9号秦代墓中出有一面狩猎纹镜，两位武士手持剑盾与虎豹相搏成为纹饰的主体。[2]

图1-7 传金村出土金银错六龙镜摹本
(《战国绘画资料》，图版30)

金村大墓所出金银错六龙镜，为小圆钮，钮座外饰银错环带一周，上面等距饰六个圆点纹。以镜钮为中心，在主区旋转饰六条首尾交错的盘龙，其中三条金错龙沿镜缘呈逆时针方向旋转，等距分布，尾近钮座。另外三条银错龙围绕钮座，呈顺时针方向旋转，尾接镜缘。每一对缠绕的金银龙身体空隙处皆有一枚金错乳丁纹。镜缘有三枚金错和六枚银错乳丁纹，相间排列。每两枚乳丁纹之间，饰以金银错的钩连云纹。直径19.3厘米（图1-7）。此镜为法国巴黎古董商卢芹斋（C.T.Loo）之旧藏。

---

1 《史记》卷七〇《张仪列传》，中华书局，1975年，2301—2302页。
2 湖北孝感地区第二期亦工亦农文物考古训练班：《湖北云梦睡虎地十一座秦墓发掘简报》，《文物》1976年9期。

金村所见嵌玉琉璃镜是一面制作工艺别具一格的铜镜。镜为圆形，蓝色琉璃钮，钮上以一直径较大的白色目形纹为中心，左右各有一穿孔，外饰六组大小相同的椭圆形纹一周，其外套一红棕色间杂有黑色斑点的玉环作为钮座。座外以蓝色琉璃为地，饰以白色目形纹和由七个小圆点组成的花瓣形纹，分为内、外两圈。内圈有十二组纹饰，目形纹和花瓣纹相间绕钮座排列。外圈有十八组纹饰，每两个花瓣纹之间饰两个目形纹。镜缘嵌一饰有绚索纹的玉环。直径12.2厘米（图1-8）。此镜装饰独特，镜面已覆重锈。原存美国纽约温斯若普（G. L. Winthrop），现藏波士顿哈佛大学福格艺术博物馆（Fogg Museum）。

　　有学者认为它没有镜钮，无法把持，故非铜镜。我曾对铜镜照片进行了认真仔细的观察，发现在镜中心同心圆的左右两侧，各有一穿孔，孔洞均打在两个蜻蜓眼之间，尽量不破坏同心圆的美观，且不引人注目。这两个穿孔应该是穿系绶带的，与镜鼻的作用相同。对照铜镜的五个基本要素，即形制、镜钮、钮座、主区纹饰、镜缘，该镜均已具备，这应是一面堪称上品的嵌玉琉璃镜。上海博物馆有一面美国收藏家捐赠的嵌玉绿松石钮变形龙纹镜，镜钮中央为一同心圆，其上、下各有三个囧纹，两侧各有一穿孔（图1-9），[1] 与金村嵌玉琉璃镜钮布局完全相同，说明嵌玉镜已非孤例，在制作工艺方面有一些共同点。

　　传金村出土的几面透空镜，分别藏于美国、加拿大、日本等国。四龙透空镜形制接近方形，环钮，圆钮座，周饰四个五边形饰。四条盘龙呈逆时针方向排列，瞋目，张口，伸舌，龙舌位于五边形饰一角之上。龙身为S形盘绕回环，龙尾卷曲于角隅，全身饰鳞纹。长9.2、宽9.1厘米（图1-10）。现藏美国纳尔逊·阿特金斯艺术博物馆。另有一

1　上海博物馆编：《镜映乾坤：罗伊德·扣岑先生捐赠铜镜精粹》，上海书画出版社，2012年，42—43页。

面嵌石四兽透空镜（图1-11），藏于加拿大多伦多皇家安大略博物馆（Royal Ontario Museum）；两面三龙彩绘透空镜，被日本西宫黑川古文化研究所收藏。

金村铜镜的形制，仅有两面方镜，其余均为圆镜。大多采用地纹衬托主纹的设计手法，主纹的风格分为两类：一类为写意，如三龙纹镜、四叶禽兽纹镜、彩绘四凤镜等，均以概括、简洁的手法表现出动物最主要的特点，强调动态美；另一类为写实，如金银错狩猎纹镜、三山三兽纹镜、四山四兽纹镜，以线条或浮雕的形式，细致刻画出人物、动物形象。

金村铜镜的构图巧妙，形式多样，大致可以分为四种形式。第一种铺满式，如羽状地纹镜、蟠螭纹镜及嵌玉琉璃镜，铜镜纹饰由某一种地纹或者是主纹与地纹相结合的形式出现；第二种旋转式，即铜镜主纹环绕钮座，呈旋转式分布。按照旋转方向的不同，可细分为顺旋、逆旋及顺逆互旋等三类。顺旋，就是铜镜主纹呈顺时针方向旋转排列，如四虎镜、山兽镜、四龙透空镜。逆旋，即铜镜主纹呈逆时针方向旋转分布，仅见彩绘三龙镜。顺逆互旋，即镜背主纹有两组，一组顺旋，另一组逆旋，相互交错，构成更加复杂的纹饰，以金银错蟠龙镜为代表。第三种对称式，即镜背主纹以镜钮为中心，对称分布。有左右对称、十字形对称及米字形对称等三类。左右对称即轴对称，仅见于兽纹镜。十字形对称，即以镜钮为中心，将镜背均分四份，上下左右对称，如饕餮镜、嵌石四夔透空镜、彩绘四凤镜。米字形对称，即以镜钮为中心，将镜背均分八份，有龙虎连弧镜、四叶禽兽镜等。第四种为三区式，也就是环绕镜钮，以三组相同纹饰将镜背分为三个大小相等的空间，分置三类不同纹饰，这种构图形式，在铜镜极为少见，仅有金银错狩猎镜。

金村铜镜的色彩，一般工艺镜呈现出的基本上是青铜绿锈的颜色，更为丰富的色

图 1-8 传金村出土嵌玉琉璃镜（梁鉴摄影）

彩大多体现在特种工艺镜上。由于其他材料在镜背上的叠加，使得铜镜散发出华美瑰丽的艺术之光。如金银错狩猎镜，以三组金黄色涡纹与白色银丝相间装饰，色彩绚丽，交相辉映。嵌玉琉璃镜则以蓝色琉璃为地，饰以多组白色目形纹、花瓣形纹，钮座与镜缘均为棕红色玉环，冷色调与暖色调交替使用，色彩搭配独具匠心，装饰手法新颖。

金村大墓发现的是一批战国铜镜，若继续上溯古代铜镜的历史，穿越春秋、西周，直抵商代。在商代晚期都城遗址河南安阳殷墟曾经先后发掘出 5 面铜镜。1934 年，一座商代墓中发现了第一面铜镜，但存在较大争议。24 年之后，高去寻发表论文，对"圆板具钮器"进行了探讨，从此确定殷墟所出这件器物为铜镜。[1] 后来，妇好墓又出土了 4 面

---

1 高去寻：《殷代的　面铜镜及其相关之问题》，《"中研院"历史语言研究所集刊》29 册下，1958 年，685　719 页。

图 1-9 上海博物馆藏嵌玉镜
(《镜映乾坤》，43 页）

图 1-10 传金村出土四龙透空镜（马麟供图）

图 1-11 传金村出土嵌石四兽透空镜（沈辰供图）

金村王鉴

铜镜。[1]

商代之前的夏代是否有铜镜，仍是一个未解之谜。河南偃师二里头遗址出过几件铜圆盘。1988年，有人提出："洛阳偃师二里头遗址曾出土一件直径17、厚0.5厘米的圆形铜片，其上四边用61块长形绿松石镶嵌，中间用绿松石块嵌两圈十字形的图案，每圈均为13个，酷似今天的钟表刻度。这块圆形铜片很可能是上层人物使用的铜镜。"[2]2009年，许宏归纳了学术界对这件圆盘状铜器的看法："这类器物，有的学者认为属于早期铜镜，有的认为可能是与占日或律历有关的'星盘'，或为某种法器。"[3]

出土该铜器的五区四号墓，位于偃师圪垱头村西北高地上。1975年，农民挖土时发现兽面纹玉柄形器、镶嵌绿松石圆形铜器各1件。[4] 玉柄形器的形制别致，制作工艺精湛，纹饰雕刻复杂细腻，在该遗址发现的玉柄形器中堪称上品。这座墓属于二里头文化三期遗存的中型土坑竖穴墓，应是贵族墓无疑。

该墓所处位置位于宫城区西北，是墓葬集中分布区，发现有贵族墓。四号墓所出镶嵌绿松石圆形铜器（图1-12），从X光透视黑白照片来看，器为圆形，左右两侧及下部残损，左侧残损面积较大，右侧残损较小，整个器物看上去略有变形。器中心为一黑色圆形，向外分别饰两圈十字纹绿松石片。内圈十字纹较小，环绕中央圆形均匀分布，排列密集，残存11个，复原应该是13个。外圈十字纹较大，每一纹饰均位于内圈两个小十字纹之间，相间排列，残存12个，复原数应是13个。内、外圈的十字纹形制基本相

1　中国社会科学院考古研究所：《殷墟妇好墓》，文物出版社，1980年。
2　米士诚等：《洛阳铜镜艺术略论》，《洛阳出土铜镜》，文物出版社，1988年，1页。
3　许宏：《最早的中国》，科学出版社，2009年，177页。
4　中国科学院考古研究所二里头工作队：《偃师二里头遗址新发现的铜器和玉器》，《考古》1976年4期；中国社会科学院考古研究所：《偃师二里头》，中国大百科全书出版社，1999年，241、243页。

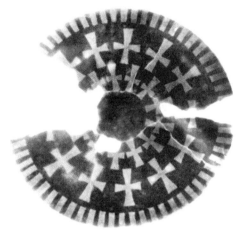

图 1-12　偃师二里头遗址五区四号墓铜圆盘（许宏供图）

图 1-13　二里头遗址五区四号墓铜圆盘 X 射线片（许宏供图）

图 1-14　二里头遗址六区三号墓铜圆盘（《中国社会科学院考古研究所考古博物馆洛阳分馆》，33 页）

同,均为横短竖长,内细外粗。边缘一周镶嵌长方形绿松石片,残存51块(图1-13),复原数为61块,大小相同,排列均匀,形似钟表刻度。这件铜器正面最少蒙有六层粗细不同的四种布,每平方厘米经纬线分别为8根×8根和52根×14根,背面也有布纹痕。直径17、厚0.5厘米。[1]

在作为铜镜的五个基本要素中,二里头遗址圆盘状铜器所具备的,除了镜钮目前无法通过X光显示之外,其他四个要素都有。具体而言,其形制为圆形,钮座略呈圆形,主区纹饰是内外两周十字纹,边缘是一周短直线纹。主区纹饰加上边缘纹饰,从整体来看,构成了由中心钮座向外的放射状分布。这种纹饰风格与已确认最早的齐家文化铜镜、较晚的商代铜镜纹饰布局有一定的相似性。但是,它仍然缺少一些我们想要知道的信息,如是否有钮?正面是什么样子?由于六层织物的包裹,让人无法知晓这些信息。所以说,二里头遗址出土镶嵌绿松石的铜圆盘是否为铜镜尚难以断定。

在二里头遗址的另外一座墓中出有一件圆盘形铜器。一部考古图录对这件铜器做了介绍,并称为"铜镜",出土地点是二里头遗址"Ⅳ区砾3",直径11.8厘米(图1-14)。[2] 它到底是铜镜吗?答案是否定的。因为在《偃师二里头》考古报告中,位于六区的三号墓中,出土两件圆形铜器。其中一件器体较薄,两侧有对称的四个圆形小孔,三个孔背面留有残钉痕与木质痕,四周镶嵌绿松石片。直径11.6、厚约0.1厘米。比较器物黑白照片与图录中的彩色照片细部,发现两者的确为同一件器物。用铜镜的五个基本要素来衡量这件铜圆盘,差距较大,难以判定为铜镜。

---

[1] 中国社会科学院考古研究所:《偃师二里头》,255页。
[2] 中国社会科学院考古研究所:《中国社会科学院考古研究所考古博物馆洛阳分馆》,文化艺术出版社,1998年,33页。

二里头遗址与金村大墓的空间直线距离大约只有7.8公里，在时间上却相差一千余年。金村出土的大批文物华美尊贵，如鹤立鸡群，傲视群雄。金村大墓出土的铜镜，是这个时代工艺技术的结晶，具有王者风范。它整合了当时最先进的工艺技术，引领了时代发展的潮流，成为那个遥远时代的巅峰之作。如此上乘之作为什么会出现在金村大墓之中呢？

这还要谈及金村大墓的国别及性质。在其发现之后的十多年间，学术界曾有争议，后逐渐赞同唐兰提出的"东周墓葬说"。在此基础上，1984年，李学勤对金村墓葬中出土铜器铭文进行了考证，得出的结论是："金村墓葬群不是秦墓、韩墓，也不是东周君墓，而是周朝的墓葬，可能包括周王及附葬臣属。"[1] 李德方进一步提出，金村陵区应该属敬王至慎靓王，凡十一王的陵地。[2] 至于金村大墓中出土大量精美文物的原因，李学勤有一段话解释得非常透彻：

> 金村墓葬群是周朝的墓葬，说明了这里发现异常珍贵华美文物的原因。在中国古代，王室大墓的随葬品每每特别华丽，形制特殊，非其他墓葬所能比。这是因为王家的匠师有独特的工艺传统，也是王室政治地位的曲折反映。安阳殷墟的商朝大墓如此，金村的墓葬群也是这样。[3]

需要指出的是，在怀履光《洛阳故城古墓考》收录的11面铜镜中，有一面四乳双龙

---

[1] 李学勤：《东周与秦代文明》，文物出版社，1984年，29页。
[2] 李德方：《东周王陵分区考辨》，《洛阳古墓博物馆馆刊》1987年创刊号。
[3] 李学勤：《东周与秦代文明》，29—30页。

镜，应属于西汉时期铜镜，并非战国铜镜。1985～1992年，山东淄博4座西汉早期至中晚期墓葬各出一面四乳双龙镜，与金村所出铜镜纹饰相似。[1] 对于这一问题，徐坚给出的答案是：金村器物群中明显包含了许多年代晚于东周的器物，或者年代在东周晚期，却是来自其他地区的器物。所幸考古学史情境为辨识金村器物群的混杂性提供了重要的线索，两周及中原地区东周和秦汉考古学资料的积累使金村能最终通过"减法"接近历史本真。[2]

金村大墓出土器物群无疑是20世纪我国最伟大的文物发现之一。遗憾的是，它突然出现在错误的时间和地点，遭到疯狂盗掘，然后迅速流向海外市场，星星点点分布于世界各地著名的博物馆当中。加拿大皇家安大略省博物馆收藏的金村文物数量名列前茅，这和怀履光有着很大关系。在一片声讨怀氏盗运大量金村文物于海外之余，冷静、理性地思考一下，在当时那种政局动荡、盗掘文物无人追究的大背景之下，即使不是怀氏，也会有其他人充当这个不光彩的角色。不管怎样，怀履光撰写了第一部有关金村大墓的著作，为后人留下了研究金村文物不可或缺的第一手资料。金村大墓出土文物的流失是国人无法言说的切肤之痛，就像敦煌文书的损失一样，其价值无法估量。当我们今天来回顾金村大墓出土铜镜之际，不禁会生发出一点感慨，希望国人能永远铭记那段无法愈合的民族伤痛。

---

[1] 山东省文物考古研究所编：《鉴耀齐鲁：山东省文物考古研究所出土铜镜研究》，文物出版社，2009年，190—191、358页。
[2] 徐坚：《暗流：1949年之前安阳之外的中国考古学传统》，科学出版社，2012年，312页。

广陵明镜
——扬州汉代特种工艺镜

战国、两汉及唐代,是中国镜鉴史上三座里程碑式的发展时期。其中,特种工艺镜因其工艺技术复杂,制作难度较大,代表了每一时期的最高水平。两汉时期的特种工艺镜,上承战国,下启唐代,具有承上启下的重要作用。以往发现的汉代特种工艺镜,主要有鎏金镜、彩绘镜、金银错镜等类型。新中国成立以来,在江苏扬州地区汉墓科学发掘出土的特种工艺镜,不仅有鎏金镜,还有前所未见的金银平脱凤鸟纹镜、贴镂空铜箔禽兽纹镜、贴金银箔漆绘云气纹镜。这些铜镜是两汉特种工艺镜的典型代表,为汉镜研究增添了新的资料。

扬州在汉代先后称江都国、广陵郡、广陵国,经济发达,富庶甲于东南,为铜镜铸造业的发展提供了重要的物质条件。近20多年来,在扬州地区发掘出土的汉代特种工艺镜中,出现了一些新类型,值得学术界关注。2007年,扬州市西湖镇蚕桑砖瓦厂工地3号西汉墓出土一面金银平脱凤鸟纹镜,直径18.4、缘厚0.7厘米(图2-1)。此镜出土于西汉土坑木椁夫妻合葬墓,墓主人董汉,字子翁,已达到列侯级别;女主人享有金缕玻

图 2-1 扬州蚕桑砖瓦厂 3 号汉墓金银平脱凤鸟镜(霍宏伟摄影)

图 2-2 扬州巴家墩汉墓贴镂空铜箔禽兽纹镜(霍宏伟摄影)

图 2-3 扬州巴家墩汉墓贴金银箔云气纹镜(霍宏伟摄影)

璃匣的葬具,反映出其身份的与众不同。[1] 1991 年,扬州市甘泉乡巴家墩一座西汉墓早年被盗严重,却出土 4 面特种工艺铜镜。其中两面铜镜修复后较为完整,分别为贴镂空铜箔禽兽纹镜(图 2–2)、贴金银箔云气纹镜(图 2–3)。该墓属于西汉中晚期贵族大墓。[2]

上述三面特种镜,在制作工艺方面既有相似之处,也有细节上的差异。其一,均为圆形,圆钮,柿蒂纹钮座,钮上及钮座残留五个圆形或水滴形凹坑,应是镶嵌之用,其中云气纹镜钮上保留有一铜泡,其底部一周残留红色。1980 年,扬州邗江甘泉 M2 出土一件漆奁,其内放置 9 个子奁,盖面上的三叶、四叶铜饰上镶嵌水晶泡与琥珀小泡。[3] 1985 年,姚庄 101 号西汉晚期墓出土的银釦嵌玛瑙七子奁,顶盖中心为一银柿蒂纹,其中心镶嵌一颗黄色玛瑙,四叶上各嵌一颗鸡心形红玛瑙。[4] 此类铜镜的制作,有可能借鉴了漆奁盖的镶嵌工艺技术。

其二,钮座外的装饰略有不同。第一面镜饰四只展翅凤鸟,以镂空金箔制作,外髹红褐色漆圈;第二面镜钮座外局部残存龟裂的漆灰地,其余部分显露出铜胎;第三面座外于漆灰地上随形就势,用金箔剪出与钮座相适应的形状,并粘贴之。

其三,钮座外圈带数量及装饰的异同。三面铜镜钮座外均为两圈,第一面镜内圈饰以七内向连弧纹加七角星带,角内饰圆圈纹。外圈饰五组凤鸟纹带,用金箔镂空制作。第二面镜内、外两圈,均为漆灰地,并贴饰铜箔圈带,在铜箔上以镂空的形式刻出各类富于动感的禽兽纹饰轮廓,仿佛剪影一般,与扬州姚庄西汉晚期墓 M102 出土漆面罩上贴饰的人物鸟兽纹金银箔、湖南长沙西汉后期墓 M211 出土漆器上的金箔贴花装饰手法

---

1 徐忠文等主编:《汉广陵国铜镜》,文物出版社,2013 年,334—335 页,图 148,12—13 页。
2 徐忠文等主编:《汉广陵国铜镜》,336—339 页,图 149、150,12 页。
3 南京博物院:《江苏邗江甘泉二号汉墓》,《文物》1981 年 11 期。
4 扬州博物馆:《江苏邗江姚庄 101 号西汉墓》,《文物》1988 年 2 期。

相似。[1] 第三面镜钮座外亦为漆灰地。内圈以金、银两种质地的三角形箔片，相间交错排列，并在黄、白两色菱形纹地上漆绘黑色双S形纹。以金、银三角形箔片相间装饰的手法，在扬州姚庄西汉晚期墓M101出土银釦镶嵌玛瑙七子漆奁、安徽天长三角圩M1出土银釦镶嵌金银箔梳篦奁盖上亦能见到。[2] 第三面铜镜外圈贴以金箔条带，用黑漆绘以云气纹，与洛阳烧沟东汉早期墓M1023出土尚方四神博局镜镜缘纹饰相同。[3]

其四，镜缘的对比。第一面镜为宽平素缘，等距分布有八个方形凹坑，中央有一圆形凹点，均为镶嵌之用。第二面镜以两周凸棱夹一周凹槽饰金箔为缘。第三面镜缘，与第二面镜缘形制相同，唯一不同之处在于，凹槽内装饰的是金、银相间的三角形箔片，在黄、白两种菱形纹地上漆绘黑色双S形纹，与其钮座外内圈纹饰相同。

三面特种镜的整体布局，与饰以铜釦漆器的布局有相似之处，如洛阳烧沟汉墓M1035出土的两件漆器，日常使用的漆器有可能对特种镜形制布局产生影响。这种以镜钮为中心、以多重圆圈分割镜背的布局形式，在中原地区汉代铜镜上也有反映。如洛阳西郊西汉中期墓M3206出土一面铜华镜，新莽墓M3144出土的昭明镜，[4] 均以铭文为主体圈带。这种重轮凸起的布局对隋唐铜镜的构图产生深远影响。

以上介绍的三面特种工艺镜与汉代广陵国发达的漆器制造业密不可分。此外，扬州汉墓清理出鎏金镜三面，在全国发现数量名列前茅。1958年，江都县彬州乡古墓

1　扬州博物馆编：《汉广陵国漆器》，文物出版社，2004年，122页，图93；扬州博物馆：《江苏邗江姚庄102号汉墓》，《考古》2000年4期；中国科学院考古研究所：《长沙发掘报告》，科学出版社，1957年，图版捌肆。
2　扬州博物馆：《江苏邗江姚庄101号西汉墓》，《文物》1988年2期；安徽省文物考古研究所等：《安徽天长县三角圩战国西汉墓出土文物》，《文物》1993年9期，彩色插页1。
3　洛阳区考古发掘队：《洛阳烧沟汉墓》，科学出版社，1959年，166页，图七三：2。
4　洛阳区考古发掘队：《洛阳烧沟汉墓》，205页；中国科学院考古研究所洛阳发掘队：《洛阳西郊汉墓发掘报告》，《考古学报》1963年2期。

图 2-4 江都县彬州出土鎏金神人神兽画像镜
(《江苏省出土文物选集》,图 124)

图 2-5 扬州东风砖瓦厂 7 号汉墓鎏金博局镜拓本
(《扬州东风砖瓦厂汉代木椁墓群》,《考古》1980 年 5 期)

发现一面东汉末或三国时期的鎏金神人神兽画像镜,直径 14.3 厘米(图 2-4)。[1]1974 年,扬州东风砖瓦厂发掘一批新莽或东汉初期的木椁墓群,7 号墓出土一面鎏金博局镜,镜背残留鎏金痕迹,直径 17.8 厘米(图 2-5)。[2]2010 年,仪征市新集镇前庄砖瓦厂 12 号西汉墓(图 2-6)随葬一面鎏金四乳四虺纹镜,面、背鎏金保存完好,直径 16.6、缘厚 0.7 厘米(图 2-7)。[3]若将此镜不同时期的图片放在一起进行比较的话,会发现镜体鎏金也在慢慢发生变化(图 2-8)。从色泽金黄、光鲜如初,到色彩变暗、颜色渐深,甚至局部变黑。当 2015 年 10 月 25 日我在仪征博物馆库房手捧这面鎏金镜时

---

1 南京博物院等合编:《江苏省出土文物选集》,文物出版社,1963 年,图 124。
2 扬州博物馆:《扬州东风砖瓦厂汉代木椁墓群》,《考古》1980 年 5 期。
3 仪征博物馆编:《仪征馆藏铜镜》,江苏美术出版社,2010 年,56—57 页;徐忠文等主编:《汉广陵国铜镜》,332—333 页,图 147。

图 2-6 仪征前庄砖瓦厂 12 号汉墓鎏金四乳四虺纹镜出土现状（《汉广陵国铜镜》，12 页）

图 2-7 出土不久的鎏金四乳四虺纹镜（《仪征馆藏铜镜》，56—57 页）

（图2—9），已无法相信，它与在图录上看到的会是同一面镜子。镜体色泽暗淡，颜色完全变深，让人感叹两千多年前的宝物重现人间时的美好形象也只是转瞬即逝的一刹那。

鎏金镜的历史，最早可追溯到洛阳金村战国中晚期大墓出土的金银错狩猎纹鎏金镜。汉代鎏金镜主要出土于我国南方地区，作为西汉国都长安与东汉国都洛阳的两京地区，极少发现鎏金镜。1951~1952年，在湖南长沙近郊发掘211号西汉后期墓，出土一面"中国大宁"铭文鎏金博局镜，直径18.7厘米（图2—10）。[1] 1978年，长沙杨家山304号西汉晚期墓清理出两面鎏金博局镜，其中一面直径13.8厘米，现藏湖南省博物馆。[2]

扬州地区汉墓出土了大量的一般工艺镜，数量在300面以上。其中，扬州博物馆藏200余面，仪征博物馆藏汉镜100余面，部分铜镜应该是当地铸造的。有一面出自扬州汉墓的八乳博局镜，铭文尤其独特："今名之纪七言止，湅治铜华去恶宰，铸成错刀天下喜，安汉保真世母（毋）有，长乐日进宜孙子。"（图2—11）[3] 镜铭中的"铸成错刀天下喜"一句，客观地反映了西汉居摄二年（7年）王莽摄政、进行货币改革的史实。"错刀"因"一刀"两字错以黄金，亦称"金错刀"，即新莽时期铸行的货币"一刀平五千"（图2—12），是王莽第一次币制改革的其中一种类型，其形制上为圆形方孔，下为刀形。嵌金于铜的黄绿组合，其精美奇妙的造型，成为诗人们不舍的抒情主角，常出现在后人的诗句之中：

美人赠我金错刀，何以报之英琼瑶。（汉·张衡《四愁诗》）

---

1 中国科学院考古研究所：《长沙发掘报告》，116—117页，图版陆捌：1。
2 湖南省博物馆：《长沙杨家山304号汉墓清理简报》，《考古学集刊》1，中国社会科学出版社，1981年，141页；中国青铜器全集编辑委员会编：《中国青铜器全集》16《铜镜》，58页，图57。
3 徐忠文等：《广被丘陵铸铜镜：扬州出土汉代铜镜概说》，《汉广陵国铜镜》，15—16页；王勤金等：《扬州出土的汉代铭文铜镜》，《文物》1985年10期。

图 2-8 著录于《汉广陵国铜镜》中的鎏金四乳四虺纹镜(《汉广陵国铜镜》,333 页)

一诺许他人,千金双错刀。(唐·李白《叙旧赠江阳宰陆调》)

次观金错刀,一刀平五千。(宋·梅尧臣《饮刘原甫家》)[1]

扬州汉墓出土类型多样的特种工艺镜及数量众多的一般工艺镜,与汉代广陵经济繁荣、财力雄厚有关,此地被司马迁称为"江东都会"。《史记·货殖列传》:"彭城以东,东海、吴、广陵,此东楚也。……夫吴自阖庐、春申、王濞三人招致天下之喜游子弟,东有海盐之饶,章山之铜,三江、五湖之利,亦江东一都会也。"[2] 南朝鲍照《芜城赋》更

---

[1] 逯钦立辑校:《先秦汉魏晋南北朝诗》汉诗卷六《张衡》,中华书局,2013 年,180 页;《全唐诗》卷一六九《李白九》,1747 页;(清)吴之振等选、(清)管庭芬等补:《宋诗钞·宛陵诗钞》,中华书局,1986 年,239 页。

[2]《史记》卷一二九《货殖列传》,3267 页。

图 2-9 现藏仪征博物馆的鎏金四乳四虺纹镜（霍宏伟摄影）

图 2-10 长沙近郊 211 号汉墓"中国大宁"鎏金博局镜及拓本（中国国家博物馆供图）

图 2-11 扬州汉墓八乳博局铭文镜拓本(《扬州出土的汉代铭文铜镜》,《文物》1985 年 10 期)

图 2-12 中国国家博物馆藏新莽错金铜钱"一刀平五千"(《中国古代钱币》,52 页)

加细致、具体地写到汉广陵郡的富庶:"昔全盛之时,车挂轊,人驾肩,廛闬扑地,歌吹沸天。擎货盐田,铲利铜山。才力雄富,士马精妍。"[1]

汉代广陵经济的发达促进了漆器制造业的发展。有学者做过初步统计,1949~2004 年,汉广陵所在的扬州及其周边地区,发掘的西汉墓葬就有 500 余座,随葬品中漆木器的比重较大,出土漆器有数千件之多。从汉代出土漆器数量众多、制作工艺精良等方面考察,汉代广陵应是东南地区漆器制作的中心,这已成为人们的共识。[2] 扬州汉墓发现的金银平脱凤鸟纹镜、贴镂空铜箔禽兽纹镜、贴金银箔漆绘云气纹镜等特种工艺镜,就是漆器工艺在铜镜制作上的运用,是漆器工艺与制镜技术的完美结合。这三面铜镜采用了

---

1 (梁)萧统编、(唐)李善注:《文选》卷一一《游览》,166—167 页。
2 李则斌:《汉广陵国漆器艺术》,《汉广陵国漆器》,文物出版社,2004 年,9 页。

贴金、银、铜箔，以及镶嵌、髹漆等工艺手段，属于集多种工艺于一体的复合工艺镜，足以代表两汉时期制镜技术的最高水平。

汉代广陵地区地下蕴藏着丰富的铜矿资源，为铸镜提供了充足的物质保证。《汉书·地理志》记载西汉丹扬（阳）郡设置有铜官，该郡为"故鄣郡，属江都。武帝元封二年更名丹扬，属扬州。……有铜官"[1]。汉镜铭文中经常出现"汉有善铜出丹阳，和以银锡清且明"，文中"丹阳"即今安徽当涂，是汉代最有名的铜矿所在地。吴王都广陵，管辖东阳、鄣、吴三郡，丹阳属于鄣郡，后改为丹阳郡。[2] 丹阳丰富的矿产资源，为广陵铸镜业的发展提供了源源不断的铜材料。

就社会风俗而言，吴人自古喜好华美、奇异之器，这一地区出土大量的汉唐文物足以证明。明代张瀚在《百工纪》中对吴地风俗做了一番较为深入、透彻的总结："至于民间风俗，大都江南侈于江北，而江南之侈尤莫过于三吴。自昔吴俗习奢华、乐奇异，人情皆观赴焉。吴制服而华，以为非是弗文也；吴制器而美，以为非是弗珍也。四方重吴服，而吴益工于服；四方贵吴器，而吴益工于器。是吴俗之侈者愈侈，而四方之观赴于吴者，又安能挽而之俭也。"[3]

扬州汉代特种工艺镜在中国镜鉴史上具有的意义，在于其处于承上启下的重要时期，上承战国以来高超的工艺技术，下启唐代特种工艺，尤其是金银平脱制作技术对唐代影响至深。所谓"平脱"，就是将金、银、铜等不同金属质地的薄片制成的镂空纹饰，用胶

---

1 《汉书》卷二八上《地理志上》"丹扬郡"条小字注，中华书局，1975年，1592页。
2 孔祥星等：《中国古代铜镜》，文物出版社，1984年，116页；徐忠文等：《广被丘陵铸铜镜：扬州出土汉代铜镜概说》，《汉广陵国铜镜》，15页。
3 （明）张瀚著、盛冬铃点校：《松窗梦语》卷四《百工纪》，中华书局，1985年，79页。

漆平粘于铜胎之上,空白处填漆,再进行细致打磨,使粘上的花纹与漆面基本平齐,称为"平脱"。王世襄对金银平脱的发展历史曾有过一段简短概括:"战国时已出现钿器,如成都羊子山172号墓出土的几件漆器。钿器就是用金属来嵌镶漆器的口,故不妨说钿器就是嵌金银漆器。它的进一步发展是从镶口的圆钿发展到粘贴在器盖上的叶片。……(西汉)及至器身上再粘贴金银薄片花纹,则和唐代所谓的金银平脱没有什么差别了。"[1]

扬州邗江姚庄101号西汉晚期墓随葬的银钿嵌玛瑙七子奁,用金银箔剪贴加彩绘的手法,描绘了许多以人物为主,山水为辅的出巡、狩猎、斗兽、娱乐、郊游等场景,这种制作工艺与金银平脱效果近似。类似的例子还有扬州邗江杨庙乡昌颉村西汉晚期墓出土的一件银钿贴金箔漆奁,盖壁与器身各有三道银钿,其间用金箔剪贴成纹饰带,有山水、流云、西王母、羽人、青鸟、灵芝等形象,创造出汉代人们心目中的神仙境地(图2-13)。[2] 扬州西汉墓出土金银平脱凤鸟纹镜是目前中国考古发现最早的金银平脱镜,贴镂空铜箔禽兽纹镜、贴金银箔漆绘云气纹镜亦为国内所仅见,为追溯唐代发达的金银平脱镜技术源头提供了重要的实物资料。现存唐代平脱器具非常精美,具有代表性,如西安东郊长乐坡村出土唐代金银平脱鸾衔绶带漆背镜(图2-14)。[3] 平脱器在文献中也有记述,唐段成式《酉阳杂俎·忠志》:"安禄山恩宠莫比,锡赉无数,其所赐品目有……金平脱犀头匙箸,金银平脱隔馄饨盘,金花狮子瓶,平脱着足叠子。"[4]《新唐书·肃宗纪》:"禁珠玉、宝钿、平脱、金泥、刺绣。"[5] 五代以降,平脱工艺逐渐衰败。

---

1 王世襄:《髹饰录解说:中国传统漆工艺研究》,文物出版社,1998年,106页。
2 扬州博物馆:《江苏邗江姚庄101号西汉墓》,《文物》1988年2期;傅举有主编:《中国漆器全集》第3卷《汉》,福建美术出版社,1998年,140页。
3 陈晶主编:《中国漆器全集》第4卷《三国-元》,52页。
4 《酉阳杂俎》前集卷一《忠志》,2页。
5 《新唐书》卷六《肃宗纪》,中华书局,1975年,159页。

广陵明镜

图 2-13 扬州邗江昌颉村西汉墓银釦贴金箔漆奁（《中国漆器全集》第 3 卷《汉》，140 页）

图 2-14 西安长乐坡村出土唐代金银平脱鸾衔绶带漆背镜（《中国漆器全集》第 4 卷《三国—元》，52 页）

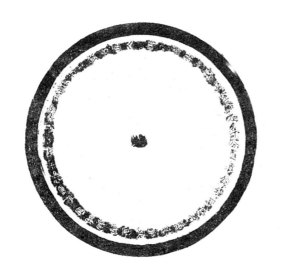

图 2-15 中国国家博物馆藏宋代扬州铸铭文镜拓本（《馆藏铜镜选辑》六，《中国历史博物馆馆刊》1994年2期）

唐代扬州繁盛一时，有"扬一益二"之说，扬州铸镜业发展处于当时领先水平。[1] 唐中宗曾令扬州铸造大方镜，并在镜背附加特种工艺，镜大体厚，在铸造方面有相当大的难度。《朝野佥载》卷三："中宗令扬州造方丈镜，铸铜为桂树，金花银叶，帝每骑马自照，人马并在镜中。专知官高邮县令幼临也。"[2]《太平广记》引《广异记·韦栗》："韦栗者，天宝时为新淦丞。有少女十余岁，将之官，行上扬州，女白栗，欲市一漆背金花镜。"[3] 小说中韦栗女儿要买的"漆背金花镜"，应属于金平脱特种工艺镜。1984年，扬州邗江县八里乡荷庄村发掘出唐代开成四年（839年）薛元常妻杨氏墓，出土一面圆形残

---

1 陈灿平：《扬州铸镜与隋唐铜镜的发展》，《江淮文化论丛》第二辑，文物出版社，2013年，275—301页。
2 （唐）张鷟撰、赵守俨点校：《朝野佥载》卷三，中华书局，1997年，69页。
3 （宋）李昉等编：《太平广记》卷三三四《鬼一九》，中华书局，1995年，2651页。

镜，髹漆，刻划有花卉纹饰，并于其上鎏金，直径30厘米。[1]

宋代扬州继承唐代传统，仍在铸镜，并作为贡品进献大内。中国国家博物馆藏有一面北宋宣和五年（1123年）扬州铸造的大铜镜，直径34厘米，圆形镜背上无纹饰，近镜缘处铸有一周阳文楷体铭文带："宣和五年，分进贡铜鉴，造贰拾面。鉴铸官承直郎扬州司仪曹事臣、莱景押，管向专知官盛奇，匠人臣郭成铸，扬州铸造。"这是一段长达46字的镜铭，包括纪年、铸地、鉴铸官及工匠姓名等信息，为进一步探讨宋代扬州铸镜业提供了明确的实物佐证（图2–15）。[2]

从纵向来看，自汉代广陵到唐宋扬州铸镜业极其发达，究其原因，不仅在于该地区有着优秀的手工业传统，丰富的铜矿资源也成为这一行业兴盛的重要支撑。从横向来看，与其他地区相比，这一地区在汉唐时期为经济富庶的江东都会，手工业发展迅猛，整体水平高于其他地方，所铸铜镜质量与工艺水平名列前茅。天时、地利、人和，是古人心目中成功的三个基本要素，就铸镜条件而言，扬州无疑三者兼备，从而一跃成为汉唐时期知名的铸镜中心之一，留下了让后人吟咏不绝有关铜镜的唐诗名篇：

> 铸镜广陵市，菱花匣中发。（韦应物《感镜》）
> 映水菱花散，临风竹影寒。（张文成《扬州青铜镜留与十娘》）
> 扬州青铜作明镜，暗中持照不见影。（张籍《白头吟》）[3]

---

[1] 扬州博物馆：《扬州近年发现唐墓》，《考古》1990年9期。
[2] 杨桂荣：《馆藏铜镜选辑》六，《中国历史博物馆馆刊》1994年2期。
[3] 《全唐诗》卷一九一《韦应物六》，1974页；《全唐诗逸》卷下《游仙窟诗》，收入《全唐诗》，10288页；《全唐诗》卷三八二《张籍一》，4299页。

诗　镜
——铭文镜的文学范儿

罗振玉有关镜铭的著作中收录一镜题名"诗镜",颇有意趣。"诗曰:鸾镜晓匀妆,慢把花钿饰。真如渌水中,一朵芙蓉出。"[1]《金石索·金石六》著录有此镜的摹本,铭文与罗氏所载基本相同,唯"诗曰"写作"诗云"(图3-1)。[2] 铜镜的形制如莲瓣绽放,辽宁朝阳辽代佛塔天宫中出土的一面铜镜,镜形与其相似(图3-2)。[3]

鸾镜是唐代较为流行的一种镜类,镜背纹饰有孤鸾与双鸾之分。且看拂晓天亮之时,佳人晨起梳妆,闲对鸾镜,用手轻轻地搓着脸使脂粉匀净,慢慢地把金翠珠玉制成的花形首饰戴在头上。远远望去,仿佛清澈的水中,一朵芙蓉悄然绽放,让人想起李太白的诗句"清水出芙蓉,天然去雕饰"[4]。古人不仅将优美动人的诗句吟于口中、写在纸上,而且铸于镜背,化为永恒,为今人描绘了一幅楚楚动人的佳丽览镜图。

在中国文学史上,诗经、楚辞、汉赋、唐诗、宋词、元曲,灿若星辰,依次绽放,成为各时段具有代表性的文学表现形式,也是滋养中华民族"子子孙孙永保用"的精

1　罗振玉:《汉两京以来镜铭集录》,《罗振玉学术论著集》第六集,上海古籍出版社,2010年,34页。
2　(清)冯云鹏等辑:《金石索·金索六》,《续修四库全书》894册,上海古籍出版社,2002年,277页。
3　朝阳北塔考古勘察队:《辽宁朝阳北塔天宫地宫清理简报》,《文物》1992年7期。
4　(唐)李白:《经乱离后天恩流夜郎,忆旧游,书怀赠江夏韦太守良宰》,《全唐诗》卷一七〇《李白一〇》,1756页。

图 3-1 诗镜摹本（《金石索·金索六》，277 页）

图 3-2 辽宁朝阳辽代佛塔天宫铜镜拓本（《辽宁朝阳北塔天宫地宫清理简报》，《文物》1992 年 7 期）

神源泉。它们在同时期的镜鉴上，究竟映照出怎样的倩影，或许是人们感兴趣的话题。诗经、楚辞与元曲，一头一尾，分属先秦、元代，在镜上未留下任何痕迹，但从汉镜上的某些铭文可以咀嚼出楚辞的独特韵味，毕竟楚汉一家，有着无法割舍的文化传承关系。

一、汉赋韵致

在数量众多的汉赋中，选择《仙赋》与《酒赋》两类作为探讨的重点。前者是神话，寄托着汉人的梦想与希冀；后者是现实，反映了汉人真实的生活状态。将汉赋与汉镜铭文结合起来，将会对汉代人们的精神世界与物质生活有一个更为清晰的认识。

西汉末至东汉初期的哲学家桓谭早年写过一篇《仙赋》，赋前有一段小序，交代了写作背景与动机。他年少时任中郎，跟随西汉成帝出行至甘泉河东祭祀诸神。先安置于华阴集灵宫，离宫位于华山脚下，为汉武帝所建造，以此来感念仙人王乔、赤松子，故将主殿取名为"存仙"。端门南向，面朝华山，署题"望仙门"。桓谭在此居住，兴之所至，遂于墙壁上作赋，以赞颂胜地美景。"夫王乔、赤松，呼则出故，翕则纳新。……仙道既成，神灵攸迎。乃骖驾青龙赤腾，为历踖玄厉之擢嶷。有似乎鸾凤之翔飞，集于胶葛之宇，泰山之台。吸玉液，食华芝，漱玉浆，饮金醪。出宇宙，与云浮，洒轻雾，济倾崖。观沧川而升天门，驰白鹿而从麒麟。"[1]

赋中写到了王乔、赤松子等仙人，以及青龙、鸾凤、白鹿、麒麟等充满神话色彩的动物形象。王乔即王子乔，与赤松子一起，亦见于张昶《西岳华山堂阙碑铭》所载："而世宗又经集灵之宫于其下，想乔、松之畴。"[2] 2006 年，河南新乡市金灯寺 47 号东汉墓所出一面八凤镜，铸有铭文"青龙白虎居左右，神鱼仙人赤松子"等。浙江上虞出土东汉龙虎镜，镜背除了龙虎、仙人等主体纹饰之外，还有一周铭文，明确指出镜上的仙人形象为王子乔："石氏作竟（镜）世少有，仓（苍）龙在左，白虎居右，仙人子侨（乔）以象于后。为吏高（升）价万倍，辟去不详（祥）利孙子，千秋万岁生长久。"（图 3-3）[3] 在镜背上，这些仙人形象栩栩如生地展现在世人面前，反映出古人心目中的神仙尊容。

《仙赋》谈到了升仙的方式是骖驾青龙，鸾凤飞舞，场面宏大壮观。仙人"吸玉液，食华芝，漱玉浆，饮金醪"。在汉代镜铭中也有类似的说法，如洛阳西郊 7052 号东汉早期墓随葬一面四神博局纹镜，在镜缘内饰一周阳文篆书铭文："福意进兮日以萌，食玉英

---

1 费振刚等校注：《全汉赋校注》上册，广东教育出版社，2005 年，341—342 页。
2 （宋）章樵注：《古文苑》卷一八，《中华再造善本·唐宋编·集部》，北京图书馆出版社，2003 年。
3 郑州大学历史学院考古系等：《河南新乡市金灯寺汉墓发掘简报》，《华夏考古》2009 年 1 期；王士伦等：《浙江出土铜镜》（修订本），文物出版社，2006 年，彩版 56，222 页。

图 3-3　浙江上虞出土东汉龙虎镜（《浙江出土铜镜》，彩版 56）

图 3-4　西安未央区 2 号新莽墓四神博局镜（《长安汉镜》，图版五一：1）

兮饮澧泉，驾蜚龙兮乘浮云，白虎引兮上泰山，凤凰舞兮见神仙，保长命兮寿万年，周复始兮八子十二孙。"1997 年，西安未央乡镇企业培训中心 2 号新莽墓清理出一面四神博局镜，在主区四神纹之外有一周铭文："作佳竟（镜）真大好，上有仙人不知老，渴饮玉池饥食枣，浮游天下敖（遨）四海，寿如金石保。"（图 3-4）一般的尚方镜铭均为"渴饮玉泉饥食枣"，此铭则云仙人"渴饮玉池饥食枣"，较为罕见。1991 年，河南偃师南蔡庄村砖厂发现东汉建宁二年（169 年）道士肥致墓，墓碑记载肥致食枣养生之说："君常舍止枣树上，三年不下，与道逍遥。"[2] 枣的营养价值早在汉代已被人们所熟知。

1　中国科学院考古研究所洛阳发掘队：《洛阳西郊汉墓发掘报告》，《考古学报》1963 年 2 期。
2　程林泉等：《长安汉镜》，陕西人民出版社，2002 年，132 页；河南省偃师县文物管理委员会：《偃师县南蔡庄乡汉肥致墓发掘简报》，《文物》1992 年 9 期。

图 3-5 洛阳面粉厂西汉卜千秋墓壁画《升仙图》(王绣摹绘)

在洛阳面粉厂发掘的西汉中期卜千秋墓中,有一幅升仙图壁画(图3-5),生动、直观地诠释了《仙赋》所要表达的主旨。在这幅壁画中,不仅有蛟龙、白虎、凤鸟、浮云等形象,而且还有汉代普遍尊崇的西王母[1],尤其令人瞩目。偃师高龙乡辛村西南发掘一座新莽壁画墓,绘有一幅西王母壁画,王母端坐云端,头戴胜;右有玉兔捣药,下部有蟾蜍、九尾狐[2]。西汉司马相如的《大人赋》,则用文字描绘出了汉人心中的西王母形象:"低徊阴山翔以纡曲兮,吾乃今日睹西王母。暠然白首戴胜而穴处兮,亦幸有三足乌为之使。必长生若此而不死兮,虽济万世不足以喜。"注云:"张揖曰:'西王母其状如人,豹尾虎首,蓬发暠然白首,石城金室,穴居其中。'"[3] 与西王母有关的铜镜铭文,如洛阳北郊岳家村30号唐墓中发现一面东汉三角缘画像镜,镜上有"东王公、西王母"的形象,并有"王公""王母"的铭文题记[4](图3-6)。

以青龙、白虎、朱雀、玄武构成的"四神"形象,与汉代人的生活息息相关。东汉冯衍《显志赋》:"跃青龙于沧海兮,豢白虎于金山。凿岩石而为室兮,托高阳以养仙。神雀翔于鸿崖兮,玄武潜于婴冥。"[5] 汉赋通过文字的细致描写,为读者创造了有关四神形象的想象空间。出现在铜镜背面的,不仅有四神矫健、灵动的身影,而且还有接近镜缘处一周铭文的准确诠释:"尚方御竟(镜)大母(毋)伤,湅治(冶)银锡清而明,巧工刻之成文章,左龙右虎辟不羊(祥),朱鸟玄武顺阴阳,子孙备具居中央,长保二亲乐富昌,寿敝金石如侯王。"这是洛阳涧西202厂工地92号汉墓出土尚方四

---

1 洛阳博物馆:《洛阳西汉卜千秋壁画墓发掘简报》,《文物》1977年6期。
2 黄明兰等:《洛阳汉墓壁画》,文物出版社,1996年,137页。
3 《汉书》卷五七下《司马相如传》,2596—2598页。
4 赵国璧:《洛阳发现的波斯萨珊王朝银币》,《文物》1960年8、9期。
5 费振刚等校注:《全汉赋校注》上册,369页。

图 3-6　洛阳岳家村 30 号唐墓出土东汉画像镜（霍宏伟摄影）

神博局镜上的一段铭文，其中"左龙右虎辟不羊（祥），朱鸟玄武顺阴阳"，指出了四神的象征意义。在偃师辛村新莽壁画墓中，空心砖上模印有龙虎对峙而立的形象，其间夹有一行"富贵宜子孙"砖铭[1]，亦反映出龙虎形象的作用在于趋吉辟凶，护佑墓主人平安，其子孙既富且贵。

让我们将目光从汉代充满奇异、梦幻色彩的神话，转移到现实的《酒赋》，回到一个充满浓郁生活气息的世俗社会。西汉邹阳的《酒赋》篇幅最长，画面感最强。它不仅记述了酒的制作工艺，而且还描写了汉人饮酒的场景，以及喝酒之后人们的不同反应。

第一部分主要描写了造酒的原料麦子与稻米，无论春秋，皆可造酒。酿成的酒液，光彩闪耀，味醇香甜。打开盛酒的青瓷器，取酒过滤、勾兑。百姓为之高兴，贵族作为

---

[1] 褚卫红等：《洛阳发现的汉代博局镜》，《文物》2008 年 9 期；黄明兰等：《洛阳汉墓壁画》，139 页。

礼物。酒的种类有"沙洛""渌酾",或饮或拒,纠缠不清。浓香佳酿,饮之竟可使人千日一醒。第二部分生动描绘了汉代上层社会的奢侈生活。高朋满座,美人起舞,达官显贵们酣畅淋漓地畅饮佳酿,纵酒作乐,以至于喝得酩酊大醉,酒器翻倒。"安广坐,列雕屏,绡绮为席,犀璩为镇。曳长裾,飞广袖,奋长缨。英伟之士,莞尔而即之。君王凭玉几,倚玉屏。举手一劳,四座之士皆若哺梁焉。乃纵酒作倡,倾盌覆觞。"[1] 东汉崔骃《七依》也有类似的场景描写:"于是置酒乎讌游之堂,张乐乎长娱之台。酒酣乐中,美人进以承宴。调欢欣以解容,回顾百万,一笑千金。振飞縠以长舞袖,袅细腰以务抑扬。"[2]

汉人饮酒作乐,不仅在汉赋中有着较大篇幅的文字铺陈,而且常于汉镜背面的铭文中有所反映,字数不多,却言简意赅。如1996年洛阳市吉利区炼油厂689号西汉中期墓发现长贵富草叶纹镜上的铭文:"长贵富,乐毋(无)事。日有喜,长得所喜,宜酒食。"(图3-7)1954年,辽阳三道壕发掘27号东汉石椁墓,出土一件陶案,在长方案中心鱼纹的左侧刻划有20字铭文:"永元十七年三月廿六日,造作瓦案,大吉,常宜酒肉。""永元十七年"为东汉和帝年号,即公元105年。[3] 有酒有食物,居必安,无忧患,心志欢,这就是汉代人的生活理想。

铜镜铭文仅见"宜酒食"三字,无法让人细致入微地观察汉人的饮酒之风。值得庆幸的是,在河南偃师辛村1号新莽墓壁画砖上,就呈现出一位贵妇人酒酣之后醉意蒙眬的憨态之姿(图3-8)。洛阳唐宫中路120号东汉晚期墓有一幅夫妇宴饮图壁画,夫妻两人前有栅足几,背起屏风。男主人端起耳杯,递给妇人,夫妻两人的面前不远处,还有

---

[1] 费振刚等校注:《全汉赋校注》上册,54页。
[2] 费振刚等校注:《全汉赋校注》上册,455页。
[3] 霍宏伟等主编:《洛镜铜华:洛阳铜镜发现与研究》上册,科学出版社,2013年,88页;《东北文物工作队一九五四年工作简报》,《文物参考资料》1955年3期。

图 3-7　洛阳吉利区炼油厂 689 号西汉墓草叶纹镜（洛阳市文物考古研究院供图）

一位侍女正从承旋上的酒樽中舀出冷酒（图 3-9）。[1] 良辰美景，佳酿浅酌，这与邹阳《酒赋》确有不少契合之处。令人感到更加惊奇的是，2003 年西安北郊枣园村南发掘一号西汉早期墓，出土一件高达 78 厘米的鎏金铜锺（图 3-10），锺内盛有 26 公斤透明的翠绿色液体。开盖之后，酒香扑鼻，是迄今所知保存最好、存量最多的古酒（图 3-11）。经中国食品发酵工业研究院全国酒类检测中心测定，其中酒精含量 0.1%，还含有酒类基本成分的正丙醇、异丁醇、异戊醇等微量物质，被确定为保存了两千多年的西汉美酒。[2] 读《酒赋》，品镜铭，观汉画，闻佳酿，让人浮想联翩，遐思万千。

---

[1]　洛阳市第二文物工作队：《洛阳偃师县新莽壁画墓清理简报》，《文物》1992 年 12 期；王绣等：《洛阳两汉彩画》，文物出版社，2016 年，131—133 页。

[2]　西安市文物保护考古所：《西安北郊枣园大型西汉墓发掘简报》，《文物》2003 年 12 期，34 页，图九、一一。

图3-8 偃师辛村1号新莽墓壁画砖局部（霍宏伟摄影）

图3-9 洛阳唐宫中路120号东汉墓壁画《大妇宴饮图》（王绣摹绘）

图 3-10　西安枣园一号西汉墓鎏金铜锺（《西安北郊枣园大型西汉墓发掘简报》，《文物》2003 年 12 期）

图 3-11　西安枣园一号西汉墓铜锺内的酒（《西安北郊枣园大型西汉墓发掘简报》，《文物》2003 年 12 期）

二、唐诗溯源

汉赋这种久远的文学表现形式，与当代人之间约有两千年的距离，阅读、理解起来略感生涩。与其相比，南北朝至隋唐时期的诗赋似乎显得更加亲切，朗朗上口，易于读懂。唐诗之前，先后有南北朝、隋代文人创作的诗歌做了较为充分的铺垫，由此成就了大唐诗作的辉煌。《艺文类聚》收录南朝梁代《咏镜》诗五首，北朝的北周一首，梁的作者包括简文帝、高爽、何逊、朱超道、王孝礼，以及由梁入仕北周的诗人庾信。[1]

庾信的诗赋作品上承晋赋，下启唐诗，堪称南北朝文学集大成者。[2] 唐代杜甫多次在诗中对庾氏给予高度评价，并概括、归纳出庾氏诗文的几个特点，如"清新""哀伤""萧瑟""老成"。[3] 庾信以铜镜为主题的诗赋，对隋唐两代影响较大，在同一时期的铜镜上时常以其诗赋名句作为镜铭，与镜背纹饰互为映衬。庾氏有一首著名的《镜》诗："玉匣聊开镜，轻灰暂拭尘。光如一片水，影照两边人。月生无有桂，花开不逐春。试挂淮南竹，堪能见四邻。"有学者考证，此诗的写作时间应该是庾信侍从梁简文帝萧纲时所作的同题之咏。[4] 该诗的前四句理解较为容易，意思是打开玉镜匣，拿出镜子，轻轻擦拭镜上的灰尘。镜面光亮如水，可以照出镜里镜外两边的人。后四句含义难以琢磨，"月生无有桂，花开不逐春"，倪璠解释为："月中有桂，镜圆如月而无桂也。镜有菱花，菱开夏时，故不逐春也。""试挂淮南竹，堪能见四邻"，出自《淮南子》："高悬大镜，坐见四邻。"[5]

此诗前四句，作为隋末唐初铜镜上的镜铭经常被引用。1956~1957年，在陕西西安

---

1 （唐）欧阳询撰、汪绍楹校：《艺文类聚》卷七〇《服饰部下·镜》，中华书局，1965年，1226页。
2 （清）刘熙载：《艺概》卷二《诗概》："庾子山《燕歌行》开唐初七言，《乌夜啼》开唐七律，其他体为唐五绝、五律、五排所本者，尤不可胜举。"上海古籍出版社，1978年，57页。清人倪璠于《春赋》注云："《梁简文帝集》中有《晚春赋》，《元帝集》有《春赋》，赋中多有类七言诗者。唐王勃、骆宾王亦尝为之，云效庾体。明是梁朝宫中庾子山创为此体也。"（北周）庾信撰、（清）倪璠注、许逸民校点：《庾子山集注》卷一《赋》，中华书局，1980年，74页。
3 杜甫有4首诗歌提到庾信。《春日忆李白》："清新庾开府，俊逸鲍参军。"《全唐诗》卷二二四《杜甫九》，2400页。《风疾舟中伏枕书怀三十六韵奉呈湖南亲友》："哀伤同庾信，述作异陈琳。"《全唐诗》卷二三三《杜甫一八》，2572页。《咏怀古迹五首》："庾信平生最萧瑟，暮年诗赋动江关。"《全唐诗》卷二三〇《杜甫一五》，2510—2511页。《戏为六绝句》："庾信文章老更成，凌云健笔意纵横。"《全唐诗》卷二二七《杜甫一二》，2454页。
4 吴瑞侠：《庾信诗歌作品考辨》，《宿州学院学报》25卷4期，2010年。
5 《庾子山集注》卷四《诗》，364页。

图 3-12 洛阳龙门站前广场唐墓神兽镜（洛阳市文物考古研究院供图）

东郊韩森寨发掘 551 号初唐墓，出土一面团花镜，外区铭文带采用了庾信咏镜诗的前半首，并略作修改："玉匣初看镜，轻灰鼚（暨）去尘。光如一片水，影照两边人。"2009 年，洛阳龙门站前广场唐墓清理出一面神兽镜，四叶纹钮座方框外各饰一只形态各异的神兽。镜缘内饰一周阳文楷书铭文，即为庾信《镜》诗的前四句，"玉匣聊开镜"铸作"玉匣聊看镜"，"影照两边人"一句铭文因锈蚀而未显（图 3-12）。[1]

庾子山在南朝梁做官时还写过一篇《镜赋》，分为四段，刻画了宫中佳人晨起、览镜梳妆的场景。第一段描写的是佳人拂晓起床，折起屏风，打开窗户，朝阳晃眼，晨风拂面。第二段则是描绘镜台与铜镜的重点段落：

---

[1] 中国社会科学院考古研究所：《西安郊区隋唐墓》，科学出版社，1966 年，74 页，图版肆贰：2；霍宏伟等主编：《洛镜铜华》下册，222 页。

镜台银带，本出魏宫。能横却月，巧挂回风。龙垂匣外，凤倚花中。镜乃照胆照心，难逢难值。镂五色之盘龙，刻千年之古字。山鸡看而独舞，海鸟见而孤鸣。临水则池中月出，照日则壁上菱生。[1]

"镜台银带，本出魏宫"，出自东汉末曹操《上杂物疏》："镜台出魏宫中，有纯银参带镜台一枚，又纯银七，贵人、公主银镜台四。"[2] 孟晖认为，"能横却月"，是指镜台的月牙形承托；"巧挂回风"，则是为了固定镜子，还要将镜背钮鼻中的系带拴结到立杆的顶端。[3]

"龙垂匣外，凤倚花中"，这两句是写镜台周围以龙、凤纹为主体的装饰物。南朝齐谢朓《咏镜台》诗中也有类似的描写，如"对凤临清水，垂龙挂明月"[4]。接着写铜镜本身，"镜乃照胆照心"，引用的是秦王大方镜的典故。镂盘龙纹，铸以铭文。山鸡见了要起舞，鸾鸟见了鸣叫，亦是引用了山鸡见镜起舞、鸾凤睹影孤鸣的故事。本段的最后两句"临水则池中月出，照日则壁上菱生"，为《镜赋》中的经典名句，耳熟能详。甚至有人认为，"照日则壁上菱生"说的是神秘的透光镜，意为对着阳光，墙壁上就会出现镜背上的菱形花纹，可谓是最早对透光镜的生动描写。[5]

在描绘了镜台与铜镜之后，诗人将笔锋一转，引导读者的注意力从物再次转移到

1　《庾子山集注》卷一《赋》，86 页。
2　《北堂书钞》卷一三六《服饰部三·镜台六六》，553 页。
3　孟晖：《能横却月，巧挂回风：闺阁中的镜台与镜匣》（上），《紫禁城》142 期，2006 年。
4　（唐）徐坚等：《初学记》卷二五《镜台一〇》，中华书局，1980 年，609 页。
5　曾甘霖：《铜镜史典》，重庆出版社，2008 年，118 页。

人，在第三段继续描写宫中佳丽的发饰、装扮，对镜插花、度量髻鬟长短乃至飞花砖地等细微动作与局部场景，用精致入微的词汇重构了南朝宫廷内部的日常生活史现场片断。最后一段是写佳人在梳洗打扮、涂脂抹粉之后，把镜子系在身上，以便出门之后也能时时自照其发。

《镜赋》第二段首云"镜台银带，本出魏宫。能横却月，巧挂回风。龙垂匣外，凤倚花中"，有关魏宫、龙、凤的描写，成为后人创作诗歌的借鉴。隋代李巨仁撰有一首《赋得镜诗》："魏宫知本姓，秦楼识旧名。凤从台上出，龙就匣中生。无波菱自动，不夜月恒明。非唯照佳丽，复得厌山精。"[1] 无论是"魏宫知本姓"，还是"凤从台上出，龙就匣中生"，均可从中看到庾信《镜赋》的影子。唐何据《古镜赋》有"秦楼对月，魏乘临珠"，王起《照宝镜赋》"魏宫之所施，秦台之所持"[2]，可见"魏宫""秦台"亦成为唐人创作镜鉴诗赋引用频率较高的典故。河南偃师城关镇前杜楼村砖厂唐贞观二十一年（647年）崔大义夫妻合葬墓发现一面四神十二生肖镜，出土时已断为三块。四叶形钮座外的弦纹带将镜背分为两区，内区饰青龙、白虎、朱雀、玄武等四象环钮排列，外区十二格内分置十二生肖。内外区之间为一周镜铭，引用的正是隋代李巨仁的《赋得镜诗》，唯"复得厌山精"一句，镜铭作"复用厌山精"（图 3–13）。[3]

"复得厌山精"一句，源于庾信的《小园赋》："镇宅神以薶石，厌山精而照镜。"庾氏另有诗作《奉和赵王游仙》，也写到"山精"："山精逢照镜，樵客值围棋。"[4] 唐人诗赋中有引用此句的，如中宗《石淙》诗"水炫珠光遇泉客，岩悬石镜厌山精"，何据《古镜

---

1 《初学记》卷二五《镜九》，609页。
2 （宋）李昉等编：《文苑英华》卷一〇五《赋一〇五·器用四》，中华书局，1990年，480—481页。
3 赵会军等：《河南偃师三座唐墓发掘简报》，《中原文物》2009年5期；霍宏伟等主编：《洛镜铜华》下册，220页。
4 《庾子山集注》卷一《赋》、卷三《诗》，27、217页。

图 3-13　偃师前杜楼村砖厂唐崔大义墓四神十二生肖镜（洛阳市文物考古研究院供图）

赋》有"开宝匣以厌山精"一句。[1]

"厌山精"中的"厌"字，意即厌胜，用巫术制伏或避除山精，山精是传说中的山间怪兽。《淮南子·氾论训》中有"山出枭阳"，汉高诱注："枭阳，山精也。人形，长大，面黑色，身有毛，足反踵，见人而笑。"《抱朴子·登涉篇》曰："山中山精之形如小儿，而独足，足向后，喜来犯人。人入山谷，夜闻其音声笑语，其名曰蚑，知而呼之，即不敢犯人也。"（据《太平御览》卷八八六引改）南朝宋刘敬叔《异苑》卷三引《玄中记》："山精如人，一足，长三四尺，食山蟹，夜出昼藏。"《搜神后记》曰："王文献曾令郭璞筮己一年吉凶，璞曰：'当有小不吉利，可取广州二大罂，盛水置床帐二角，名曰镜好，以厌之。至某时，撒罂去水，如此其灾可消。'至日，忘之。寻失铜镜，不知所在。后撒

---

[1]《文苑英华》卷一○五《赋一○五·器用四》，480 页。

去水,乃见所失镜在于罂中。罂口数寸,镜大尺余。王公复令璞筮镜罂之意。璞云:'撒罂违期,故至此妖,邪魅所为,无他故也。'便烧车辖,而镜立出。"[1]

《镜赋》中"镜乃照胆照心"一句,引用的是秦始皇咸阳宫方镜照人的典故。2009年,河南孟津县连霍高速公路服务区东工地18号唐墓出土一面高士坐于竹林抚琴的唐镜,其镜缘一周铭文为:"凤凰双镜南金装,阴阳各为配,日月恒相会。白玉芙蓉匣,翠羽琼瑶带。同心人,心相亲,照心照胆保千春。"[2](图3-14)唐镜铭中的"照心照胆保千春",可能源于庾氏的《镜赋》。

此赋中接下来的两句,"山鸡看而独舞,海鸟见而孤鸣",来自于两个故事。南朝刘敬叔《异苑》:"山鸡爱其毛羽,映水则飞。魏武时,南方献之。公子苍舒令置大镜其前,鸡鉴形而舞,不知止,遂乏死。韦仲将为之赋其事。"庾信《咏画屏风诗二十四首》之十三中有"吹箫迎白鹤,照镜舞山鸡"一联,唐代崔护《山鸡舞石镜》"庐峰开石镜,人说舞山鸡",李商隐《破镜》诗云"秦台一照山鸡后,便是孤鸾罢舞时",皇甫湜等人还撰有《山鸡舞剑赋》。[3]

鸾鸟孤鸣的典故见于南朝宋范泰《鸾鸟诗序》:以前西域的一个小国罽宾国王在峻卯山结网,捕获了一只鸾鸟,国王非常喜欢这只鸟,想让它鸣叫却无法做到。于是,用黄金来装饰鸟笼子,喂它珍奇的食物,鸾鸟面对这些更加悲伤,三年没有鸣叫一声。夫人

---

1 刘文典撰、冯逸等点校:《淮南鸿烈集解》卷一三《氾论训》,中华书局,1989年,458页;王明:《抱朴子内篇校释》卷一七《登涉》,中华书局,1980年,277页;(南朝宋)刘敬叔撰、黄益元校点:《异苑》卷三"蒋山精"条,(前秦)王嘉等撰、王根林等校点:《拾遗记》(外三种),上海古籍出版社,2012年,103页;(晋)陶潜撰、汪绍楹校注:《搜神后记》卷二《镜罂》,中华书局,1981年,14—15页。
2 霍宏伟等主编:《洛镜铜华》下册,263页。
3 《庾子山集注》卷四《诗》,357页;《全唐诗》卷五三九《李商隐一》,6217页;《文苑英华》卷一〇五《赋一〇五·器用四》,481—482页。

图3-14 连霍高速公路孟津段18号唐墓真子飞霜镜（洛阳市文物考古研究院供图）

云:"曾经听说鸾鸟看见同类则鸣,为何不悬挂一镜映照着鸟儿呢?"国王听从了夫人的话,悬镜以照,鸾鸟看到了镜中鸟的形象,即刻悲鸣,哀响云霄,奋飞而亡。[1]梁简文帝、庾信均写过与鸾镜有关的诗句。[2]

庾信《镜赋》中的"临水则池中月出,照日则壁上菱生",诗作《寻周处士弘让》"石镜菱花发,桐门琴曲愁",皆为佳句,得到唐代诗人们的追捧与模仿。[3]骆宾王有一首《咏镜》:"写月无芳桂,照日有花菱。不持光谢水,翻将影学冰。"[4]1958年,湖南长沙陆家冲3号隋墓出土一面四神镜,四神纹之外有一周铭文,为"团团宝镜,皎皎升台。鸾窥自舞,照日花开。临池似月,睹貌娇来"。湖南省博物馆还征集到一面唐龙纹镜,铭文完整,笔画清晰,为"照日菱花出,临池满月生。官看巾帽憼(整),妾映点妆成"(图3-15)。[5]

河南偃师杏园村唐会昌三年(843年)李郁夫妻合葬墓出土一面瑞兽镜,内区饰雄狮、奔鹿等八只瑞兽,外区有一周铭文带:"照心宝镜,圆明难拟。影入四邻,形超七子。菱花不落,回风讵起。何处金波,飞来匣里。"[6](图3-16)"影入四邻,形超七子"均为用典。《淮南子》有"高悬大镜,坐见四邻","影入四邻"应源于此。"形超七子"四字,无疑来自梁简文帝《望月》诗:"形同七子镜,影类九秋霜。"[7]庾信也有一首同名

---

1 《艺文类聚》卷九〇《鸟部上·鸾》,1560页。
2 简文帝《咏人弃妾》:"独鹄罢中路,孤鸾死镜前。"(南朝梁)萧纲著、肖占鹏等校注:《梁简文帝集校注》卷四《诗》,南开大学出版社,2012年,333页。庾信《拟咏怀二十七首》:"抱松伤别鹤,向镜绝孤鸾。"《和咏舞》:"鸾回镜欲满,鹤顾市应倾。"《庾子山集注》卷三《诗》,245、261页。
3 《庾子山集注》卷一《赋》、卷四《诗》,86、363页。
4 《全唐诗》卷七九《骆宾王三》,861页。
5 湖南省博物馆编:《湖南出土铜镜图录》,文物出版社,1960年,161页。
6 中国社会科学院考古研究所河南二队:《河南偃师市杏园村唐墓的发掘》,《考古》1996年第12期。
7 《梁简文帝集校注》卷四《诗》,343页。

图 3-15 湖南省博物馆藏唐龙纹镜（《湖南出土铜镜图录》，161 页）

图 3-16 偃师杏园唐会昌三年李郁墓瑞兽镜（徐殿魁供图）

诗："照人非七子，含风异九华。"[1]《北堂书钞》引魏武《上杂物疏》云："……又纯银七子，贵人、公主银镜台四。"[2] "七子"是指七子镜，即西汉晚期多乳禽兽纹铜镜背面钮座外主区等距分布有七枚乳钉，其间饰以禽兽纹，故称"七子镜"。1964 年，西安市未央区出土一面"光耀"七乳禽兽镜，直径为 25.4 厘米，是长安地区目前所见尺寸最大、保存状况最好的七子镜（图 3-17）。[3]

"菱花不落，回风讵起"一联，似与庾信诗赋趋同。《寻周处士弘让》有"石镜菱花

---

[1] 《庾子山集注》卷四《诗》，348 页。
[2] 《北堂书钞》卷一三六《服饰部三·镜台六六》，553 页。
[3] 傅嘉仪：《西安市文管处所藏两面汉代铜镜》，《文物》1979 年 2 期，程林泉等：《长安汉镜》，141—144 页。

图 3-17 西安出土西汉"光耀"七乳禽兽镜（《长安汉镜》，图版五六：1）

图 3-18 连霍高速公路洛阳玉冢段 1 号唐墓鸟兽团花镜（洛阳市文物考古研究院供图）

发"，《镜赋》有"巧挂回风"一句。《尔雅》曰："回风为飘。"郭注云："旋风也。"

以上选取了庾子山镜诗与镜赋各一，通过与隋唐镜诗、镜铭的对比分析，由此可见庾信诗赋对隋唐两代文学的影响，其他南北朝诗人的作品在后世镜上亦见踪影。南朝梁王孝礼写过一首诗《咏镜》："可怜不自识，终尔因镜中。分眉一等翠，对面两边红。转身先见动，含笑逆相同。犹嫌镜里促，看人未好通。"[1] 2009 年，洛阳连霍高速公路改扩建工地玉冢段 1 号唐墓清理出一面鸟兽团花镜。内区纹饰为凤鸟、瑞兽、团花各有一对，外区饰一周阳文楷书铭文："练形神冶，莹质良工。如珠出匣，似月停空。当眉写翠，对

1　《艺文类聚》卷七〇《服饰部下·镜》，1227 页。

图 3–19　唐伯牙抚琴镜
（《古镜聚英》下册，图 13）

脸傅红。绮窗绣幌，俱含影中。"[1]（图 3–18）其中，"当眉写翠，对脸傅红"两句，应是"分眉一等翠，对面两边红"一联的改写。

与东晋、南北朝、隋代相比，大唐是一个诗意盎然、诗行无处不在的时代，一切事物皆为创作题材，信手拈来吟作诗。镜上也有部分唐诗，或与镜背图案、纹饰密切关联，诗歌成为抒发诗人情怀或思绪的书面表达。铸于镜背上的诗行，既有采自前代诗人的名篇佳作，也有本朝佚名作者的低吟浅唱，如《伯牙抚琴镜铭》就被收入了《全唐诗》："独有幽栖地，山亭随女萝。涧清长低筱，池开半卷荷。野花朝暝落，盘根岁月多。停杯无尝慰，峡鸟自经过。"[2]（图 3–19）"筱"，即小竹、细竹。此镜镜背是一幅自然天成的

---

[1] 霍宏伟等主编：《洛镜铜华》下册，268 页。
[2] 《全唐诗续拾》卷五六《无名氏》，收入《全唐诗》，11809—11810 页。

图 3-20　宋梅雪词镜及拓本（图版引自《中国青铜器全集》16《铜镜》，178 页；拓本引自《北京发现宋〈满江红〉词菱花铜镜》，《文物》1985 年 1 期）

隐逸图，幽静深远的溪谷林间，两位仙风道骨的隐士坐于山亭前抚琴、小酌，再配以镜缘处的一首唐诗，足可令世人咀嚼良久，这是一种他人无法企及的桃源生活。

三、宋词余韵

据说宋代的文学青年数量颇多，当他们站在唐诗这座大山面前慨叹生不逢时，还有一些独行侠们披荆斩棘，另辟蹊径，但见峰回路转，迎来了文学史上的又一巅峰时刻，宋词达到了中国词作的最高境界。

有趣的是，宋镜不像唐镜上铸以隽永、雅致的诗行，扑面而来的是浓厚的生活气息与商业味道。铸于宋镜上的铭文大多像是打出各类小广告，通过宣传，扩大铸镜作坊的知名度，以利于铜镜的销售。相比之下，若在铜镜上铸一点文学意味的铭文则显得曲高和寡，难能可贵。这一面南宋梅雪词镜就是一个特立独行的个案（图3-20）。

  雪共梅花，念动是、经年离折。重会面、玉肌真态，一般标格。谁道无情应也妒，暗香埋没教谁识。却随风、偷入傍妆台，萦帘额。

  惊醉眼，朱成碧。随冷暖，分青白。叹朱弦冻折，高山音息。怅望关河无驿使，剡溪兴尽成陈迹。见似枝而喜对杨花，须相忆。

这面词镜是1982年北京市文物工作者在顺义县物资回收公司铜堆中拣选出来的，《金石索·鉴镜一二》著录《满江红·咏雪梅》菱花镜一面，附有摹本，其形制、纹饰、铭辞与此镜大同小异，词作收入《全宋词》。发现于顺义的这面铜镜是一首词牌名为《满江红》的铭文镜，八出菱花形，扁圆钮，钮周围环绕一周铭文作为钮座。主区纹饰为八个回环往复的圈带连为一体，内填铭文，其间饰以八卦纹。自"雪共梅花"至"须相忆"，共计93个字，其中"望关"误作"关望"。镜缘起突棱菱边上均匀分布有32个似呈梅花形的嵌槽，推测可能原有梅花形饰物镶嵌其上。直径21.7、厚0.4厘米。[1]

  不论是词镜，还是诗镜，都是文学主流体裁在镜上的反映，还有一种充满文字游戏趣味的迴文诗镜，让人读来别有情趣。1929年夏天，罗振玉在其编纂、印行的镜书中收

---

[1] 程长新：《北京发现宋〈满江红〉词菱花铜镜》，《文物》1985年1期；罗振玉：《汉两京以来镜铭集录》，《罗振玉学术论著集》第六集，35页。

录迴文镜铭"月晓河澄,雪皎波清",通过反复组合、排列,得十六联,三十二句。[1] 1938年,商承祚为蔡季襄收藏长沙出土的宋代迴文诗镜制作墨拓(图3–21),其铭文与罗氏书中所载镜铭相同。商承祚不厌其烦,将铭文不断组合,构成一百九十二联,三百八十四句,排列于书中。[2]

上述镜铭属于迴文诗的范畴,迴文作为一种修辞手法,应用于某些诗歌之中,迴环往复读之,皆能成诵,流传最广的迴文诗图为前秦苏蕙所作。[3] 后人称此诗图为《璇玑图》,有幸保存至今。[4] 1994年,在内蒙古赤峰宝山2号辽墓石室南壁发现绘有《织锦迴文图》壁画(图3–22),左上角为墨书题记,[5] 这幅壁画形象诠释了苏若兰织寄迴文诗的曲折故事。

与前秦《璇玑图》有异曲同工之妙的是唐代的《罄鉴图》。才子王勃撰有《罄鉴图铭序》,记录了一面铭文奇异的铜镜。唐肃宗上元二年(761年)十一月,王勃将赶赴交趾,

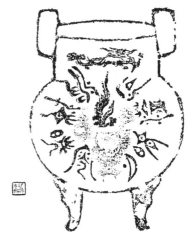

图 3-21　长沙出土宋迴文诗镜拓本
(《长沙古物闻见记·续记》,289页)

1　罗振玉:《汉两京以来镜铭集录》,《罗振玉学术论著集》第六集,31—32页。
2　商承祚:《长沙古物闻见记·续记》,中华书局,1996年,175—182页。拓图见289页,附图四。
3　《晋书》卷九六《列女传》:"窦滔妻苏氏,始平人也,名蕙,字若兰。善属文。滔,苻坚时为秦州刺史,被徙流沙,苏氏思之,织锦为迴文旋图诗以赠滔。宛转循环以读之,词甚凄婉,凡八百四十字,文多不录。"中华书局,1974年,2523页。
4　逯钦立辑校:《先秦汉魏晋南北朝诗》晋诗卷一五《苏若兰》,955—964页;(宋)桑世昌撰:《回文类聚》卷二,《文渊阁四库全书》1351册,上海古籍出版社,2003年,796—804页。
5　内蒙古文物考古研究所等:《内蒙古赤峰宝山辽壁画墓发掘简报》,《文物》1998年1期;吴玉贵:《内蒙古赤峰宝山辽墓壁画"寄锦图"考》,《文物》2001年3期。

诗镜

图 3-22　赤峰宝山 2 号辽墓壁画《织锦迴文图》(《内蒙古辽代壁画》，46 页)

有南海人将一面转轮钩枝八花镜铭让他看，并说是"当今之才妇人作也"。王勃观其藻丽繁复，文字萦回，句读曲屈，韵谐高雅，有陈规起讽之意。他认为此镜铭可以作鉴前烈，辉映将来。"鞶鉴"是装饰于革带上的铜镜。另有一篇令狐楚撰写的《鞶鉴图跋》，可见唐人对于《鞶鉴图》的钟爱。元和十三年（818 年）二月八日，令狐楚作为中书舍人、翰林学士，在大内值夜班。奏进旨检事，打开前库东阁。于架上阅古今撰集，偶于《王勃集》中卷末获此鉴图并序。第二天，将鉴图摹写下来，贮于箱箧。宝历二年（826 年），乃命随军潘玄敏绘于缣素，鉴图由此传播开来。从令狐楚自己摹写鉴图，至潘玄敏绘于

图 3-23 清仿唐转轮钩枝八花鉴
(《故宫藏镜》，238 页）

细绢之上，其间相差八年。[1]

最为奇妙的是，在《鏖鉴图》中央的莲花瓣上分别写有八个字，顺时针方向读之，为"月晓河澄，雪皎波清"，与前文罗振玉书中的宋代镜铭录文完全相同，看来此镜铭非宋人独创，而是源于唐代的《鏖鉴图》。这一鉴图的魅力之大，直到清代仍令人回味无穷，甚至在乾隆壬寅年（乾隆四十七年，1782 年），皇上还命清宫内府重新铸造此类铭文镜（图 3-23）[2]，现藏故宫博物院。自唐上元二年（761 年）王勃记录下《鏖鉴图》，至清代乾隆四十七年，历经 1021 年。清宫何以在千年之后重铸此镜呢？据铭文推测，中央莲花瓣上"波清月晓"句中包含一"清"字；枝间八字，"清光耀日"亦含一

---

1 （宋）桑世昌撰：《回文类聚》卷二，《文渊阁四库全书》1351 册，805 页。
2 何林主编：《故宫藏镜》，紫禁城出版社，2008 年，238 页。

"清",皆与"大清"国号刻款中的"清"字,或对齐于一条直线上,或两两相邻。刻款"清"字上方卦象为坎卦,象征水,大清王朝为水德。枝上又有"延年益寿"等古语,字同意深,以此作镜,可谓自然天成。

汉赋、唐诗、宋词,三峰并立,高山仰止,冠绝于世。"穷则变,变则通,通则久。"[1]当前人创造的一种文学表述形式已经非常成熟的时候,后人将无法超越。在此窘境中,必须创新,笔墨当随时代,才能走出维谷,再造辉煌,唐诗、宋词的发展就是很好的佐证。但是,万变不离其宗,变化的只是表象,而人们对于现实生活的热爱、对于真善美追求的本质是永恒不变的。不同时期铭文镜上诗情的表达,与其同时代的文学形式、风格基本同步。自诗镜来谈镜诗,再升华至诗境——诗的意境。从实体到虚境,以冷冷的青铜镜为载体,去追寻文学暖暖的、充满人文情怀的光辉,让镜上的铭文与文献中的镜诗相互砥砺,摩擦出奇异的华彩,本身就是一次笔墨中的奇妙旅行,"路漫漫其修远兮,吾将上下而求索"。

1　(宋)朱熹注:《周易·系辞下传》,上海古籍出版社,1987年,65页。

镔铁作镜

≡，乾卦。镔铁作镜辟大旱，清泉虔祈甘霖感。魅孽当前惊破胆，服之疫疠莫能犯。双龙嘆略垂长颔，回禄睢盱咸早敛。[1]

这是清代学者钱泳记录一面唐代铁镜上的部分错金铭文。嘉庆二十四年（1819年）三月，浙江钱塘赵晋斋至江苏苏州登门拜访钱氏，带来一面铁镜。此镜直径大约六寸，镜背嵌有两条金飞龙，中间有铭文"武德壬午年，造辟邪华镔铁镜"12字。"武德壬午年"，意思是这面铁镜是唐代高祖李渊武德五年（622年）铸造的；"辟邪华"，即装饰具有辟邪作用的花纹；"镔"指精铁，"镔铁镜"意为用精炼的铁制成的镜子。《一切经音义·苏悉地羯啰经》"镔铁"条："出罽宾等外国，以诸铁和合，或极精利，铁中之上者是也。"[2]

本文首段所引44个字的铭文，金色灿然，堪称奇物，有可能位于镜缘一周。从铭文可知，这面镜子是为辟邪大旱、虔祈甘霖而造。"≡"表示乾卦的三爻，《周易·乾

1　（清）钱泳撰、张伟点校：《履园丛话》二《阅古》"唐镜"条，中华书局，1997年，52页。
2　（唐）释慧琳等撰：《正续一切经音义》卷三五《苏悉地羯啰经》卷中"镔铁"条，上海古籍出版社，1986年，三五·13页。

卦》彖曰:"云行雨施,品物流形。"意即由于乾元之气的发动,得到阴气的配合,云化为雨润泽于下,万物受其滋养,茁壮成长为各种品类,畅达亨通[1]。"双龙嘍略垂长颔"中的"嘍略"一词,难以解释,有可能是铭文或者释文有误,应该是"嘍唶",意即大声呼叫,形容勇悍无比。"长颔"就是长下巴。"回禄睢盱威早敛"中"回禄"指传说中的火神,"睢盱"是睁眼仰视的样子。这两句诗的大致意思是,铁镜背面铸造的双龙勇猛无敌,火神的威风不得不早早收敛。铁镜具有趋吉辟邪的神奇功效,甚至在唐代吕洞宾的两首诗中也有所反映:"曾将铁镜照神鬼,霹雳搜寻火满潭。""铁镜烹金火满空,碧潭龙卧夕阳中。"[2](图4-1)

关于这面铁镜,仅留下清人的文字描述,而无任何图像资料。值得欣慰的是,在北宋《宣和博古图》中,设有"铁鉴门"一节,著录铁镜22面[3],均为唐镜。其中,有一面戏水龙铁鉴,为双龙环绕镜钮,由此可对唐代双龙铭文镜的形制特点有个直观的认识。现在很难再见到带有铭文的唐代铁镜,中国国家博物馆藏有一件唐昭宗乾宁四年(897年)钱镠铁券,是在覆瓦形的铁器表面用金镶嵌皇帝诏书。曾经见过唐代双龙纹纪年铭文镜的清代学者钱泳,还见过两次钱镠铁券。"唐昭宗乾宁四年,赐先武肃王铁券,当为吾家至宝。泳拜观者凡两次。"[4]从这件铁券上的错金铭文,可以想见双龙纹铁镜铭文的风采。

北宋《宣和博古图》著录了22面唐代铁镜,为今人了解唐制铁镜发达程度留下了一批珍贵的图像资料,可以看出唐代铁镜铸造技术已达到了相当高的水平,成为中国铁镜

---

1 余敦康:《周易现代解读》,华夏出版社,2006年,2页。
2 《全唐诗》卷八五七《吕岩二》,9749页。
3 (宋)王黼编纂、牧东整理:《重修宣和博古图》卷三〇,广陵书社,2010年,595—602页。
4 (清)钱泳撰. 张伟点校:《履园丛话》二《阅古》"铁券"条,53页。

图 4-1 镜鉴照狐妖的神奇威力（《点石斋画报·大可堂版》2，32 页）

发展史上的鼎盛时期。与道教相关的铁镜，共计 12 面，包括八卦十六符镜 1 面、八卦铭文镜 2 面、千秋万岁八卦铭文镜 1 面、八卦方镜 1 面、八卦八角镜 1 面、八卦凤龟镜 2 面、四灵八卦镜 1 面、日月八卦十二辰二十八宿镜 1 面、二十八宿五行铭文镜 1 面、四灵八卦十二辰铭文镜 1 面。李唐王朝以李耳为祖，道教得以兴盛。与上述铁镜同类题材的铜镜大致年代在中晚唐时期，显示出这一时期道教的进一步发展。对于这批唐代铁镜资料，罗振玉则有不同看法："传世古镜从未见铁者，而《宣和博古图》卷三十载铁鉴二十有三（二）。殆古镜久薶地中，光泽黝黑，俗所谓水银古，乃铜色变化，非铁也。考古一事，前人疏于后人，此其一也。"[1]

1　罗振玉：《俑庐日札·铁鉴》，《罗振玉学术论著集》第三集，上海古籍出版社，2010 年，100 页。

图 4-2　洛阳南流变电站 19 号唐墓铁镜（程永建供图）

新中国成立以来，确实有经考古发掘出土的唐代铁镜面世，但锈蚀严重，无法判定镜背是否有纹饰和铭文。以洛阳地区已发表资料的唐代铁镜为例，在隋唐洛阳城址中出土一面铁镜，有 9 座唐墓各出一面铁镜，形制均为圆形。隋唐洛阳东城中部偏东发掘 3 号唐代砖瓦窑址，出土一面铁镜，锈蚀严重，背面中央有圆钮，直径 14.8 厘米。[1] 1981 年，洛阳南郊供电局南流变电站发掘 19 号唐墓，于墓室人头骨东侧出土铁镜，直径 16.7、钮径 3.1 厘米（图 4-2）。[2] 通过 X 光片来看，镜背上未见任何纹饰、铭文的迹象，为素面镜。2002～2004 年，洛阳关林发掘初唐墓两座、盛唐墓一座，各出一面铁镜。[3] 铁镜锈蚀严重，无法辨认其有无纹饰，直径为 10.8～17.8 厘米。可见该地区出土唐代铁镜数量相对较多，保存状况不佳。

1　中国社会科学院考古研究所：《隋唐洛阳城：1959—2001 年考古发掘报告》第一册，文物出版社，2014 年，312 页。
2　程永建：《洛阳出土铁镜初步研究》，《华夏考古》2011 年 4 期。
3　洛阳市文物工作队：《洛阳关林镇唐墓发掘报告》，《考古学报》2008 年 4 期。

在日本正仓院收藏的唐代镜鉴中,也有少量素面铁镜,因是传世品,未在地下埋藏过,所以品相甚善。如日本昭和六十三年(1988年)第40回正仓院文物展上,展出一素面铁镜及镜盒,并于平成十三年(2001年)第53回正仓院文物展上再次与观众见面,[1]为现代人认识唐代铁镜的真实面貌提供了实物资料。罗振玉曾在著述中提到过正仓院铁镜,遗憾的是他未能亲眼目睹实物,甚至还不太相信铁能制镜:"《宣和博古图》载铁镜甚多,今乃无一见,疑即古镜白色者,误认为铁。往在海东,闻正仓院有铁镜,惜未寓目。又闻安阳殷墟出铁镜一,已剥蚀。予终疑铁质粗而不莹,不可以茹也。"[2]

以铁制镜已得到了考古实物的证实,虽然它们现在看上去身披重锈,其貌不扬,在大唐盛世却有特殊功效与神奇传说,如辟大旱,查病灶,数人同照自见其影,镜照湖中见甲兵等奇异场景。《开元天宝遗事·照病镜》:唐代道士"叶法善有一铁镜,鉴物如水。人每有疾病,以镜照之,尽见脏腑中所滞之物。后以药疗之,竟至痊瘥"[3]。叶法善的铁镜犹如今天医院使用的X光片透视,五脏六腑清晰可见,并通过药物治疗,使患者痊愈,"痊瘥"即病愈之意。

《酉阳杂俎》前集卷一〇:"铁镜。荀讽者,善药性,好读道书,能言名理,樊晃尝给其絮帛。有铁镜,径五寸余,鼻大如拳,言于道者处传得,亦无他异。但数人同照,各自见其影,不见别人影。"[4]几个人同时照这面铁镜,却各自只能看见自己的人影,看不见别人的影子。更为奇特的铁镜,是晚唐时期一位渔民从陴湖中打捞上来的,竟然能照

---

1 [日]奈良国立博物馆:《正仓院展》,40回,昭和六十三年(1988年),38—39页;《正仓院展》,53回,平成十三年(2001年),28—29页。
2 罗振玉:《镜话》,《罗振玉学术论著集》第六集,48页。
3 (五代)王仁裕撰、曾贻芬点校:《开元天宝遗事》卷上《天宝上》"照病镜"条,中华书局,2006年,21页。
4 《酉阳杂俎》前集卷一〇《物异》,58页。

出湖中的铠甲和兵器。《太平广记》引《玉堂闲话·陴湖渔者》：

> 徐、宿之界有陴湖，周数百里。……唐天祐中，有渔者于网中获铁镜，亦不甚涩，光犹可鉴面，阔六五寸，携以归家。忽有一僧及门，谓渔者曰："君有异物，可相示乎？"答曰："无之。"僧曰："闻君获铁镜，即其物也。"遂出之。僧曰："君但却将往所得之处照之，看有何睹。"如其言而往照，见湖中无数甲兵。渔者大骇，复沉于水。僧亦失之。耆老相传，湖本陴州沦陷所致，图籍亦无载焉。[1]

唐代铁镜源于何方？太原是铁镜的铸造产地之一，在文献中有明确记载。《新唐书·地理志三》："太原府太原郡，本并州，开元十一年为府。土贡：铜镜、铁镜……"[2] 并州太原人乔琳撰有《太原进铁镜赋》："晋人用铁兮从革无方，其或五金同铸，百炼为钢。雕镌而云龙动色，磨莹而冰雪生光；灿成形于宝镜，期将达于明王。"[3] 从一侧面反映出唐代太原为铁镜的铸地之一，这与太原地区铁矿资源丰富密不可分。

唐代太原府交城县"狐突山，在县西南五十里。出铁矿"。孟县"原仇山，在县北三十里。出人参、铁矿"[4]。北宋时期，在交城县设置大通监，以加强对铁矿开采、冶炼的管理。《太平寰宇记·河东道一·并州》："土产：梨，马鞍，甘草，龙骨，……铁镜。"说明在北宋时期太原仍铸造铁镜。"大通监（治交城县）。本汉晋阳古交城之地，管东西二

---

[1] 《太平广记》卷二三二《器玩四》，1780—1781 页。
[2] 《新唐书》卷三九《地理志三》，1003 页。
[3] 《文苑英华》卷一〇五《赋一〇五·器用四》，480 页。
[4] （唐）李吉甫撰、贺次君点校：《元和郡县图志》卷一三《河东道二·太原府》，中华书局，2008 年，372、375 页。

冶烹铁之务也,东冶在绵上县,西冶在交城县北山。唐天授二年随县移于却波村,即今理是也。先天二年又置卢川县,开元二年废。""西山冶,在监西文谷内义泉社,去监六十里。此冶取狐突山铁矿烹炼。……狐突山,在县西南五十五里。出铁矿。"[1] 清代顾祖禹《读史方舆纪要·山西二》"交城县"条:"汉晋阳县之西境,北齐置牧官于此,隋开皇十六年置交城县,属并州,以县界有古交城而名。唐因之。宋置大通监,金废监,县仍属太原府。……又县西北八十里有大通铁冶,宋设都提举司及铁冶所、巡司,今俱废。""狐突山"条:"县西北五十里。有晋大夫狐突庙,因名。县之镇山也。产青铁,宋因以置监。"[2] 从这些文献来看,唐宋时期太原地区富含铁矿,为铸造铁镜及其他铁器提供了充足的矿产资源。

以唐代铁镜为基点,向前追溯铁镜的历史。关于铁镜最早出现的时间,文献记载早到战国。西汉广川王刘去疾组织人力盗掘战国魏襄王之子魏哀王的陵墓,"有铁镜数百枚"[3]。铁镜的出现时间因新的考古发现而多次被改写,以往学术界主要有四种代表性观点,分别为东汉后期、东汉前期、西汉中晚期至东汉早期、西汉晚期。[4]

从目前已发表新的考古资料来看,铁镜出现的时间可上溯至西汉早期,最为典型的例子是河南南阳市防爆厂265号西汉早期墓出土的一面铁镜(图4—3)。《南阳出土铜镜》著录铁镜9面,均为圆形,扁圆钮,锈蚀较为严重,直径一般为13~16.5、钮径

---

1 (宋)乐史撰、王文楚等点校:《太平寰宇记》卷四〇《河东道一·并州》,中华书局,2007年,842、1048—1049页。
2 (清)顾祖禹撰、贺次君等点校:《读史方舆纪要》卷四〇《山西二》,中华书局,2008年,1824—1825页。
3 《西京杂记》卷六"广川王发古冢"条,257—261页。
4 徐苹芳:《三国两晋南北朝的铜镜》,《考古》1984年6期;全洪:《试论东汉魏晋南北朝时期的铁镜》,《考古》1994年12期;何堂坤:《中国古代铜镜的技术研究》,紫禁城出版社,1999年,325页;程林泉等:《长安汉镜》,155—156页。

图4-3 南阳市防爆厂265号西汉墓铁镜(《南阳出土铜镜》,图版一一二: 2)

2.6~4.7厘米。从墓葬形制、出土器物判断,南阳市防爆厂265号墓出有属于西汉早期的器物;市质检站15号、市一中84号墓出土铁镜时代为西汉晚期,另外6面铁镜属于东汉晚期。[1] 1980年,发掘江苏扬州邗江县甘泉镇2号东汉早期墓,应是东汉永平十年(67年)广陵王刘荆墓,于漆奁内发现一面铁镜。[2] 东汉中期墓有1959年清理的河北定县北庄东汉永元二年(90年)中山简王刘焉墓,出土铁镜5面,均为圆钮,连弧纹镜,大小不等,直径19.8~28.7厘米(图4-4)。[3]

属于东汉晚期的铁镜出土范围广泛,数量最多。1973年,江苏新沂唐店南墩3号东汉晚期墓清理出一面铁镜,锈蚀,直径35厘米,是目前所见直径最大的一面铁镜,同出

---

1 南阳市文物考古研究所:《南阳出土铜镜》,文物出版社,2010年,91页,图二二二、二二三,图版一一二。
2 南京博物院:《江苏邗江甘泉二号汉墓》,《文物》1981年11期。
3 河北省文化局文物工作队:《河北定县北庄汉墓发掘报告》,《考古学报》1964年2期,144页,图一七,图版壹贰;14。

陶厕所及猪圈模型，[1] 可以作为断代的旁证资料。1974～1977年，安徽亳县董园村东汉延熹七年（164年）曹侯墓出土两面铁镜，直径分别为20、30厘米，因锈蚀严重，纹饰不明。[2] 1952～1953年，河南洛阳烧沟汉墓出土8面铁镜，镜钮较大而呈扁圆形，镜缘仍为平面，未隆起。铁镜或出土于棺内，或于棺外衣内，有的铁镜外包裹有数层粗细不同的绢，直径11～21厘米。其中一面出于1037号东汉建宁三年（170年）墓，可以大致看出一些镜背纹饰，可能是为变形四叶纹。[3] 1988年，洛阳机车工厂职工医院346号东汉晚期墓出铁镜3面，其中一面保存基本完整，边缘略

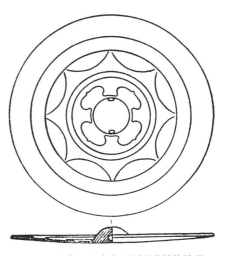

图 4-4　河北定县北庄东汉刘焉墓铁镜线图
（《河北定县北庄汉墓发掘报告》，《考古学报》1964年2期）

有残缺，正、背两面已锈蚀起层，镜背残存有少许错金纹饰。经X光照相可知，该镜纹饰为蝙蝠形四叶纹钮座，间饰四字铭文，似为"长宜子孙"。外饰内连弧云气纹一周。铁镜表面残留有丝织物痕迹。直径13.1、钮径2.8厘米（图4-5）。[4] 1960年，江苏泰州新庄北双山寺3号墓随葬的一面铁镜保存状况良好，还能看出镜背纹饰。镜钮为扁圆形，

1　吴文信：《江苏新沂东汉墓》，《考古》1979年2期。
2　安徽省亳县博物馆：《亳县曹操宗族墓葬》，《文物》1978年8期。
3　洛阳区考古发掘队：《洛阳烧沟汉墓》，198—199页；洛阳市文物管理委员会编：《洛阳出土古镜》（两汉部分），文物出版社，1959年，图104。
4　洛阳市文物工作队：《洛阳发掘的四座东汉玉衣墓》，《考古与文物》1999年1期；程永建：《洛阳出土铁镜初步研究》，《华夏考古》2011年4期。

图 4-5　洛阳机车工厂 346 号东汉墓铁镜及 X 射线片（程永建供图）

外围以八圆枚，枚外为素平圈，圈外饰八内向连弧纹，素平缘较宽，直径 16 厘米。[1]

汉代是我国铁镜史上产生、发展的重要时期。根据制作工艺的差别，汉代铁镜可分为一般工艺镜、特种工艺镜。从西汉早期到东汉晚期，汉代的一般工艺镜在各期均有实物标本呈现在读者的面前，从而勾勒出一条汉代铁镜发展的基本脉络。相比之下，汉代特种工艺镜发现的数量明显少于一般工艺镜，且主要集中在东汉晚期。目前所见汉代最早的特种工艺镜，为上海博物馆藏西汉末至东汉初的金背十二辰博局纹铁镜，是一面传世品。镜体有褐色锈，斜缘宽边，内镶嵌金片，纹饰是用模子压成的，线条凸出，金色灿烂。圆钮，四叶纹钮座。座外围以方格，格内有十二乳及十二辰铭相间排列，格外配以博局纹及八乳，其间饰以四神。青龙配雏鸡、仙人及飞禽，白虎配雏鸡、鼠、鹿、跑

---

[1]　江苏省博物馆等：《江苏泰州新庄汉墓》，《考古》1962 年 10 期。

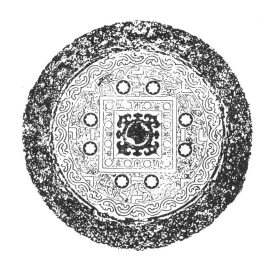

图 4-6　上海博物馆藏汉代金背十二辰博局纹铁镜拓本（《上海市文物保管委员会所藏的几面古镜介绍》，《文物参考资料》1957 年 8 期）

犀，朱雀配雀、雏鸡、骑兽仙人，玄武配雏鸡、蟾蜍、奔跑的麒麟。外缘饰一周云气纹。铁镜直径 20.5、金背直径 15 厘米（图 4-6）。[1]

汉代特种工艺镜除了金背铁镜之外，大多是属于东汉晚期的金银错铁镜。1969 年，河北定县东汉熹平三年（174 年）中山穆王刘畅夫妻合葬墓，出土铁镜 19 面，这是在目前已发掘墓葬中出铁镜数量最多的一例。其中有一面金银错镜，发现于放置刘畅夫人棺椁的东后室内。[2] 同年，甘肃武威雷台发掘东汉晚期墓，出土一面错金银变形四叶八凤纹铁镜，镜缘残损严重。正、背两面残存有丝织物的痕迹，应是镜绶与镜囊的遗痕，圆钮。经 X 光透视，精美的金银错纹饰清晰可见。方形钮座四隅，饰以四叶纹，顶端饰

1　沈令昕：《上海市文物保管委员会所藏的几面古镜介绍》，《文物参考资料》1957 年 8 期。
2　定县博物馆：《河北定县 43 号墓发掘简报》，《文物》1973 年 11 期。

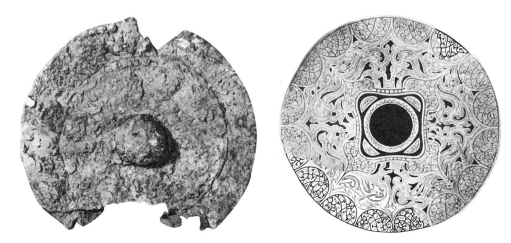

图 4-7　武威雷台东汉墓错金银四叶八凤纹铁镜及摹本（《武威雷台汉墓》，《考古学报》1974 年 2 期）

心形纹，其左右有鸟首纹对称分布。四叶之间错以"永保长寿"四字篆书铭文，其下方以两两相对的凤鸟纹相托。镜缘为十六内向连弧纹，每个连弧纹内为繁缛复杂的涡纹组合，直径 21 厘米（图 4-7）。[1]

1991 年，河南南阳东郊汉代宛城遗址东约一公里处发掘 10 号东汉晚期墓，出土一面鎏错金纹铁镜。出土时有红色砂质锈层粘结较厚，经清理后发现，镜背运用鎏金与错金两种工艺装饰而成。大扁圆形钮，钮径 5 厘米。钮外纹饰有主纹与地纹之别，主纹为粗线条凹面阴纹，采用鎏金工艺。钮外饰变形四叶纹，近缘处饰不规则

---

[1] 甘肃省博物馆：《武威雷台汉墓》，《考古学报》1974 年 2 期，图版拾陆、拾柒；黄展岳：《关于武威雷台汉墓的墓主问题》，《考古》1979 年 6 期。关于此墓年代，有东汉晚期、西晋两种说法，参见何志国：《甘肃武威市雷台出土铜奔马年代考辨》，《考古》2008 年 4 期；孙机：《关于甘肃武威雷台出土铜奔马的年代》，《南方文物》2010 年 3 期。

连弧纹与弦纹各一周。地纹利用错金工艺，饰以细线卷草纹、火焰纹等。此外，镜钮及镜缘外侧立面，分别饰错金三角锯齿纹两周及一周，平直缘。直径16.4、厚0.2厘米（图4-8）。[1] 此镜的珍贵价值在于，作为鎏金铁镜，考古发掘品世所罕见；采用鎏金与错金复合工艺，在铁镜上设计出有主纹、地纹两个层次的纹饰，仅此一面。有学者指出："因为铁铸件在凝固时体积会略增大，故在模铸时难以像铸铜镜那样铸出有主辅的或浮雕式的繁杂的纹饰来。为了弥补这方面的不足，便将这时期已较少施于青铜器上的金银错工艺较多地移到铁镜上，以增加美观。"[2] 而南阳东汉墓出土的这面铁镜则采用两种工艺，呈现出主纹与地纹两个层次，其工艺技术在汉代特种铁镜中达到了最高水平。

中国国家博物馆藏一面东汉错金银五兽纹铁镜，是1954年由国家文物局调拨入馆的传世品。这面铁镜背面用金错嵌出五只瑞兽纹，圆形钮座周

图4-8 南阳宛城10号东汉墓鎏错金纹铁镜及线图（《河南南阳出土一件汉代铁镜》，《文物》1997年7期）

---

1 张方等：《河南南阳出土一件汉代铁镜》，《文物》1997年7期，彩图见封底。
2 全洪：《试论东汉魏晋南北朝时期的铁镜》，《考古》1994年12期。

图 4-9　中国国家博物馆藏东汉错金银五兽纹铁镜（《华夏之路》第二册，147 页）　　图 4-10　东汉错金银铁镜民国老照片（贾树供图）

围及三角纹镜缘分别用金、银丝错嵌，直径 16.5、缘厚 0.8 厘米（图 4-9）。[1] 另有一张民国时期在北京拍摄的东汉错金银四兽纹铁镜老照片（图 4-10），实物早已不知下落，唯有照片上铁镜清晰的纹饰，向人们诉说着往昔的辉煌与荣耀。

值得关注的是，2008～2009 年，河南安阳西高穴发掘出东汉晚期曹操高陵，在后室内清理出一面铁镜（图 4-11）。镜外包裹有一层纺织物，已朽。镜体锈蚀，呈黄褐色。半球形钮，镜缘对称有两个支点，直径 21 厘米（图 4-12）。[2] 由于该镜未作 X 光透视，不知是否有纹饰或为特种工艺镜。

---

[1] 中国历史博物馆编：《华夏之路》第二册，朝华出版社，1997 年，147 页，图 171。
[2] 河南省文物考古研究所等：《河南安阳市西高穴曹操高陵》，《考古》2010 年 8 期；河南省文物考古研究所：《曹操墓真相》，科学出版社，2010 年，51、101 页。

镜铁作镜

图4-11 安阳西高穴东汉曹操高陵铁镜发掘现场(《曹操墓真相》,51页)

图4-12 安阳西高穴东汉曹操高陵铁镜(《曹操墓真相》,101页)

图 4-13　孟津送庄三国曹休墓残铁镜及铜印印面（洛阳市文物考古研究院供图）

两汉是铁镜发展的重要时期，东汉以降的魏晋南北朝至隋时期，铁镜的生命力仍然旺盛。由于政局动荡，战争不断，铜料的匮乏造成铜镜铸造业进入低谷，而铁镜成为铜镜较为理想的替代品。

2009～2010 年，在河南孟津县送庄乡三十里铺村东南发掘三国曹魏大将曹休墓。在前室与北侧室交接处出土残铁镜一面，仅存大半。圆形，扁圆形钮。直径约 15、钮径 3.6、厚 0.4 厘米（图 4-13）。曹休是曹魏将军，曹操族子，从其征战四方，屡建奇功，加官晋爵，任大司马，封长平侯。曹魏太和二年（228 年），与孙吴军队在石亭一战，惨败而归，后因背上毒疮发作，病逝，葬于洛阳。[1] 由于三国时期长年混战，民不聊生，连

---

[1] 洛阳市第二文物工作队：《洛阳孟津大汉冢曹魏贵族墓》，《文物》2011 年 9 期；《三国志》卷九《魏书九·曹休传》，中华书局，1959 年，279—280 页。

国都也是一片萧条景象，"洛阳何寂寞，宫室尽烧焚。垣墙皆顿擗，荆棘上参天"[1]。作为曹魏的高官，曹休生前用的还是铁镜，可以想见由于三国时期铜料的短缺，只能以铁镜作为代用品。

唐代虞世南撰《北堂书钞》引魏武王曹操进献铁镜的文献资料，虽然记述的是东汉晚期金银错镜与普通铁镜的使用情况，但也曲折地反映出曹魏时期铁镜的使用。"魏武《上杂物疏》云：御物有尺二寸金错铁镜一枚，皇后杂物用纯银错七寸铁镜四枚。"[2] 北宋《太平御览》所引资料与其略有不同："魏武帝《上杂物疏》曰：御物有尺二寸金错镜一枚，皇太子杂纯银错七寸铁镜四枚，贵人至公主九寸铁镜四十枚。"[3] 由于铁镜使用者等级、身份的不同，铁镜的尺寸、制作工艺也有相应的差别。作为最高等级的皇帝，用的是一尺二寸的金错镜；皇后或皇太子用纯银错七寸铁镜，贵人至公主用普通工艺制作的九寸铁镜。

东汉晚期曹操的《上杂物疏》，反映出不同身份、等级的人使用尺寸不同、制作工艺不同的铁镜。金银错一类的特种工艺镜仅限于皇帝、皇后或皇太子使用；普通贵族如曹休这样的，用的是一般工艺镜，应是符合当时的实际状况。曹休墓出的铁镜残径15厘米，而随葬曹操高陵的铁镜直径达到21厘米，这两面铁镜用实物资料为曹操的《上杂物疏》做了一个恰如其分的注解。

三国鼎立的局面，最终由司马氏建立的西晋政权一统华夏而结束。铁镜在人们日常生活中的使用仍较为普遍，在西晋葬俗中也有所反映。1953~1955年，洛阳发掘西晋墓

1　（魏）曹植著、赵幼文校注：《曹植集校注》卷一，人民文学出版社，1984年，3页。
2　《北堂书钞》卷一三六《服饰部三·镜六五》，552页。
3　（宋）李昉等撰：《太平御览》卷七一七《服用部一九·镜》，中华书局，1960年，3178页。

54座，出土铁镜7面，均为圆形，镜面制作与铜镜相同，因氧化过甚，镜背纹饰不清[1]。如洛阳拖拉机厂宿舍工地7号西晋墓，于耳室死者头右侧出土一面铁镜，半球形钮，钮顶部较平。器形保存较好，仅边缘缺一小块，镜面表层略有锈层脱落。直径11.3、钮径2.2厘米。洛阳食品公司仓库53工区2号西晋墓，于墓室人头骨左上侧出土一面铁镜，半球形钮，钮径较大。器形基本完整，正、背面锈蚀呈龟裂状，锈蚀起层也较严重，镜面锈蚀起层多已脱落。直径17、钮径3.7厘米（图4-14）。[2]徐苹芳对魏晋铁镜兴盛的原因做出了合理解释："自汉代以来，中国主要的铜矿都在南方的长江流域。三国时代，南北分裂，魏的境内铜料不足，铜镜铸造业不能不受到影响。正是由于魏的铜镜铸造业不很发达，铁镜便应运而兴。……由于铜料的缺乏，铁镜在魏和西晋时期的北方盛极一时，这是一个值得注意的事实。"[3]

西晋末年，七王之乱，五胡乱华，中原士人南迁江左，也带去了使用铁镜的习俗，一些东晋墓包括高等级墓葬中出土了一定数量的铁镜。1981年，南京汽轮电机厂东晋墓出土两面铁镜，扁平钮，残缺、锈蚀严重。一面直径24厘米，放置于大石板之上。另一面直径18厘米，镜上附有丝织物与银柿背。推测墓主人为晋穆帝。[4]1965年，南京燕子矶人台山东晋永和四年（348年）王兴之夫妻合葬墓出土一面铁镜，圆形，扁圆钮，镜背原有纹饰，现已锈蚀不清。直径20、厚0.5厘米，现藏南京市博物馆（图4-15）。[5]1998年，在南京仙鹤观发掘出东晋永和十二年（356年）高崧与谢氏夫妻合葬墓，

---

1 河南省文化局文物工作队第二队：《洛阳晋墓的发掘》，《考古学报》1957年1期。
2 程永建：《洛阳出土铁镜初步研究》，《华夏考古》2011年4期。
3 徐苹芳：《三国两晋南北朝的铜镜》，《考古》1984年6期。
4 南京市博物馆：《南京北郊东晋墓发掘简报》，《考古》1983年4期。
5 南京市文物保管委员会：《南京人台山东晋兴之夫妇墓发掘报告》，《文物》1965年6期；南京市博物馆：《六朝风采》，文物出版社，2004年，158页，图119。

图 4-14　洛阳食品公司仓库 2 号西晋墓铁镜（程永建供图）　　图 4-15　南京象山东晋王兴之夫妻合葬墓铁镜（《六朝风采》，158 页）

出土三面铁镜，均为圆形，扁圆钮，锈残。其中一面镜体有织物包裹的痕迹，直径 15.5 厘米。[1]

1965 年，在辽宁北票发掘北燕太平七年（415 年）范阳公、车骑将军冯素弗墓。清理出两面铁镜，小镜仅存钮座部分。大镜镜背钮外错刻大柿蒂纹方座，刻沟残见金质，应是采用了错金工艺；直径 27、钮径 9.7、厚 1.6 厘米。[2] 魏晋南北朝时期使用的铁镜大多为一般工艺镜，冯素弗墓所出错金铁镜是这一时期罕见的特种工艺镜。

从整体上看，北魏墓出土无论铜镜还是铁镜，数量都比其他时期少。以北魏太和

---

[1] 南京市博物馆：《江苏南京仙鹤观东晋墓》，《文物》2001 年 3 期。
[2] 黎瑶渤：《辽宁北票县西官营子北燕冯素弗墓》，《文物》1973 年 3 期。

十九年（494 年）孝文帝迁都洛阳为界限，将北魏墓分为前、后两期。1988 年，在山西大同南郊发掘北魏前期墓 167 座，出土铁镜 5 面，有的在棺内头骨一侧，或在腿骨旁，有的在棺外，直径为 5.27～13.5 厘米。其中 92 号墓棺内，女性墓主人头东侧置一面铁镜，一端有残柄，镜面较平，镜背中间有镜钮；直径约 6.5、镜钮直径 1.5、残柄长 1.6、宽 1.8 厘米。既带柄又有镜钮的铁镜形制，仅此一例。107 号墓所见铁镜，出于墓室棺内前中部，锈蚀严重，器身残留数层纺织品；圆形，圆钮；直径 11.26、钮径 1.6 厘米。同出银罐、鎏金錾花银碗、磨花玻璃碗等源于波斯萨珊王朝的高档奢侈品，[1] 说明墓主人拥有与众不同的身份、地位；仍以铁镜随葬，而非铜镜，反映出这一时期铜矿资源的稀缺。

北魏后期铁镜以洛阳吉利区吕达墓出土铁镜为代表。1987 年，在洛阳市黄河北岸的吉利区配合洛阳炼油厂三联合装置车间的基建工程，发掘北魏正光五年（524 年）吕达墓。在墓室中部出土铁镜两面，其中一面为圆形，半球形钮，有缘。保存完整，镜背锈蚀局部有起层现象，镜面锈蚀层大部分已脱落。经 X 光照相可知，镜背纹饰为柿蒂形钮座，主体纹饰似为简化夔凤纹，外侧饰内连弧纹，宽平缘。直径 21、钮径 4.6 厘米（图 4-16）。另有一面残甚，已碎。据墓志可知，墓主人吕达，是北魏威远将军、积射将军。正光五年（524 年），卒于洛阳城承华里。皇帝哀悼，乃下诏追赠辅国将军、博陵太守。[2]

隋代铁镜资料最早见于北宋《宣和博古图》"铁鉴门"中。经考证，此镜不是隋鉴，而是唐镜。该书云："隋十六符铁鉴，径七寸九分，重一斤十有一两，铭三十四字。"并附有隋鉴摹本。[3] 将其与河南偃师杏园村 954 号晚唐墓出的八卦符箓星象镜相比较，纹饰

---

1 山西大学历史文化学院等：《大同南郊北魏墓群》，科学出版社，2006 年，205、230、504—508 页。
2 洛阳市文物工作队：《河南洛阳市吉利区两座北魏墓的发掘》，《考古》2011 年 9 期；程永建：《洛阳出土铁镜初步研究》，《华夏考古》2011 年 4 期。
3 （宋）王黼编纂、牧东整理：《重修宣和博古图》卷三〇，595、601 页。

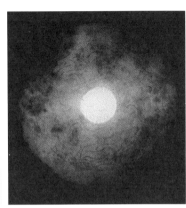

图 4-16 洛阳炼油厂北魏吕达墓铁镜及X射线片（程永建供图）

近似，可知《宣和博古图》中"隋十六符铁鉴"的时代应属于晚唐，不可能早到隋代。隋代铁镜的实物资料，来自于洛阳博物馆藏隋代大业九年墓出土铁镜。何堂坤对此镜进行过细致观察和金相分析，并得出以下结论："从外形考察来看，铁镜之体部与钮部是分铸的，即先铸钮部，之后再将之与体部合铸为一。""铁镜采用分铸法成形，是一种很好的工艺选择。"这面铁镜做过可锻化退火处理，从而加强了它的硬度，以利于研磨加工和磨光映照。[1] 长期在洛阳市文物考古研究院库房工作的程永建则认为："多数铁镜是一次性铸造而成，从部分锈蚀起层且镜表锈层脱落后铁镜镜钮与镜体仍紧密结合而没有缝隙，可以证实是一次性铸成的。镜体与镜钮分铸可能只是其中一部分，虽然一些铁镜的镜钮与镜体已基本脱离或有缝隙，但尚无法断定其原因是分铸还是锈蚀起层所造成的。"[2]

---

1 何堂坤：《中国古代铜镜的技术研究》，329—331 页。
2 程永建：《洛阳出土铁镜初步研究》，《华夏考古》2011 年 4 期。

由此看来，铁镜是分体铸造还是一次成型，需要具体问题具体分析，不能以偏概全，必须落实到每件实物上。

唐代是铁镜发展史上的高峰，铁镜铸造达到鼎盛，从《宣和博古图》著录的22面唐代铁鉴已充分说明了这一点。五代十国时期的铁镜实物不易找寻，但两则有关前蜀铁镜的轶闻，让人感受到某些铁镜的神奇功能。

蜀王宗寿得一铁镜，晦不可览，屡令工人磨之，了无所睹，置之巾笥中。有日，忽览之，光彩焕发，因见市舍中有一青衣小儿，草角独坐，宗寿令人访之，于是，小儿欣然肯来。因曰："我为铁镜来耳，神物当见还。"宗寿出镜与之，长揖而去。[1]

前蜀嘉王顷为亲王镇使，理廨署得一铁镜，下有篆书十二（三）字，人莫能识。命工磨拭，光可鉴物，挂于台上，百里之内并见。复照见市内有一人弄刀枪卖药，遂唤问此人，云："只卖药，元不弄刀枪。"嘉王曰："吾有铁镜，照见尔。"卖药者遂不讳，仍请镜看。以手劈破肚，内镜于肚中，足不着地，冉冉升空而去，竟不知何所人。其篆列之如左。[2]

---

[1] （宋）路振撰、连人点校：《九国志》卷六《前蜀》"王宗寿"条，刘晓东等点校：《二十五别史》13册《九国志》，齐鲁书社，2000年，57—58页。
[2] 《太平广记》卷八五《异人五》引《玉溪编事·蜀城卖药人》，554页。

这两则有关铁镜的奇闻,发生的地点均为前蜀时期的川中。铁镜的主人王宗寿、王颁是前蜀皇帝王建的宗亲,得到铁镜后都加以磨拭,只不过前一面镜子磨了之后仍无法照容,终于有一天光彩夺目,竟能照出市场中的青衣小儿。后一面铁镜磨了就能映照,照出一位市上的卖药者。铁镜的主人分别将两位镜中人物请到当面,未曾料到却是为索镜而来。故事的结局略有不同,王宗寿将铁镜送给了青衣小儿,小儿长揖而去;卖药者则是从嘉王手中接过铁镜,将镜纳入肚中,仿佛超人一般,腾空而去。

上述有关前蜀铁鉴的奇闻皆见于天府之国,而北宋黄休复在《茅亭客话·赵十九》中记述了他曾玩赏一面铁镜的传奇经历。此镜最先发现于蜀地,后至京师,反映出四川有可能是当时使用铁镜的主要地区,正如该地区是铸造和使用铁钱的重点流通区域一样,与其储藏丰富的铁矿资源关系紧密。有一位称"赵十九"的人,名处琪,以在马嚼子、马镫上镶嵌银花为业;淳化年间(990~994年)收得一面铁镜,有些奇特之处。当时,有一位毕先生,名藏用,字隐之,九十多岁,没人了解他修行的内容;曾经饮酒、少食,自称本是天台山的道士,入川作儒生已三十余年,遍游蜀中名山胜景。一天,毕先生与赵处琪带着铁镜来茅亭拜访黄休复,黄氏欣赏了一番铁镜。此镜有一斤多重,直径七八寸,镜钮大而圆。围绕镜钮有四象八卦,外有大篆二十四字,镜背与镜面均为青绿色。据说每到阴历十五或十六月光盈满之夜,铁镜的光明比平常更加明亮。景德(1004~1007年)年间,毕先生将赵十九的铁镜携至京师汴梁宫廷,正值北宋真宗皇帝赵恒封禅泰山,因从观大礼,得以召见,符合上意。真宗遂与披挂,赐毕先生紫服,赐号通真大师。封香,令于青城山焚修,御诗送行。毕先生到川之日,亲赴茅亭再访黄休复。黄问其铁镜的下落,已在贵人之处。[1]

---

[1] (宋)黄休复集:《茅亭客话》卷九《赵十九》,收入(宋)赵与时撰:《林灵素传》(及其他三种),中华书局,1991年,59页。

这一铁镜背面围绕镜钮有四象八卦，外有大篆二十四字，应是唐代铸造。北宋《宣和博古图》卷三〇著录有一面唐十二辰铁鉴，"径七寸九分，重三斤一十两，铭二十四字，未详"，并附以摹图，[1] 其直径、镜背纹饰构图、篆字数量皆与《茅亭客话》所记铁镜相同，唯重量相差较大。《茅亭客话》云其镜有一斤多重，《宣和博古图》收录的铁鉴则重三斤一十两。此类以四象八卦装饰镜背的铜镜，近半个多世纪来屡有发现。偃师杏园村唐会昌五年（845年）李廿五女墓发掘出小半块残镜；洛阳东郊采集到一面完整铜镜；洛阳博物馆收藏一面河南渑池县出土的此类铜镜。经王育成考证，应称为"上清长生宝鉴秘字镜"[2]，与道教关系密切。

　　北宋晚期，孔平仲撰有《谈苑·铁镜》，描写了一面原本普普通通的铁镜，经人夸张渲染之后高价卖出的事实：

> 京师有畜铁镜者，谓人曰："此奇物也。"以照人手，则指端见有白气，以气之长短，验人之寿夭。好事者乃以厚价取之。既而询之博物者，曰："此造作也。"盖磨镜时，只以往手，无以来手，则照指自见其端有如气者耳。[3]

　　北宋京城汴梁有一位收藏铁镜的人，告诉别人："这是一件奇特的宝物。"用铁镜来照人手，可以看见手指尖上的白气；以白气的长短，可以验证一个人长寿还是短命。还

1　（宋）王黼编纂、牧东整理：《重修宣和博古图》卷三〇，596页。
2　王育成：《唐代道教镜实物研究》，《唐研究》第六卷，北京大学出版社，2000年，45—47页；霍宏伟等主编：《洛镜铜华：洛阳铜镜发现与研究》下册，286—288页。
3　（宋）孔平仲撰：《孔氏谈苑》卷一《铁镜》，收入（宋）潘汝士撰、杨倩描等点校：《丁晋公谈录》（外三种），中华书局，2012年，190页。

真有人相信此话，以高价购入。后来去请教博学多识之人，答曰："此乃一派胡言。"实为大概磨镜之时，手指和以镜药，自下而上磨拭，直到镜缘，不再返回向下磨，镜面会留下一些手指向上的痕迹。当有人映照手指之时，镜缘处的磨痕犹如白气。

无论是充满梦幻色彩的，还是平淡无奇却被人渲染披上神秘外衣的铁镜，如果一旦被埋入地下，重见天日之时则是褐锈缠身，面目全非，与传世品的相貌有天壤之别。隋唐洛阳城在北宋时期继续沿用，所以也有宋代遗物留存于世。考古工作者在皇城东区遗址 103 号探方、东城南区遗址 167 号探方内，分别发掘出北宋铁镜各一面，均为圆形，背面中央有圆钮，镜体锈蚀严重；直径 13～16、厚 0.7～0.8 厘米。[1] 隋唐洛阳城遗址出土的这两面北宋铁镜，镜背究竟是否有纹饰，因重锈裹身，不得而知，只有将来通过拍摄 X 光片等方法才能大致看到铁镜镜背是否有纹饰。

宋代以降，铁镜的铸造与使用突然销声匿迹，无迹可寻。究其衰落的原因，何堂坤从金属成分分析的角度提出了以下推断："铁镜是古人为改进制镜合金使用性能而发明出来的，从某种意义上讲，它与高锡青铜镜之淬火回火，与宋后锡铅青铜镜、锡铅黄铜镜的使用都是同一个目的，宋后铁镜见衰，也是与铸镜铜合金成分之变化密切相关的。"[2]

这篇专题文章意在为铁镜立传，记述其产生、发展、鼎盛、衰亡的历史，让读者了解在中国古代镜鉴史上，除了声名显赫的铜镜大家族之外，还有铁镜体系。铜镜与铁镜的关系分为两种情况，一是在汉唐盛世，两者的发展都达到了历史上的最高水平。二是遭遇乱世，两者的地位此消彼长。兵荒马乱、杀伐频仍的结果是，铜荒严重，铜料短缺，

1　中国社会科学院考古研究所：《隋唐洛阳城：1959—2001 年考古发掘报告》第一册，199、272 页。
2　何堂坤：《中国古代铜镜的技术研究》，332 页。

无法铸造铜镜，铁镜义不容辞地担当了主要角色，其铸造与使用才略显发达。

目前所见最早的铁镜出现于西汉早期，历经两汉、魏晋的逐步发展，至唐代达到鼎盛，衰落于北宋时期，其铸造与使用时间大致经历了1200余年。它始终未能成为镜鉴家族的"铁老大"，是由于其天然的缺陷，具有易氧化锈蚀、不易保存等特点。铁镜仿佛是一位隐士，特别是特种工艺镜，可以说是"绚烂之极，复于平淡"，藏在厚厚的锈中，远离世间纷扰。在镜鉴研究如火如荼的今天，铁镜仍不被世人所关注，似乎情由可原。长久埋藏于黄泉之下的铁镜，当重新被考古工作者发掘出来之后，大多锈蚀严重，层层起皮，甚至掉渣。即使镜背有纹饰，也早已被褐锈所包裹，失去了往昔的风采，黯然神伤。今人见之，已无美感可言。与铜镜相比，铁镜出土数量相对较少，保存状况令人堪忧，距离今人渐行渐远，成了胸藏锦绣、含而不露的"尤物"，一道遥不可及、陌生无言的风景。

正仓院秘宝

1934年11月5日上午,一位中国学者走进日本奈良皇室宝库正仓院(图5-1),登木梯,入仓门,尽览仓中宝物;1936年,将其所见所闻撰文发表于《国闻周报》上,受到时任帝室博物馆总长杉荣三郎的赞誉,又特许他三次入仓仔细观摩文物,并改订增补前文,于1940年出版了第一部中国学人研究正仓院的著作《正仓院考古记》,此人乃是1933年赴日任京都帝国大学东方文化研究所讲师的傅芸子。[1]

2003年,又有一位中国大学教授被获准进入正仓院,对其木构建筑本身及其周围自然环境进行实地调查、拍摄,他就是复旦大学历史系教授韩昇。[2]傅芸子、韩昇两位国内学者的著述,使我们有机会认识和了解传说中的正仓院,特别是其中珍藏有种类繁多、工艺精湛的铜镜。[3]

正仓院创建于750年,位于日本奈良东大寺大佛殿西北,分为北、中、南三个仓库。收藏光明皇后捐赠品的北仓(图5-2),管理最为严格,最早实行敕封。而后,平安时代

---

1 傅芸子:《正仓院考古记》,上海书画出版社,2014年。
2 韩昇:《海外中国文化珍宝探秘书系·正仓院》,上海人民出版社,2007年。
3 本书有关正仓院的历史背景资料、藏品数据等基本信息均引自上述两本书,特此说明。

图 5-1　正仓院建筑外景及内部结构（《正仓院》，1-2 页）

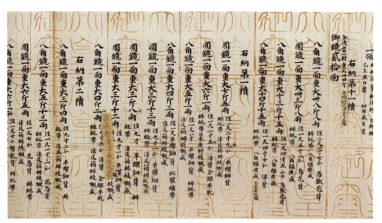

图 5-2　《国家珍宝帐》中有关铜镜的记录（《正仓院展目录》，58 回，124 页）

图 5-3　九州国立博物馆展出复原的遣唐使船舱及所运之物（霍宏伟摄影）

中仓也实行敕封。只有收藏东大寺珍贵物品的南仓，长期由东大寺管理，直到明治八年（1875年），正仓院才统一移交国家管理，全部实行敕封。30年后，在正仓院西面用钢筋、水泥建造了恒温、恒湿的西宝库，大部分藏品移入新库保管。该院藏品分为20种，240类，共计5645件。[1] 部分文物属于我国隋唐时期的器物，由日本遣隋遣唐使、留学生、僧人等历尽千辛万苦带回扶桑（图5—3）。

实际上，正仓院就是一座外貌看似普通、结构为干栏式建筑的木构仓库。令人感到震撼的是，这座建筑历经1200多年的风霜雨雪，依然如故，所藏绝大部分宝物保存完好。作为正仓院管理者的杉荣三郎博士曾经不无感慨地说："当天灾之际虽罹落雷之厄，仅烧门扇不至大祸。又当战乱之际虽兵燹咫尺于街，四邻化为烧土，祝融亦加护本宝库。如此等虽不可不归于天佑，然而当战国墙垣朽败，流浪之徒连年自由出入园内，甚至任意起卧于地板下时，亦无有敢损毁宝库墙壁者。"[2]

不过，正仓院也会碰上偶然发生的盗宝行动，虽可谓千年一遇，但对于文物的破坏是无法估量的，这一无知的大胆蠢贼现身于1230年。据《东大寺续要录》所记，宽喜二年（1230年）十月二十七日，有贼潜入正仓院北仓，盗走8面御镜。贼人从奈良跑到京都去销赃，想将铜镜卖掉，结果却无人敢买，于是恼羞成怒，一气之下，把盗来的镜子全部敲碎成片，弃之不要。后来东窗事发，盗贼被抓了起来，经审讯才知实情，官府派人将铜镜残片赶快捡回，并归还正仓院。其中，金银平脱花鸟镜1面、螺钿花鸟镜2面、双鹦鹉镜1面，于明治年间修复如初。[3]

---

1 韩昇：《海外中国文化珍宝探秘书系·正仓院》，23—24页；傅芸子：《正仓院考古记》，15页。
2 [日] 杉荣三郎：《正仓院考古记》原版序三；傅芸子：《正仓院考古记》，8页。
3 傅芸子：《正仓院考古记》，66页；王纲怀：《日本正仓院藏镜（一）》，《收藏》2009年12期；《日本正仓院藏镜（二）》，《收藏》2010年1期。

正仓院现藏铜镜55面，原放置于北仓与南仓。北仓上层南棚藏20面，为光明皇后捐赠，后因被盗损毁2面，无法修复，今存18面。铜镜形制多为圆形或八瓣菱花形，质地为青铜或白铜。分中国大唐的舶来品和日本本土铸造两类，傅芸子曾就此征求过日本铜镜专家梅原末治的意见。如78号花鸟背八角镜、83号盘龙背八角镜均为唐镜，87号云鸟飞仙背圆镜、直径最大的鸟兽花背八角镜则是日本奈良时代本地铸造的铜镜。[1]

除了一般工艺镜之外，特种工艺镜有金银平脱镜与螺钿镜。此棚所藏特种工艺镜，多经修补。铜镜残损的原因，是由于上述盗贼的人为破坏。南仓上层南棚原藏镜鉴37面，为东大寺藏品。镜背纹饰、制作工艺均优于北仓藏镜。特种工艺镜有黄金琉璃花卉银镜、鎏金银背山水八卦镜、螺钿花鸟镜等。

正仓院收藏的宝镜，根据制作工艺的不同，分为一般工艺镜与特种工艺镜两种。该院藏一般工艺镜，包括双龙镜、双兽双鸾镜、瑞兽葡萄镜、四神八卦十二生肖镜、山水花鸟镜、花鸟镜等。属于北仓的双龙镜，为八出葵花形，伏龟钮，钮座为一圆形带纹莲叶，看上去似一神龟静伏于莲叶之上。钮座两侧，飞龙在天，交颈腾空。龙首之上，钮座之下，各饰形态不同的三山，钮座下的三山突兀耸立，山脚饰以三座低缓的山丘，以衬托三山的巍峨。龙体前后、下部各饰有祥云纹。双龙纹之外，有两周弦纹组成的圈带，内饰八卦纹，其间饰以三山纹。直径31.7厘米，重4170克（图5-4）。有学者对北仓藏镜做过无损X射线分析，铜镜成分大致为约70%的铜、约25%的锡、约5%的铅，可以考虑为舶载品，[2] 意味着这些铜镜大多来自中国。

1 　傅芸子：《正仓院考古记》，68页。
2 　[日]宫内厅正仓院事务所监修：《正仓院》，财团法人菊叶文化协会，平成五年（1993年），19页。

图 5-4　正仓院藏双龙镜
（《正仓院》，19 页）

中国境内发现的唐代双龙镜，数量较少，可分为两种类型，一种为飞龙在天型，如 2005 年江苏仪征市莱茵达工地 64 号唐墓出土一面双龙镜，直径 12.4、厚 0.8 厘米（图 5-5）。《铜镜图案》一书收录的一面双龙镜拓本，为镜钮两侧各饰一条升龙（图 5-6），其纹饰与考古发掘品纹饰完全一致。

虽然与正仓院双龙镜形制、纹饰完全相同的铜镜在中国本土至今尚未发现，但是北仓双龙镜上的诸多元素都能在唐代铜镜上找到，如龟钮、莲叶钮座。1979 年，西安市新城区韩森寨出土一面八卦十二生肖镜，镜钮亦为龟伏于莲叶上，绕钮环列八卦，[1] 其方位与正仓院藏双龙镜均同。钮座接近八边形，而正仓院双龙镜钮座为圆形，其镜缘八卦的排

---

[1] 孙福喜主编：《西安文物精华·铜镜》，世界图书出版西安公司，2007 年，127 页。

图 5-5 江苏仪征莱茵达 64 号唐墓双龙镜（《仪征出土文物集粹》，113 页）

图 5-6 湖南所见双龙镜拓本（《铜镜图案》，55 页）

列方式，一般称为"文王八卦"，亦称"后天八卦"。上海博物馆藏一面凤凰金装葵花镜，卧龟作镜钮，龟头、尾、四爪紧贴荷叶，成为钮座。钮座上方有三条平行横线，上托三重仙山，上重仙山正中为一轮明月。[1]《史记·龟策列传》载，褚少孙"为郎时，见《万毕石朱方》，传曰：'有神龟在江南嘉林中。……龟在其中，常巢于芳莲之上。'左胁书文曰：'甲子重光，得我者匹夫为人君，有土正，诸侯得我者为帝王'"[2]。由此看来，在镜背中央铸以龟钮，并伏于荷叶之上，是有一定深层含义的。

飞龙在天也是中国传统文化的一种体现。《周易·乾卦》："飞龙在天，利见大人。"

---

1 上海博物馆编：《练形神冶　莹质良工：上海博物馆藏铜镜精品》，上海书画出版社，2005 年，258—259 页。
2 《史记》卷一二八《龟策列传》，3227 页。

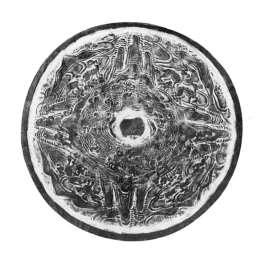

图 5-7　洛阳东郊热电厂 622 号唐墓五岳真形图镜拓本（侯秀敏供图）

只不过正仓院藏镜上的双龙为交颈，中国所见双龙龙首相对，饰于钮座两侧。日本镜上三神山的两种形态，龙首之上的三神山为上、下叠压，每座山由一主两次三峰组成，底部均有一条水平横线。接近镜缘弦纹圈内的八个神山纹，应该是从此山纹简化而来，形成三组上下、平行的三角纹。中国国家博物馆藏西安唐代天宝四载（745 年）墓出土飞天镜，两位飞天的头顶上方有一座神山，山半腰有一条直线贯穿，山脚以三条平行直线相托。正仓院双龙镜上方的三神山形态，无疑是飞天镜神山的简化形式。而钮座下的三山，三峰并立，而以中峰最高，山体以竖线加弧线来表现，其外侧以密集的平行短横线来象征山上树木繁茂，与洛阳东郊热电厂 622 号唐墓出土的五岳真形图镜表现手法相似（图 5-7）。[1] 双龙镜的另一种类型是盘龙环绕于钮座周围，仅见于西安市文物保护考古研

1　侯秀敏：《洛阳发现的　件唐代山水禽兽纹铜镜》，《文物》2008 年 10 期。

究院藏一面征集品。[1] 唐代白居易的诗作《感镜》："照罢重惆怅，背有双盘龙。"[2] 诗中"背有双盘龙"铜镜，说的应该就是这种镜型。

正仓院收藏有 5 面瑞兽葡萄镜，其中 1 面方形，4 面圆形。这面方镜原藏南仓，伏蛙钮，绕钮饰 6 只瑞兽。边长 17.1 厘米，重 1945 克（图 5-8）。这面镜子的罕见之处在于，它是正仓院藏镜中保存状态最好的铜镜，镜面闪耀着银色的光辉，直到今天仍能映照出人们的面容。[3]

检索中国本土所见瑞兽葡萄方镜，与圆镜相比数量较少，一般为四兽葡萄镜，出土品少见，多为征集品与传世品。1973 年，广西藤县城关三合村出土一面方镜，边长 11.3、缘厚 1.3 厘米；1974 年，灌阳县黄关镇白竹铺出土一面，边长 11.6、缘厚 1.3 厘米。1979 年，浙江衢州市上圩头出土一面方镜，边长 9.3 厘米。1980 年，安徽舒城县白马档官塘村出一面边长 8.8 厘米的方镜。[4] 陕西历史博物馆著录的方镜 3 面，均为征集品，边长 9～9.7 厘米，重 406～1052 克。北京故宫博物院藏有一面方镜，纹饰清晰，略带红斑绿锈，边长 11.5 厘米。台北故宫博物院藏一面四瑞兽葡萄镜，带有镜匣，应是清宫旧藏。上海博物馆藏银背鸟兽葡萄方镜一面。[5]

---

1 孙福喜主编：《西安文物精华·铜镜》，93 页。
2 《白居易诗集校注》卷一〇《感伤二》，802 页。
3 [日] 宫内厅正仓院事务所监修：《正仓院》，54 页。
4 广西壮族自治区博物馆编：《广西铜镜》，文物出版社，2004 年，162—163 页；王士伦等：《浙江出土铜镜》（修订本），图版 114，237 页；安徽省文物考古研究所等编：《六安出土铜镜》，文物出版社，2008 年，207 页。
5 陕西历史博物馆编：《千秋金鉴：陕西历史博物馆藏铜镜集成》，三秦出版社，2012 年，343—344 页；何林主编：《故宫藏镜》，86—87 页；朱仁星：《镜台与镜架》，台北《故宫文物月刊》1990 年 6 期；上海博物馆编：《镜映乾坤：罗伊德·扣岑先生捐赠铜镜精粹》，100、108 页；上海博物馆编：《练形神冶 莹质良工：上海博物馆藏铜镜精品》，246—247 页。

图 5-8　正仓院藏瑞兽葡萄方镜
(《正仓院》, 54 页)

中国境内的瑞兽葡萄方镜均为四兽,而正仓院藏镜则为六兽。中国所见方镜边长 6.1~11.6 厘米,而正仓院方镜边长达到 17.1 厘米,是目前已知最大的瑞兽葡萄方镜。唐代诗人贾岛有一首《方镜》诗:"背如刀截机头锦,面似升量涧底泉。铜雀台南秋日后,照来照去已三年。"[1]可见在唐人生活中除了使用圆镜之外,也用方镜照容理妆。

1957 年,西安唐长安大明宫含光殿遗址发掘出一块瑞兽葡萄纹砖,砖上纹饰与瑞兽葡萄镜的纹饰相似(图 5-9);在含光殿北 500 多米的一处唐代遗址中,采集到多块保存较好的瑞兽葡萄纹砖(图 5-10)。1980 年之后,在三清殿遗址也清理出许多瑞兽葡萄纹和葡萄鹿纹砖。2001~2002 年,在太液池一带出土三块瑞兽葡萄纹残砖,其中一块残长

1　《全唐诗》卷五七四《贾岛四》, 6735 页。

图 5-9 西安唐大明宫含光殿遗址瑞兽葡萄纹砖拓本(《唐长安大明宫》,54 页)

图 5-10 唐大明宫西内苑北侧唐代殿址瑞兽葡萄纹残砖(《唐长安大明宫》,图版伍贰)

31、厚 8 厘米。[1] 正仓院藏方镜纹与唐大明宫遗址所见砖纹,虽题材相同,但在构图上略有差异。不同之处在于,镜背上的葡萄纹遍布于内、外区,六只戏耍的瑞兽大多为俯视像,一对前肢伸展,一条后腿蹬地或是枝蔓环绕于钮座周围,而砖上则以一只奔跑的瑞兽侧面像为中心,葡萄纹分布于瑞兽周围。两者相同之处,均以密集的凸点纹来表现葡萄的立体感,葡萄与枝蔓相连接。1960~1964 年,陕西乾县乾陵发掘陪葬墓唐永泰公主墓,出土一座线刻画像石椁,其中一幅画为一位侍女双手捧盘,盘中盛满了成串的葡萄(图 5-11)。[2]

---

[1] 中国科学院考古研究所:《唐长安大明宫》,科学出版社,1959 年,54 页,图三一,图版伍贰;马得志:《唐长安城发掘新收获》,《考古》1987 年 4 期;中国社会科学院考古研究所等联合考古队:《唐长安城大明宫太液池遗址发掘简报》,《考古》2003 年 11 期。

[2] 樊英峰等:《线条艺术的遗产:唐乾陵陪葬墓石椁线刻画》,文物出版社,2013 年,255 页。

图 5—11 陕西乾县唐永泰公主墓石椁线刻端葡萄盘图（《线条艺术的遗产：唐乾陵陪葬墓石椁线刻画》，255 页）

自西汉武帝时期，张骞出使西域，进一步扩大了中原与西域的经济、文化交流，葡萄亦被引入内地种植。《史记·大宛列传》："汉使取其实来，于是天子始种苜蓿、蒲陶肥饶地。及天马多，外国使来众，则离宫别观旁尽种蒲萄、苜蓿极望。"[1] 及至唐代，葡萄与人们的日常生活更加密不可分。唐太宗贞观十四年（640年），侯君集率军队灭了高昌国之后，太宗命人在长安禁苑中种植葡萄，并酿造葡萄酒。《唐会要》卷一〇〇："葡萄酒，西域有之，前世或有贡献。及破高昌，收马乳葡萄实，于苑中种之。并得其酒法，自损益造酒。酒成，凡有八色，芳香酷烈，味兼醍醐，既颁赐群臣，京中始识其味。"[2] 唐高宗、武则天时期，葡萄纹作为铜镜纹饰风靡一时，并且在唐人小说、诗歌中均有所反映。《太平广记》引《广

---

[1] 《史记》卷一二三《大宛列传》，3173—3174 页。
[2] （宋）王溥：《唐会要》卷一〇〇《杂录》，中华书局，1955 年，1796—1797 页。

异记·汝阴人》：汝阴许氏男子入一大户人家坐客，"食器有七子螺九枝盘红螺杯蕖叶碗，皆黄金隐起，错以瑰碧。有玉罍，贮车师葡萄酒，芬馨酷烈"。《太平广记》引《原化记·陆生》："唐开元中，有吴人陆生，贡明经举在京。贫无仆从，常早就识，自驾其驴。驴忽惊跃，断缰而走。生追之，出启夏门，直至终南山下，见一径，登山，甚熟。此驴直上，生随之上，五六里至一处，甚平旷，有人家，门庭整肃。生窥之，见茅斋前有葡萄架，其驴系在树下。"[1] 唐代的诗人们从不同角度来吟咏葡萄，无论是植根于田野中生长的藤叶，还是成熟收获之后制成的佳酿，葡萄如同"润物细无声"的春雨，点点滴滴滋润着唐人的心田。

蒲萄美酒夜光杯，欲饮琵琶马上催。（王翰《凉州词二首》）
遥看汉水鸭头绿，恰似葡萄初酦醅。（李白《襄阳歌》）
翠瓜碧李沈玉甃，赤梨葡萄寒露成。（杜甫《解闷十二首》）
天马常衔苜蓿花，胡人岁献葡萄酒。（鲍防《杂感》）
野田生葡萄，缠绕一枝高。（刘禹锡《葡萄歌》）
筐封紫葡萄，筒卷白茸毛。（姚合《谢汾州田大夫寄茸毡葡萄》）[2]

正仓院收藏的特种工艺镜数量较多，种类丰富，如黄金琉璃花瓣镜、金银平脱花鸟镜、鎏金银背山水八卦镜、螺钿花鸟镜等，似群星闪耀，流光溢彩。黄金琉璃花瓣镜藏

---

[1] 《太平广记》卷三〇一《神一一》，2387 页；《太平广记》卷七二《道术二》，448 页。
[2] 《全唐诗》卷一五六《王翰》，1609 页；《全唐诗》卷一六六《李白六》，1717 页；《全唐诗》卷二三〇《杜甫一五》，2518 页；《全唐诗》卷三〇七《鲍防》，3484 页；《全唐诗》卷三五四《刘禹锡一》，3975 页；《全唐诗》卷五〇一《姚合六》，5742 页。

图 5-12　正仓院藏黄金琉璃花瓣镜（《正仓院展目录》，52 回，31 页）

于南仓。镜钮似一朵含苞待放的花蕾，钮座由六片花瓣构成，主体纹饰为六片形制较大的花瓣，每个花瓣内饰有叶纹及两组涡纹，两个花瓣之间以一片小花瓣来衬托，从而形成以镜钮花蕾为中心，钮座与主纹、辅纹组成三重花瓣。镜缘一周，花瓣之间三角形上饰金黄色、形似珍珠的金粟纹。最大径 18.5、缘厚 1.4 厘米，重 2177 克（图 5-12）。原田淑人提出："七宝者，惟此正仓院一镜。……考诸文献，日本奈良以前已有珐琅镜，新罗芬皇塔亦有七宝针筒，是唐有此工益无疑。"[1]

"七宝"形容用多种宝物装饰的器物，原为佛教用语，日本人将此镜称为"七宝

---

[1]　傅芸子：《正仓院考古记》，117 页。

图 5-13　明代陈洪绶《仕女对镜图》局部（《陈洪绶》中卷《彩图编》，94 页）

图 5-14 洛阳矿山机械厂西晋墓釉陶镜（霍宏伟摄影）

镜"。这种如莲花绽放似的多瓣形制，与河南登封嵩岳寺遗址出土唐代莲花纹瓦当[1]、《金石索》著录莲瓣形诗镜相似，在明代陈洪绶《仕女对镜图》中也可见到此类形制（图 5-13）。

1970 年，洛阳涧西矿山机械厂西晋墓清理出一面直径 17 厘米的四叶连弧纹釉陶镜（图 5-14），因为无法使用，应该为明器。1955 年，西安小土门村 47 号唐墓出土一面直径 3.9 厘米的弦纹琉璃镜，经检测其成分为高铅硅琉璃，亦为明器。[2] 在中国本土的唐代琉璃镜鲜见，但是作为建筑构件的琉璃瓦与瓦当残片在唐两京长安大明宫、洛阳宫城与上阳宫遗址中，均有发现。1957~1959 年，发掘唐长安大明宫麟德殿遗址，出土两小片

---

[1] 河南省文化局文物工作队：《在嵩岳寺旧址发现的瓦件》，《文物》1965 年 7 期。
[2] 霍宏伟等主编：《洛镜铜华》上册，202 页；王纲怀：《日本正仓院藏镜（一）》，《收藏》2009 年 12 期。

绿釉琉璃瓦。1957年，在含光殿遗址清理出浅绿釉莲花砖，绿色与蓝色釉板瓦、筒瓦数片[1]。1980年之后，在大明宫三清殿遗址发掘出许多琉璃瓦残片，除了黄、绿、蓝等单色瓦之外，还有很多黄、绿、蓝三色的三彩瓦片。[2]

1959年，发掘隋唐洛阳皇城右掖门遗址，出土少量绿色琉璃瓦片，厚1.5～1.8厘米；1981年，清理洛阳宫城西夹城遗址，出有少量绿釉琉璃瓦，厚1.2～1.5厘米；1989～1993年，在隋唐洛阳宫城西南揭露出上阳宫园林遗址，发现黄、绿釉琉璃瓦200件，琉璃瓦当59件。[3] 以上考古发现说明，在唐代将琉璃制品作为建筑构件使用于重要的宫殿是较为普遍的现象，但将琉璃烧制技术运用于镜子背面却是极为罕见的，所以正仓院收藏的黄金琉璃花瓣镜才更显珍贵，它让今人看到了唐代高超的工艺制作水平。

原藏于北仓的金银平脱花鸟镜，八出葵花形，圆钮，钮顶为银花饰，钮座则以一周纤细的银丝制成缠枝花卉纹环绕镜钮，向外伸出5个花朵与5个花叶相间排列，均为金黄色的金片制作。围绕钮座，顺时针方向排列花鸟纹，内区分布有衔绶仙鹤、飞雁、衔枝小鸟、蝴蝶等，外区近缘处分别用银片饰以4只凤鸟与4丛折枝。直径28.5厘米，重2929克（图5-15）。

1992年，洛阳市劳动教养所餐厅楼基建工地发掘中唐时期的颍川陈氏墓，清理出一

---

1 中国科学院考古研究所：《唐长安大明宫》，39、54页。
2 马得志：《唐长安城发掘新收获》，《考古》1987年4期；陕西省考古研究所铜川工作站：《铜川黄堡发现唐三彩作坊和窑炉》，《文物》1987年3期，彩色插页二。
3 中国科学院考古研究所洛阳发掘队：《隋唐东都城址的勘查和发掘》，《考古》1961年3期；洛阳市文物工作队：《1981年河南洛阳隋唐东都夹城发掘简报》，《中原文物》1983年2期；中国社会科学院考古研究所洛阳唐城队：《洛阳唐东都上阳宫园林遗址发掘简报》，《考古》1998年2期。

图 5-15　正仓院藏金银平脱花鸟镜（《正仓院》，17 页）

图 5-16　偃师新庄唐张盈墓金银平脱花鸟镜（洛阳市文物考古研究院供图）

件银平脱漆盒，盖内、外均为缠枝双凤对舞图。[1] 漆盒上纤细、密实的缠枝纹，与正仓院金银平脱花鸟镜细腻、卷曲的金花叶银枝钮座有异曲同工之妙。漆盒上成对凤鸟纹的姿态与造型，也与正仓院金银平脱花鸟镜缘内的 4 只凤鸟神韵相仿。2004 年，偃师首阳山镇新庄村西北唐长安三年（703 年）汝州郏城县令张盈墓出土一面金银平脱花鸟镜，直径 24.6 厘米，重 1528 克（图 5-16）。[2] 整体感觉与正仓院金银平脱镜相似，但若仔细比对，发现正仓院藏镜风格可谓疏可走马，纹饰制作细腻，布局疏密有致。偃师唐镜风格则为密不透风，纹饰造型略显粗糙，铺满镜背。

正仓院藏鎏金银背山水八卦镜，世上仅此一面，为八瓣菱花形，内切

---

[1] 洛阳市文物工作队：《洛阳北郊唐颖川陈氏墓发掘简报》，《文物》1999 年 2 期。
[2] 韩占坡等：《偃师张盈墓发掘简报》，《文物鉴定与鉴赏》2010 年 9 期。

图 5-17　正仓院藏鎏金银背山水八卦镜（《正仓院展目录》，58 回，53 页）

圆形。鱼子纹地，花蕾形钮，阴线刻水波纹钮座。以一圈连珠纹凸棱划分出内、外两区。内区围绕钮座，四面各有一座仙山，仙山之间分别饰以两位仙人与两只舞凤、两条盘龙（图 5-17）。其中，一位仙人端坐于林间抚琴，引来凤鸟翩翩起舞，与唐代真子飞霜镜构图近似。另有一位仙人独坐于山石筌蹄上吹笙，有凤来仪，这位仙人就是王子乔，筌蹄为一束腰圆形坐具，在唐李寿墓石椁线刻侍女图中有此形象[1]。《列仙传·王子乔传》："王子乔者，周灵王太子晋也。好吹笙作凤凰鸣。游伊、洛之间，道士浮邱公接以上嵩高山。三十余年后，求之于山上，见桓良，曰：'告我家，七月七日待我于缑氏山巅。'至时，果乘白鹤驻山头，望之不得到。举手谢时人，数日而去。"[2] 白居易《王子晋庙》诗

1　孙机：《唐李寿墓石椁线刻〈侍女图〉〈乐舞图〉散记》，《仰观集：古文物的欣赏与鉴别》，文物出版社，2012 年，316—317 页。
2　王叔岷撰：《列仙传校笺》卷上"王子乔"条，中华书局，2007 年，65 页。

图 5-17　正仓院藏鎏金银背山水八卦镜局部（《正仓院展目录》，58 回，54—55 页）

图 5-18 洛阳机瓦厂出土唐吹笙引凤镜（洛阳市文物考古研究院供图）

云："子晋庙前山月明，人闻往往夜吹笙。鸾吟凤唱听无拍，多似霓裳散序声。"[1] 1964 年，洛阳机瓦厂出土一面王子乔吹笙引凤镜，子乔吹笙的姿势与正仓院银背镜上的人物形象相似（图 5-18）。[2]

这面镜子上两条盘龙的造型，与一些盘龙镜上的纹饰相似，昂首张口，鳞爪飞扬。外区一周满饰 S 形缠枝纹，并点缀凤鸟、飞鸟等动物。近镜缘一周，錾刻双钩八卦卦名、卦形及五言律诗一首，与繁缛细腻的画面相得益彰：

舞凤归林近，盘龙渡海新。缄封待还日，披拂鉴情亲。只影嗟为客，孤鸣

---

1 《白居易诗集校注》卷二八《律诗》，2191 页。
2 霍宏伟等主编：《洛镜铜华》下册，260 页。

复几春。初成照胆镜,遥忆画眉人。

此诗从画面景物中的舞凤、盘龙写起,触景生情,抒发对亲人的思念之情。"舞凤""盘龙",似源自隋末唐初的镜铭"盘龙丽匣,舞凤新台"。"只影""孤鸣",引的是西域罽宾国鸾鸟孤鸣的故事。"画眉"则源自西汉张敞画眉的典故。《汉书·张敞传》:"敞无威仪……又为妇画眉,长安中传张京兆眉妩。有司以奏敞。上问之,对曰:'臣闻闺房之内,夫妇之私,有过于画眉者。'"[1]西汉张敞为妻子描画眉毛的故事被传为佳话,后人以"画眉"形容夫妻感情融洽。"画眉人"指夫婿。

新妆莫点黛,余还自画眉。(南朝梁·刘孝威《郡县遇见人织率尔寄妇》)
空忆常时角枕处,无复前日画眉人。(隋·薛道衡《豫章行》)
仙郎看陇月,犹忆画眉时。(唐·岑参《韩员外夫人清河县君崔氏挽歌二首》)
盘龙玉台镜,唯待画眉人。(唐·王昌龄《朝来曲》)
妆罢低声问夫婿,画眉深浅入时无。(唐·朱庆馀《近试上张籍水部》)

历史上以长安、洛阳为中心的唐代两京地区,新中国成立以来考古发掘出土了一定数量的金背镜、银背镜。其题材普遍为花鸟,形制多为六瓣菱花形,直径较小。如2002年西安灞桥区马家沟唐墓出土一面金背瑞兽葡萄镜,直径19.7厘米(图5-19),属于此

---

[1] 《汉书》卷七六《张敞传》,中华书局,1975年,3222页。

图5-19 西安马家沟一号唐墓金背瑞兽葡萄镜(西安市文物保护考古研究院供图)

类镜中形制较大、制作工艺上乘之佳作。[1]

　　正仓院收藏的银背镜长径40.7、短径38.6厘米,重7483克。镜背采用阴线錾刻、局部鎏金的特殊工艺,纹饰集人物、山水、花鸟、诗歌等元素于一镜,吸收了仙人故事、后天八卦卦象及卦名等与道教密切相关的文化因素,可说是镜中有画,画中有诗,完全可以借用宋人苏东坡对唐代诗人王维作品的评价:"摩诘之诗,诗中有画;观摩诘之画,画中有诗。"[2] 这在中国本土发现的金背镜与银背镜中尚未见到过,推测此镜有可能是唐朝皇室为日本遣唐使特意制作的。

1　西安市文物保护考古研究院:《西安马家沟唐墓太州司马阎识微夫妇墓发掘简报》,《文物》2014年10期。
2　(宋)苏轼:《书摩诘〈蓝田烟雨图〉》,《东坡画论》,山东画报出版社,2012年,50页。

图 5-20 正仓院藏花鸟螺钿镜(《正仓院》,18 页)

正仓院收藏最多的唐代特种工艺镜是螺钿镜,多达 9 面,其中北仓 7 面,南仓 2 面。藏于北仓的花鸟螺钿镜,镜胎为白铜质,八出葵花形,圆钮,连珠纹圆形钮座。其外是花叶纹,再环绕一周连珠纹。四面正中各有一朵七瓣花卉。镜背装饰的各类材料色彩鲜艳,如白色的是用夜光贝壳制作的螺钿,红色的是琥珀,与现在的黄色琥珀不同,黑地上的细片是土耳其石、青金石。直径 27.4 厘米,重 2150 克(图 5-20)。[1]

对于正仓院收藏的各类花鸟螺钿镜,韩昇提出:"把南海出产的夜光贝,东南亚出产

---

[1] [日] 宫内厅正仓院事务所监修:《正仓院》,18 页。

的琥珀，特别是缅甸出产的红琥珀，以及中东出产的宝石，来自阿富汗的蓝宝石，巧妙地组合在一起，构成五彩缤纷的图案，有吉祥的衔枝飞鸟和象征爱情的鸳鸯，还有中国特有的青龙、白虎、朱雀、玄武四兽。能够用这么多国家的珍宝来构成中国图案，显然只有唐朝才能做到。"[1]

这些铜镜均为花鸟螺钿镜，形制有圆形、八出葵花形之别，与中国境内出土的螺钿镜相比，题材相对单一，但使用的装饰材料十分昂贵，显示出这些镜子的持有者与众不同的身份和地位。2013年，在日本九州国立博物馆推出"中国王朝的至宝"大型文物展览，展出一面陕西省考古研究院藏西安地区出土的唐代开元二十四年（736年）花鸟螺钿镜，与正仓院藏螺钿镜纹饰的装饰手法有一定相似之处。中国国家博物馆藏洛阳涧西唐墓出土的高士宴饮螺钿镜属于人物镜，在正仓院藏品中未见同类题材的镜子。

正仓院数以千计的宝物能够历经1200多年的世事变幻而依然如故，这简直是人类物质文明收藏史上的一大奇迹。究其原因，不管历代政权怎样更迭，敕封制度始终如一地严格遵守是保证这一大批珍宝安全的重要前提。

为什么正仓院收藏的部分铜镜更接近于唐镜的原始状态？因为这些铜镜被带到日本之后，进入王室或寺院，受到最高礼遇，得到妥善保存。从正仓院的藏镜来看，有的铜镜上下覆衬布垫，放入镜盒（图5-21），再盛入木柜，柜上贴以标签。正仓院所存镜盒，北仓16件，南仓15件，共计31件。[2] 这些镜盒为铜镜减少与空气的接触、避免镜体氧化提供了良好的保存环境。我们的大唐先人也是如此保护铜镜的，只是无法看到那时的

---

1 韩昇：《海外中国文化珍宝探秘书系·正仓院》，98页。
2 [日]奈良国立博物馆：《正仓院展》，47回，平成七年（1995年），81页。

图 5-21 正仓院藏山水八卦镜高丽锦镜盒(《正仓院展目录》,58 回,56—57 页)

情景。目前所见只能是来自于地下发掘的墓葬,已与那时的现实生活有较大距离。以瑞兽葡萄镜为例,河南偃师杏园唐长寿三年(694 年)李守一墓出土一面瑞兽葡萄镜,镜子放置于一件镜奁之内,在发掘现场看到的是镜奁盖已大部分残缺,仅存器身(图 5-22)。[1] 经过 1200 多年的地下埋藏之后重见天日,保存环境反差太大,今人所见与铜镜的原始面貌相距甚远。而正仓院藏瑞兽葡萄方镜自铸造出来之后,从东土大唐带回东瀛扶桑,一直都处于精心呵护的状态,从未埋于地下,其物理特征未发生太大变化,更接近于方镜本身的原始状态,镜体光亮如新,镜面仍能照容,古镜今照,仿佛有穿越大唐之感。

为什么正仓院收藏的部分铜镜代表了中国唐朝铜镜制作的最高水平?因为当时日本的遣唐使、僧人、留学生携带回国的都是大唐最为精良的铜镜,径大体厚,工艺上乘,制作考究,用料昂贵。这些精美的铜镜在唐朝社会上层也在使用,但后来由于政治动

---

[1] 中国社会科学院考古研究所:《偃师杏园唐墓》,科学出版社,2001 年,80 页,图版 37:4。

图 5-22 偃师杏园唐李守一墓瑞兽葡萄镜出土现状（《偃师杏园唐墓》，图版 37：4）

荡，杀伐频仍，大量器物毁于战火，千年之后留存于世的唐镜传世品堪称凤毛麟角。而中国境内考古发掘的唐镜，特别是特种工艺镜大多出土于一般或高级官吏的墓葬之中，皇家墓葬或为贵族墓被盗严重，所出铜镜极少，或是属于帝陵禁止发掘。所以，在中国本土恐难以见到一批能够代表唐代最高技术水准的铜镜，而正仓院的珍藏无疑为我们弥补了这一缺憾。

正仓院宝镜反射出来的，是 1300 多年前大唐帝国的光辉，恰如唐代卢照邻的诗作《元日述怀》："筮仕无中秩，归耕有外臣。人歌小岁酒，花舞大唐春。草色迷三径，风光动四邻。愿得长如此，年年物候新。"[1] "花舞大唐春"，多么意气风发、豪情万丈的诗句，它所展现出来的是一个充满生机与活力的唐人生活场景。透过正仓院的这些奇珍异宝，唐人生活真切地呈现在人们面前，似乎触手可及，梦回唐朝。

---

[1] 《全唐诗》卷四二《卢照邻二》，528 页。

铸镜须青铜

> 铸镜须青铜,青铜易磨拭。结交远小人,小人难姑息。铸镜图鉴微,结交图相依。凡铜不可照,小人多是非。[1]

唐代孟郊的这首《结交》诗以青铜铸镜作比喻,来说明结交朋友之理。铸镜既需要以青铜为原材料,更要有高超的铸造技艺,制成的镜子才能照容鉴微。中国古代铸镜的历史源远流长,但是关于铜镜具体的铸造方法,留存至今的文献较少谈及。

多年来,湖北鄂州博物馆进行过多次仿制中国古代铜镜的实践活动,其基本流程为:制模→制范→青铜熔炼→浇注→脱范→打磨→青铜镜成品(图6-1)。[2] 综合前人已有的实践与研究成果,笔者将铸镜流程简单概括为以下五步:第一步,制模翻范;第二步,晾干与焙烧泥范;第三步,冶炼铜合金(图6-2);[3] 第四步,用铜水浇注镜范;第五步,新铸铜镜的后期加工。

在明代冯梦祯《快雪堂漫录》中有一段详细记载,重点谈的是第三步与第五步:

---

1 《全唐诗》卷三七四《孟郊三》,4213页。
2 国家文物局编:《惠世天工:中国古代发明创造文物展》,中国书店,2012年,247页。
3 (明)宋应星著、潘吉星译注:《天工开物译注》卷中《五金第八》,上海古籍出版社,2008年,143页。

制模　　制范　　青铜熔炼

浇注　　脱范

打磨　　青铜镜成品

图 6-1　仿制中国古代铜镜铸镜场景（《惠世天工：中国古代发明创造文物展》，247 页）

铸镜须青铜

图 6-2 明代《天工开物》中的炼铜图(《天工开物译注》卷中《五金第八》,143 页)

凡铸镜炼铜最难,先将铜烧红,打碎成屑,盐醋捣荸荠拌铜埋地中。一七日取出,入炉中化清,每一两投磁石末一钱,次下火硝一钱,次投羊骨髓一钱,将铜倾太湖沙上,别沙不用,如前法六七次愈妙。待铜极清,加椀锡,每红铜一斤加锡五两,白铜一斤加六两五钱。所用水,梅水及扬子江水为佳。白铜炼净,一斤止得六两,红铜得十两,白铜为精。

铸成后开镜药,好锡一钱六分,好水银一钱。先镕锡,次投水银,取起,入上好明矾一钱六分,研细听用。若欲水银古,用胆矾、水银等分,入新锅烧成豆腐查(渣)样,少许涂镜上,火烧之。若欲黑漆古,开面后上水银,完入皂矾水中浸一日取起,诸颜色须梅天制造。[1]

---

[1] (明)冯梦祯撰:《快雪堂漫录·铸镜法》,《乘异记》(及其他七种),丛书集成初编本,中华书局,1991年,16页。

以上是关于铸造铜镜的基本步骤。就西汉而言，国都长安和临淄、丹阳等是重要的铜镜产地。临淄，战国时期为齐国国都，西汉时期亦为五都之一（图6-3），手工业发达。《史记·燕召公世家》："将五都之兵。"司马贞索隐："五都即齐也。按：临淄是五都之一也。"[1]《汉书·食货志下》载，新莽时期，"遂于长安及五都立五均官，更名长安东西市令及洛阳、邯郸、临菑、宛、成都市长皆为五均司市师"[2]。近数十年来，在山东临淄齐故城遗址区内多次采集到西汉镜范，并有研究专集面世。2013年，在该城址范围内的阚家寨遗址第二发掘点，考古学者清理一处秦汉时期的铜镜铸造作坊遗址，[3] 为了解古代铜镜的铸造工艺技术揭开了冰山一角。

图6-3 铸镜作坊遗址在临淄故城中的位置（《山东临淄齐故城秦汉铸镜作坊遗址的发掘》，《考古》2014年6期）

阚家寨遗址位于齐故城大城中部略偏东，齐都镇阚家寨村南部与刘家寨村交界处，以前出过汉代镜范。这次揭露出与铸镜相关的文化遗迹，主要包括铸坑、水井、灰坑及房基等（图6-4）。在发掘区中部发现1号铸坑，平面呈不规则形，东西长3、南北宽0.9~1.8、深约0.3米，坑内填灰黑土。铸坑中部偏东有一平面呈椭圆形的小沙

---

[1]《史记》卷三四《燕召公世家》，1557页。
[2]《汉书》卷二四下《食货志下》，1180页。
[3] 白云翔等主编：《山东省临淄齐国故城汉代镜范的考古学研究》，科学出版社，2007年；中国社会科学院考古研究所等：《山东临淄齐故城秦汉铸镜作坊遗址的发掘》，《考古》2014年6期；杨勇：《山东临淄齐故城秦汉铜镜铸造作坊遗址》，《2013中国重要考古发现》，文物出版社，2014年，64-67页。

图 6-4 阚家寨铸镜作坊遗址发掘现场（东南→西北，杨勇摄影）

坑，发掘者推测是浇注铜镜时用来固定铸范的设施。结合《快雪堂漫录》记载来看，"将铜倾太湖沙上，别沙不用"，也有可能是炼铜时需要的沙子。铸坑南侧地面被晚期遗存破坏严重，北侧保留有较为平整、坚硬的踩踏面，出土一件残镜范（图6-5）。从这些遗迹、遗物来判断，此坑应该是浇注铜镜使用的设施。在发掘区西北隅，清理出两眼水井遗迹，依明代人说的"所用水，梅水及扬子江水为佳"，可知水井不仅是为了解决铸镜工匠的生活饮水问题，而且也是作为生产用水，因为在炼铜过程中需要加水。灰坑数量较多，坑内一般填埋生产与生活垃圾，均发现一些镜范。遗址区内还揭露出一些夯土基址，但大部分遭到严重破坏。其中，13号基址应是铸镜作坊中的工棚类建筑遗迹。

该遗址出土器物种类丰富，形制多样。不仅有大量砖瓦等建筑构件，而且出有陶、铜、铁、骨、玉石器等以及与冶铸相关的铸范、耐火砖、鼓风管、炉壁残块、铜渣、铁

图 6-5-a　1 号铸坑发掘现状（北→南，杨勇摄影）

图 6-5-b　1 号铸坑四乳弦纹镜残陶背范（杨勇供图）

图 6-6　铜镜残陶面范（杨勇供图）

渣等。在 200 余件铸范中，个别为滑石钱范，绝大多数为陶范，以铸镜范为主，另有少量用于铸造其他铜器或铁器。镜范分为镜面范与背范两类，皆为残块。其形制大致呈钵形，平面以圆弧底梯形为主。面范正面光滑平整（图 6-6）。背范正面上部中央为浇口，两侧为排气孔，镜范大小、厚薄有所不同。所铸铜镜直径大者超过 30 厘米，小者仅数厘米，一般多为 10 余厘米。范体大多呈青灰色，浇口、排气孔的表面多呈黄褐色，有的可见因浇铸受热留下的黑色痕迹。镜范质感一般较轻，从断面可以看到一些大小不一的孔隙。部分镜背范保存有较为清晰的纹饰，有蟠螭纹（图 6-7）、四

图 6-7-a　蟠螭镜残陶背范（杨勇供图）　　图 6-7-b　蟠螭镜（淄博临淄区乙烯生活区 29 号西汉墓，《鉴耀齐鲁》，181 页）

乳弦纹蟠螭（图 6-8）、四乳弦纹连弧（图 6-9）、草叶纹（图 6-10），多为西汉早期与中期铜镜上的常见纹饰。另有一些素面无纹（图 6-11），个别残存三弦钮的型腔。上述镜范中，有一些纹饰与山东境内西汉墓中出土铜镜的纹饰相同或相似，但也有不少新出的类型。

考古简报整理者认为，该区域应是齐故城内的一处铜镜铸造作坊，年代大致为西汉前期，上限或可早到秦或战国末年。此次考古发掘，是国内外关于古代铜镜铸造作坊遗址的首次科学发掘，不仅证明临淄是秦汉时期的铜镜铸造中心之一，还为研究当时的铜镜铸造工艺技术及铜镜产地、流通等问题提供了重要的实物资料，是秦汉时期乃至整个古代铜镜铸造业及铸造技术研究的重大突破。在结合历史文献与考古资料的基础上，笔者认为从这个铸镜遗址的已发掘部分，基本上能够看出与铸造铜镜的第三步冶炼铜

图 6-8-a 四乳弦纹蟠螭镜残陶背范（杨勇供图）

图 6-8-b 四乳弦纹蟠螭镜（淄博临淄区外贸工地 41 号西汉墓，《鉴耀齐鲁》，171 页）

图 6-9-a 四乳弦纹连弧镜残陶背范（杨勇供图）

图 6-9-b 四乳弦纹连弧镜（淄博临淄区乙烯生活区 49 号西汉墓，《鉴耀齐鲁》，167 页）

铸镜须青铜

合金、第四步用铜水浇注镜范相关，今后发掘重点应放在寻找制模翻范遗迹、烘范窑址以及后期加工遗迹，从而为进一步完整复原西汉铸镜作坊的生产链提供更加丰富的实物资料。

临淄西汉铸镜作坊遗址的考古发掘看似平淡无奇，实则学术意义重大。有关汉代铸镜的逸闻趣事难以寻觅，更多的是关于唐代的，不仅有传说故事渲染，还有诗赋、镜铭助兴，为唐代铸镜披上了一层神秘外衣。其中盘龙镜的铸造经过，就具有浓厚的传奇色彩。天宝三年（744年）五月十五日，扬州进献给唐玄宗李隆基一面水心镜，纵横九寸，青莹耀日。镜背有盘龙纹，长三尺四寸五分，体势生动。玄宗看了之后，觉得此镜很奇特。

进镜官扬州参军李守泰云："铸镜时，有一位老人，自称姓龙名护，须发皓白，眉如丝，垂下至肩，穿白衫。有一小童相随，年十岁，衣黑衣，龙护呼为玄冥。以五月朔日忽然来访，神采有异，无人认识。对镜匠吕晖说：'老人家住在附近，听说少年铸镜，过来看一下。'老人解造真龙，欲为少年制之，颇将惬于帝意。遂令玄冥入炉所。关闭门窗，不让其他人进入。经过三天三夜，门左洞开。吕晖等二十人于院内搜觅，找寻不到龙护及玄冥的踪影。镜炉前获素书一纸，文字小隶云：'镜龙长三尺四寸五分，法三才，象四气，禀五行也。纵横九寸者，类九州分野。镜鼻如明月珠焉。开元皇帝圣通伸灵，吾遂降祉。斯镜可以辟邪，鉴万物。秦始皇之镜，无以加焉。'吕晖等遂移镜炉置船中。以五月五日午时，乃于扬子江铸之。未铸前，天地清谧。兴造之际，左右江水，忽高三十余尺，如雪山浮江。又闻龙吟，如笙簧之声，达于数十里。稽诸古老，自铸镜以来，未有如斯之异也。"玄宗听了之后，下诏派专人保管此镜。龙护老人临走之际，还留下一首《铸镜歌》："盘龙盘龙，隐于镜中。分野有象，变化无穷。兴云吐雾，行雨生风。

上清仙子,来献圣聪。"¹

《酉阳杂俎·贝编》有一段类似记载,只不过将时间由天宝三年(744年)提前到了开元年间,可见这一传说传播之广泛:"僧一行穷数有异术。开元中尝旱,玄宗令祈雨,一行言当得一器,上有龙状者,方可致雨。上令于内库中遍视之,皆言不类。数日后,指一古镜,鼻盘龙,喜曰:'此有真龙矣。'乃持入道场,一夕而雨。或云是扬州所进,初范模时,有异人至,请闭户入室,数日开户,模成,其人已失。有图并传于世。此镜五月五日,于扬子江心铸之。"²《国史补》也提到扬子江中铸镜一事:"扬州旧贡江心镜,五月五日,扬子江中所铸也。或言无百炼者,六七十炼则止。易破难成,往往有鸣者。"³

文献中反复提到两个重要的时间、地点:"此镜五月五日,于扬子江心铸之。"这是什么原因呢?文中所云铸镜时间为"五月五日",即端午节,据闻一多考证,这是一个龙的节日,是古代先民以龙为图腾信仰的反映。⁴陕西历史博物馆就收藏有一面"五月五日"铭文禽鸟葡萄纹镜,直径5.3厘米。⁵为什么铸镜一定要选择在扬子江心呢?《快雪堂漫录》给出了明确答案,是由于炼铜的需要:"待铜极清,加椀锡,每红铜一斤加锡五两,白铜一斤加六两五钱,所用水,梅水及扬子江水为佳。"

唐代张汇《千秋镜赋》谈到以龙为题材的铜镜铸造:"虽大小而殊致,必规图(圆)而相似。且夫考工垂典,匠人有作。或铸或镕,是磨是削。刻以为龙,镂以成鹊。"⁶在西安、洛阳属于唐代两京地区发现几面盘龙镜,这一纹饰题材与上述故事应有着密不可分

---

1 《太平广记》卷二三一《器玩三》引《异闻录·李守泰》,1771页。
2 《酉阳杂俎》前集卷三《贝编》,24页。
3 《太平广记》卷二三二《器玩四》引《国史补·扬州贡》,1776页。
4 闻一多:《端午考》,《闻一多全集》1,生活·读书·新知三联书店,1982年,221—228页。
5 陕西历史博物馆编:《千秋金鉴》,346页。
6 《文苑英华》卷一〇五《赋一〇五·器用四》,480页。

图6-10-a 草叶纹镜残陶背范
（杨勇供图）

图6-10-b 草叶纹镜（济南章丘女郎山2号西汉墓，《鉴耀齐鲁》，223页）

图6-11-a 素面镜残陶背范
（杨勇供图）

图6-11-b 素面镜（潍坊三元孙墓地35号西汉墓，《鉴耀齐鲁》，153页）

图6-12 西安郭家滩65号唐墓千秋盘龙镜(《千秋金鉴》,355页)

图6-13 偃师杏园唐李景由墓盘龙镜(徐殿魁供图)

图6-14 弗利尔美术馆藏唐盘龙镜(霍宏伟摄影)

的关系。陕西历史博物馆发表七面唐代盘龙镜资料,[1] 其中有"千秋万岁"与"千秋"铭文的盘龙镜各两面（图6-12）。洛阳北窑出土一面盘龙镜，龙首向前。偃师杏园唐开元二十六年（738年）李景由墓出土的一面盘龙镜，曲颈回首，朝向镜钮（图6-13）。[2] 美国华盛顿弗利尔美术馆藏一面与李景由墓唐镜龙形相同的铜镜，为六出葵花形，且无镜缘（图6-14），这一造型极为少见。扬州铸镜如此有名，以至于唐代诗人白居易曾以扬州百炼镜为素材，写过一首《百炼镜》诗，含义深刻：

> 百炼镜，镕范非常规，日辰处所灵且祇。江心波上舟中铸，五月五日日午时。琼粉金膏磨莹已，化为一片秋潭水。镜成将献蓬莱宫，扬州长史手自封。人间臣妾不合照，背有九五飞天龙。人人呼为天子镜，我有一言闻太宗。太宗常以人为镜，鉴古鉴今不鉴容。四海安危居掌内，百王治乱悬心中。乃知天子别有镜，不是扬州百炼铜。[3]

此诗以扬州百炼镜为切入点，简要叙述了扬州镜的铸造过程及目的。接着话锋一转，说到唐太宗的人镜与古镜，知人善任，知古鉴今，明镜高悬，才是天子真正需要拥有的宝镜。

有关百炼镜的文献记载，最早见于前秦王嘉撰《拾遗记·方丈山》："方丈之山，一名峦维。……有池方百里，水浅可涉，泥色若金而味辛。以泥为器，可作舟矣。百炼可

---

1 陕西历史博物馆编：《千秋金鉴》，352—356页。
2 霍宏伟等主编：《洛镜铜华》下册，264—265页。
3 《白居易诗集校注》卷四《讽谕四》，359—360页。

为金，色青，照鬼魅犹如石镜，魑魅不能藏形矣。"[1] 据学者研究，早期金属制品的铭文中没有用"炼"字的，只有对"涷"数的记载。镜铭中的"百涷"，虽然出现于东汉末，但这种说法直至 3 世纪中叶才开始盛行，主要是出于商业目的。[2]

  在白居易诗中被赞颂的主角——扬州百炼镜实物难以寻觅。在经过了长久的等待与期盼之后，它终于浮出了水面。1998 年，在苏门答腊海域的勿里洞岛附近，一艘阿拉伯沉船"黑石号"出水了大量瓷器，另有 30 余面汉唐铜镜，尤为值得关注的是一面唐代百炼镜。镜为圆形，龟钮，纹饰均为阳文，自内向外分为三周，第一周为四神纹，第二周为八卦符号，第三周为楷书铭文带："唐乾元元年戊戌十一月廿九日，于扬州扬子江心百炼造成。"（图 6–15）[3] 这面铜镜铸于唐肃宗"乾元元年"，即戊戌年（758 年），在"安史之乱"爆发后三年。天宝十四年（755 年）震惊朝野的"安史之乱"，成为大唐由盛到衰的转折点。残酷的战争让扬州为唐玄宗进贡铜镜的事就此搁浅，但用于商业贸易的铜镜还在铸造，扬州最终停止给皇帝进贡铜镜是在大历十四年（779 年）。《旧唐书·德宗纪上》载，大历十四年六月，"己未，扬州每年贡端午日江心所铸镜，幽州贡麝香，皆罢之"[4]。1954 年，西安东郊郭家滩 39 号唐墓还出土一面八卦百炼镜。镜背内饰一周八卦纹，外围一周楷书铭文，"精金百炼，有鉴思极。子育长生，形神相识"[5]（图 6–16）。此镜自铭"百炼"，并饰以八卦纹，应与道教密切相关。

---

1 （晋）王嘉撰：《拾遗记》卷一〇《方丈山》，中华书局，1981 年，225—226 页。
2 孙机：《百炼钢刀剑与相关问题》，《仰观集》，146—148 页。
3 梅丛笑：《以铜为鉴：中国古代铜镜艺术》，中国书店，2012 年，191、193 页。
4 《旧唐书》卷一二《德宗纪上》，中华书局，1975 年，322 页。
5 陕西省文物管理委员会编：《陕西省出土铜镜》，文物出版社，1959 年，103 页。

图 6-15 苏门答腊海域沉船出水唐百炼镜
(《以铜为鉴：中国古代铜镜艺术》，193 页)

图 6-16 西安郭家滩 39 号唐墓八卦百炼镜
(《陕西省出土铜镜》，103 页)

铸镜对于当代人而言，是一件较为陌生的事，今人看到更多的是古镜的成品，至于铸造、生产出铜镜的"母体"——铸镜作坊以及铸镜的一般流程，则少有人关注，这方面的资料也是凤毛麟角。今以汉唐铸镜为主题，借助历史文献及考古资料对古代铸镜技术试作梳理，或可略窥一斑。随着清代西洋玻璃镜的传入，中国古老的铸镜历史似乎也画上了句号。但是，有关铸镜的传统技艺、传说故事、诗词歌赋，仍然深深地积淀在神州大地，代代相传。

磨镜客

"磨镜"即磨拭铜镜,是古代的一种职业。从事这种职业的人,被称为"磨镜客"或"磨镜匠",有点类似于走街串巷、吆喝着"磨剪子嘞戗菜刀"的磨刀匠。古时,铜镜需要常磨才能照影。《朱子语类》卷一七:"镜本明,被尘垢昏之,用磨擦之工,其明始现。"[1] 也许自从有了铜镜之后,就逐渐产生了磨镜客。

宋代文献史料中记述了"磨镜",作为一种职业,磨镜客在南宋的城市生活中随处可见。吴自牧的《梦粱录·诸色杂货》,描绘出南宋都城临安城内的热闹景象,市肆街景历历在目,从事各种职业的人都能见到:"若欲唤锢路钉铰、修补锅铫、箍桶、修鞋、修幞头帽子、补修鱿冠、接梳儿、染红绿牙梳、穿结珠子、修洗鹿胎冠子、修磨刀剪、磨镜,时时有盘街者,便可唤之。"[2] "盘街",即走街串巷。在这如此繁多的职业当中,"磨镜"也位居其中。临安城内的街道已被现代杭州城所覆压,只有保存下来的一段南宋御街遗址诉说着昔日的繁华(图7–1)。

值得关注的是,四川彭山南宋留氏墓出土的磨镜砖为复原当年的磨镜场景,提供

---

1 (宋)朱熹撰、郑明等校点:《朱子语类》卷一七,《朱子全书》14册,上海古籍出版社等,2002年,578页。
2 (宋)吴自牧:《梦粱录》卷一三"诸色杂货"条,浙江人民出版社,1980年,120—121页。

图7-1 杭州南宋临安城御街遗址（霍宏伟摄影）

了无尽的想象空间。1982年7月，四川彭山县文物调查组在普查工作中，于双江镇场后半山亭子坡发现一座南宋夫妻合葬墓。该墓为双石室结构，据出土墓志分析，墓主人虞公著于南宋宝庆二年（1226年）葬在东室。其夫人留氏为丞相卫公留正之女，庆元六年（1200年）葬在西室。该墓早年被盗严重。在留氏安葬的西室封门石前扰土中，出有磨镜砖、铜镜各一件。磨镜砖为细泥灰陶，加工呈圆形，磨面光滑平整，出土时面上残留有少许黑色粉末及水银细粒。背面凿有自外至内的三条方向相同的弧形斜面棱槽，槽长7～9、宽6～7厘米；砖直径26、厚3厘米（图7-2）。铜镜已残，为六角菱边形，桥形小钮。镜上有长方形印记，印文模糊不清。直径13、厚0.3厘米。[1]南宋留氏墓出土的，既有铜镜，又有磨镜砖。而这件磨镜砖，是探讨古代磨镜工艺技

---

[1] 四川省文物管理委员会等：《南宋虞公著夫妇合葬墓》，《考古学报》1985年3期。

术独特的实物资料。以宋代为基点,来考察磨镜的历史,上追汉唐,下接明清。资料散见于历史文献、诗词歌赋、传世绘画之中,可以大致勾勒出磨镜这一古老职业的发展历程。

在汉代文献中,有关磨镜的记述较少,磨镜的典故却流传甚广,成为后人津津乐道的趣事。磨镜的具体方法,目前最早的文献见于西汉刘安《淮南子·修务训》:"明镜之始下型,矇然未见形容;及其粉以玄锡,摩以白旃,鬓眉微毫可得而察。"[1]大致意思是说,刚从模子

图7-2 四川彭山南宋留氏墓磨镜砖(《南宋虞公著夫妇合葬墓》,《考古学报》1985年3期)

里铸出来的镜面很模糊,照不出身影容貌;要用玄锡摩擦,再用毛毡用力擦拭之后,人的两鬓、眉毛、毫毛都能在镜中清晰可见。《吕氏春秋·达郁》东汉高诱注亦有相似的说法:"镜明见人之丑,……而挖以玄锡,摩以白旃。"[2]铜镜用得时间长了,会变得昏暗无光,古人称为"昏镜"(图7-3),需要重新磨拭才能光亮。托名西汉刘向撰《列仙传》中记载的负局先生(图7-4),是一位具有仙风道骨、充满传奇色彩的磨镜客:

　　负局先生者,不知何许人也。语似燕代间人。常负磨镜局,徇吴市中,

---

1 刘文典撰、冯逸等点校:《淮南鸿烈集解》卷一九《修务训》,643页。
2 许维遹撰:《吕代春秋集释》卷二《达郁》,中华书局,2009年,567页。

图 7-3　洛阳西汉墓出土昏镜（霍宏伟摄影）

衔磨镜一钱，因磨之。辄问主人："得无有疾苦者？"辄出紫丸药以与之，得者莫不愈，如此数十年。后大疫病，家至户到，与药，活者万计，不取一钱。吴人乃知其真人也。后止吴山绝崖头，悬药下与人。将欲去时，语下人曰："各还蓬莱山，为汝曹下神水。"崖头一旦有水，白色流从石间来下，服之多愈疾，立祠十余处。[1]

---

[1] 王叔岷撰：《列仙传校笺》卷下"负局先生"条，150页。负局先生画像引自（明）汪云鹏：《列仙全传》卷一，万历二十八年（1600年）刊本，郑振铎编：《中国古代版画丛刊》（三），上海古籍出版社，1988年，55页。

图7-4 明代人想象中的负局先生像(《中国古代版画丛刊》[三], 55页)

磨镜客

《说文·口部》:"局,促也。从口在尺下,复局之。一曰博,所以行棋。象形。"[1] 班固《弈旨》:"局必方正,象地则也。道必正直,神明德也。"[2] 由此推断,"负局"就是背负着像博局一样的方形平板状磨镜器具。磨镜时,将昏镜镜面放置于平板之上,先将镜面清理干净,再涂以磨镜药,加以磨拭,直至光亮如新。负局先生也不知是何方人氏,听口音像是北方燕代之间的人。他经常背着磨镜器具,在吴地的市场上溜达。给人磨拭昏镜,只收一枚铜钱的费用。他看似以磨镜为业,实则为患者送药治病,悬壶济世,可谓传说中的仙人,他是中国历史上第一位留下名字的磨镜客。这一故事对后世影响至深。

价珍负局,影丽高堂。(南朝·梁江总《方镜铭》)
门前负局人,为我一磨拂。(唐·刘禹锡《磨镜篇》)
不必负局仙,金沙发光炯。(唐·李群玉《古镜》)
负局高风不可陪,玉霄峰北置楼台。(前蜀·贯休《寄天台叶道士》)[3]

以上这些诗铭说明,历经南朝、唐、五代,"负局"这一角色经久不衰,作为磨镜的代名词,成为后代诗文中经常引用的典故,磨镜客亦称"负局人""负局仙"。

在两汉时期,磨镜作为一种职业,是一种谋生手段。《益部耆旧传》记述了东汉书生杜真为了求师,游学齐鲁大地,通过磨镜来赚取盘缠的逸闻。"杜真孟宗周览求师,经历

---

1 (汉)许慎撰:《说文解字》二上《口部》,中华书局,1985年,35页。
2 《艺文类聚》卷七四《巧艺部·围棋》,1273页。
3 《艺文类聚》卷七〇《服饰部下·镜》,1228页;《全唐诗》卷三五四《刘禹锡一》,3987页;《全唐诗》卷五六八《李群玉一》,6630页;《全唐诗》卷八三七《贯休一二》,9514页。

齐鲁，资用将乏，磨镜自给。"¹《后汉书·翟酺传》注引《益部耆旧传》："杜真，字孟宗，广汉绵竹人也。少有孝行……"²《海内先贤传》亦云："故南郡太守南阳程坚，体履仁孝，秉志清洁。少让财兄子，仕郡县。居贫无资，摩镜自给。"³曾任南郡太守的南阳程坚，年轻时将财产让给了哥哥的儿子，到郡县去做官。自己穷得没有资财，只能依靠磨镜来糊口度日。

  杨府可则，盘龙斯铸。徐稚经磨，孙承晋赋。散池菱影，开云桂树。玉面方窥，仙刀永故。

  这是1955年西安郭家滩一座隋墓出土杨府四瑞兽铭带镜上的铭文（图7-5）。其中，"杨府可则"一句，有学者认为此处的"杨府"当指扬州，"可则"两字意当为"可为准则""值得效仿"，可见扬州铸镜在隋代中后期已名声在外了。⁴这面方镜后面的几句铭文，未见有人解释。"盘龙斯铸"，说的是铸造盘龙镜，但镜背上的纹饰却非盘龙，而是四只瑞兽。"徐稚经磨"，源于东汉隐士徐稚磨镜、万里赴吊的故事。《后汉书·徐稚传》云：徐稚，字孺子，豫章南昌人，清妙高时，超世绝俗。陈蕃为太守时，以礼请徐稚暂任功曹，徐氏拜谒之后离去。陈蕃在郡不接宾客，唯有徐稚来时特设一榻，去而悬之，⁵后人称为"徐榻"或"徐稚榻"。在唐代王勃《滕王阁序》中有一名句："物华天宝，龙

---

1 《太平御览》卷七一七《服用部一九·镜》，3178页。
2 《后汉书》卷四八《翟酺传》，中华书局，1965年，1605页。
3 《太平御览》卷五一二《宗亲部二·伯叔》，2334页。
4 陕西省文物管理委员会编：《陕西省出土铜镜》，90页，这面隋代铭文镜边长14.7厘米；陈灿平：《扬州铸镜与隋唐铜镜的发展》，《江淮文化论丛》第二辑，278页。
5 《后汉书》卷五三《徐稚传》，1746—1748页。

图 7-5 西安郭家滩隋墓杨府瑞兽镜(《陕西省出土铜镜》,90 页)

光射牛斗之墟;人杰地灵,徐孺下陈蕃之榻。"[1] 引的就是陈蕃礼贤下士、为徐稚设榻的典故(图 7-6)。

徐稚曾为太尉黄琼所征召,未前往。及黄琼去世后归葬,徐稚乃徒步前往,设鸡酒祭奠之,哭毕而去,不留姓名。"前后为诸公所辟,虽不就,及其死,万里赴吊。"[2]《海内士品》记述了一个其他典籍未载的细节:在黄琼卒后,徐稚前往凭吊,但家里很穷,没有路费。他随身携带磨镜器具,依靠着为别人磨拭铜镜来赚取旅费,得以成行。"徐孺子尝事江夏黄公,黄公薨,往会其葬,家贫无以自资,以磨镜具自随。每至所

---

1 (唐)王勃:《秋日登洪府滕王阁饯别序》,(清)董诰等编:《全唐文》卷一八一《王勃五》,1846 页。
2 《世说新语·德行篇》引谢承《后汉书》,参见(南朝宋)刘义庆撰、(梁)刘孝标注、朱铸禹汇校集注:《世说新语汇校集注》,上海古籍出版社,2002 年,1 页。

在,赁磨取资,然后能达。"[1] 这一故事被后人广为流传,甚至作为铭文铸于隋代铜镜之上。

故宫博物院藏清代乾隆时期周鲲绘《村市生涯图册》,第六开为《磨镜图》,册页左侧为题诗:"拂尘奁回,月魄婵娟。对影明瑶席,方为千里行。聊取一钱积,负局生乎束刍客。"(图7–7)[2] 诗中后两联所隐含的就是徐孺子远行凭吊、磨镜取资的逸闻。"负局生"是指在旅途中暂以磨镜为职业的徐稚。"束刍"即捆草成束,亦称祭品,"束刍客"代指徐氏。东汉名士郭林宗的母亲去世后,徐孺子前往吊唁,放置一束草于庐前,故称其为"束刍客"。《后汉书·徐稚传》:

图 7-6 明代人想象中的徐稚像
(《三才图会·人物五卷》,618 页)

> 及林宗有母忧,稚往吊之,置生刍一束于庐前而去。众怪,不知其故。林宗曰:"此必南州高士徐孺子也。《诗》不云乎:'生刍一束,其人如玉。'吾无德以堪之。"[3]

隋代镜铭中的"孙承晋赋",也是用典,"孙"应是指东晋才华横溢的孙绰,他撰写的《天台山赋》,自以为有"金石声",为时人所推崇。《晋书·孙绰传》:"尝作《天台山

---

1 《北堂书钞》卷一三六《服饰部三·镜六五》,553 页。
2 金卫东主编:《明清风俗画》,上海科学技术出版社等,2008 年,170、173 页。
3 《后汉书》卷五三《徐稚传》,1747—1748 页。

图 7-7　故宫藏清代周鲲绘《磨镜图》（《明清风俗画》，173 页）

赋》，辞致甚工，初成，以示友人范荣期，云：'卿试掷地，当作金石声。'……会稽内史王羲之引为右军长史。"[1] 后人因而以"孙金"作为孙绰的别称，亦用以指代文辞工丽的诗文。东晋永和年间，孙绰还与"书圣"王羲之交往甚密。王羲之曾写下被后人称为"天下第一行书"的《兰亭集序》，当时孙绰不仅身临其境，亲眼看见了这一非凡杰作的诞生过程，而且还撰有两首《兰亭诗》、一篇序，遗憾的是他写的序未能如王羲之序那样成为千古绝唱。[2]

大唐是一个意气风发的时代，不仅在铜镜背面种类丰富的纹饰上反映出它的文化与

1　《晋书》卷五六《孙绰传》，1544 页。
2　《晋书》卷八〇《王羲之传》，2098—2099 页。

审美，而且在与磨镜内容相关的唐诗、小说中，曲折呈现出那个时代人们的社会生活，儒、释、道三界均留下了由磨镜引发的逸闻佳话。

> 床前磨镜客，树下灌园人。（王维《郑果州相过》）
> 可中三日得相见，重绣锦囊磨镜面。（王建《镜听词》）
> 长在城中无定业，卖丹磨镜两途穷。（刘得仁《赠道人》）
> 新诗不觉千回咏，古镜曾经几度磨。（贾岛《黎阳寄姚合》）
> 昔岁相知别有情，几回磨拭始将行。（罗邺《镜》）[1]

特别是《赠道人》一诗中的两句，细致描绘出生长在唐代城市中磨镜客的生活困境，不只是单纯磨镜，而且兼营售卖丹药。

白居易写有四首与磨镜相关的诗，不同年龄段创作的诗歌，表达了作者不同的心境。第一首《新磨镜》以磨镜为题，是诗人39岁时作于元和五年（810年）的长安："衰容常晚栉，秋镜偶新磨。一与清光对，方知白发多。鬓毛从幻化，心地付头陀。任意浑成雪，其如似梦何？"第二首《叹老三首》之二，是白居易40岁时作于元和六年（811年）下邽，正值壮年，却仕途不畅："我有一握发，梳理何稠直。昔似玄云光，如今素丝色。匣中有旧镜，欲照先叹息。自从头白来，不欲明磨拭。"第三首《悲歌》是白氏任杭州刺史时所作，长庆三年（823年），作者52岁，虽然官居高位，但日渐衰老的身体以及时常听到故人逝去的消息，让他感到无限悲凉，新洗的白发与磨拭一

---

1 《全唐诗》卷一二六《王维二》，1276页；《全唐诗》卷二九八《王建二》，3379—3380页；《全唐诗》卷五四五《刘得仁二》，6357页；《全唐诗》卷五七四《贾岛四》，6737页；《全唐诗》卷六五四《罗邺》，7582页。

新的铜镜成为他抒发情怀的引子:"白头新洗镜新磨,老逼身来不奈何。耳里频闻故人死,眼前唯觉少年多。"第四首《咏老赠梦得》作于开成二年(837年)的洛阳,白氏66岁,这首诗是赠给刘禹锡的。两位诗人均已步入老年,无心自照磨拭过的铜镜,去注意自己的仪表:"与君俱老也,自问老何如?眼涩夜先卧,头慵朝未梳。有时扶杖出,尽日闭门居。懒照新磨镜,休看小字书。情于故人重,迹共少年疏。唯是闲谈兴,相逢尚有余。"[1]

与白乐天磨镜诗反映文人士大夫情感变化形成较大反差的是,唐代小说《聂隐娘传》则从另外一个角度描写了处于社会底层磨镜少年的生活状态:"聂隐娘者,唐贞元中,魏博大将聂锋之女也。……忽值磨镜少年及门,女曰:'此人可与我为夫。'白父,父不敢不从,遂嫁之。其夫但能淬镜,余无他能。"[2] "贞元"为唐德宗的年号(785~804年),属于中唐时期。从中可以看出,磨镜少年除了磨拭铜镜、使其光亮之外,还做一些与铜镜相关的活,如"淬镜",即对铜镜做淬火处理。[3] 唐时磨镜亦称为"洗镜"。《云溪友议·祝坟应》:"列子终于郑,今墓在郊薮,谓贤者之迹,而或禁其樵采焉。里有胡生者,性落拓,家贫,少为洗镜、锼(铰)钉之业。候遇甘果、名茶、美酝,辄祭于列御寇之祠垅,以求聪慧,而思学道。"[4]该书记述的是中唐至晚唐间的佚事。文中的胡生,年少时家里很穷,从事过磨镜这个职业。

磨镜客不仅盘桓于坊里之间,为他人磨拭昏镜,而且在唐人笔下,磨镜客有时还担当着占卜吉凶的神奇角色,甚至成为人神之间沟通的使者。《太平广记》引《广异记·李

---

[1] 《白居易诗集校注》卷一四《律诗》,1085页,卷一〇《感伤二》,785页,卷二〇《律诗》,1632页,卷三三《律诗》,2488页。
[2] 《太平广记》卷一九四《豪侠二》引《传奇·聂隐娘传》,1456—1457页。
[3] 何堂坤:《中国古代铜镜的技术研究》,167页。
[4] (唐)范摅:《云溪友议》卷下"祝坟应"条,古典文学出版社,1957年,58—59页。

进士》：有进士姓李，忘记名。曾经梦见有几个人来追他，他赶快躲进一城。入门有厅，室宇宏壮。初不见人，李进士径直升堂，侧坐床角。忽然出现一人，持杖打他，骂道："何物新鬼，敢坐王床！"李进士赶紧走出堂外。不久，门内传声："王出。"于是，看见穿着紫衣的大王升坐厅堂。李进士由仆人引领入堂，大王问他为什么要盗取其妹夫的钱，李氏起初不太明白大王之意，王曰："汝与他卖马，合得二十七千，汝须更取三十千，此非盗耶！"稍停片刻，有穿绯衣者入堂，为李陈谢："此人尚有命，未合即留住，但令送钱还耳。"大王限令李进士十五日内还钱。李进士一觉醒来，以为做的梦是一件荒唐事，理不足信。过了十多天，有磨镜人到他家，自称善于占卜。家人使占，有验，争着告诉李进士。李进士亲自到磨镜人的住所，质问道："何物小人，诳惑诸下！"磨镜者怒云："卖马窃资，王令计会。今限欲满，不还一钱，王即追君，君何敢骂国士也！"李进士认为这是梦中事，他竟然知晓，觉得很奇怪，问其缘由。磨镜者答："昨朱衣相救者，是君曾祖，恐君更被追，所以令我相报。"李言："妹夫已死，钱无还所。"磨镜人云："但施贫丐，及散诸寺，云为亡妹夫施，则可矣。"李进士听从了磨镜人的话，散钱布施，大王亦不再追究他的过错了。[1]

唐代开元年间，还发生过一件"磨砖成镜"的趣事，亦称"磨砖作镜"，以此来比喻事情不能成功。《景德传灯录·南岳怀让禅师》：

> 开元中，有沙门道一住传法院，常日坐禅，师知是法器，往问曰："大德坐禅图什么？"一曰："图作佛。"师乃取一砖于彼庵前石上磨。一曰："师作什么？"师曰："磨作镜。"一曰："磨砖岂得成镜邪？"师曰："坐禅岂得作

磨镜客

---

[1] 《太平广记》卷二八一《梦六》，2237—2238 页。

佛邪？"[1]

"磨砖成镜"的另外一种含义，有一种"铁梁磨绣针，功到自然成"的意味，如宋代陆游《仰首座求钝庵》："掘井及泉那用巧，磨砖作镜未为愚。"[2]

唐代吕洞宾是道教中的著名人物，曾留下一段磨镜逸闻："岩，字洞宾，京兆人，礼部侍郎吕渭之孙也。咸通初中第，两调县令。……往往邀游洞庭、潇湘、溢浦间，自称'回道士'，时传已蝉蜕矣。……又尝负局衮于市，为贾尚书淬古镜，归忽不见，留诗云：'袖里青蛇凌白日，洞中仙果艳长春。须知物外餐霞客，不是尘中磨镜人。'"[3] 吕洞宾的这首诗亦收录于《全唐诗》之中，标题为《为贾师雄发明古铁镜》，[4] "发明"意为磨镜后使之放出光芒。1971年，陕西乾县唐代章怀太子墓出土一面太子妃房氏生前使用的铜镜，直径24.6厘米。镜背内区四面配以青龙、麒麟、鸾凤等珍禽瑞兽，外饰一周反书阳文："鉴若止水，光如电耀。仙客来磨，灵妃往照。鸾翔凤舞，龙腾麟跳。写态征神，媲兹巧笑。"（图7-8）[5] 铭文中所说"仙客来磨"，应是指负局先生之类的仙人扮成磨镜客，来到世间为人磨镜。

与汉唐时期相比，元明清史料中有关磨镜的记载数量较多，更为详细。在元、明之际通俗读物《碎金·艺业篇》第二十七"工匠"部门记载元代的上百种行业中，"磨镜"

1　（宋）释道原撰：《景德传灯录》卷五《慧能大师》"南岳怀让禅师"条，《续修四库全书》1282册，427页。
2　（宋）陆游著、钱仲联校注：《剑南诗稿校注》卷二四，上海古籍出版社，2005年，1764页。
3　（元）辛文房撰：《唐才子传》卷一〇《吕岩》，丛书集成初编本，中华书局，1991年，141页。
4　《全唐诗》卷八五八《吕岩三》，9764页。
5　陕西省咸阳市文物局编：《咸阳文物精华》，文物出版社，2002年，48页。

图 7-8　陕西乾县唐章怀太子墓瑞兽铭文镜（《咸阳文物精华》，48 页）

名列其中。从事这些不同行业的人，元代人是一律当成工匠看待的。[1]

传为明代刘基撰的《多能鄙事》，记录了三条有关磨镜及磨镜药的秘方。第一条是磨古镜，用猪、羊、犬、龟、熊五种动物的胆，先阴干，合和为粉末。再用水湿镜，撒药粉于其上。将镜面翻过来面向地，不用磨镜，自然就会重见明亮。第二条也是关于磨镜的方子，用鹿顶骨（烧灰）、白矾（枯）、银母砂（对母者，或四六者，亦可等分），研为细粉末，和匀。在铜镜磨拭干净之后，再以此粉末磨镜，使镜面出现光明。用此药磨镜一次，可保持一两年。第三条是有关磨镜药的配制，主要原料为白矾六钱、水银一钱、白铁（即锡）一钱、鹿角灰一钱。先用水银将白铁与砂子细磨如泥，淘洗白净，加入鹿

---

[1] 沈从文：《中国古代服饰研究》，上海书店出版社，2002 年，133—134 页。

图 7-9 故宫藏明代张宏绘《磨镜图》
(《明清风俗画》, 27 页)

角灰及矾, 研磨极细才可使用。如果颜色发青, 再洗令白。[1]

除了历史文献记述与磨镜相关的史料之外, 目前所见 8 幅《磨镜图》(明代 2 幅, 清代 6 幅), 为今人了解和认识磨镜这个古老职业, 提供了清晰的图像资料。故宫博物院藏明崇祯十一年 (1638 年) 张宏绘《杂技游戏图卷》, 纸本, 墨笔, 描绘了市井之中磨镜、说书等风俗百态。在这幅《磨镜图》中, 画了三位人物, 呈三角形分布, 磨镜客位于画面右下角, 侧身骑坐于长条凳后部, 躬身向前, 抬头直视前方正在照镜的女子。双手重叠抓紧毡团, 正在擦拭镜面。左脚着地, 右脚踩踏着一条为了固定铜镜的环状绳子。在画面左侧, 有一位女子正在用磨好的铜镜端详自己, 圆镜中呈现出女人的清秀容貌。在

---

[1] (明) 刘基辑:《多能鄙事》卷五,《明代通俗日用类书集刊》3 册, 西南师范大学出版社, 2011 年, 473—474 页。

两人之间的画面上部，有一位老翁在等待磨镜的过程中，双手拄杖，凝视着磨镜客一箱内侧立架上挂着的铜镜（图 7–9）。[1]

故宫博物院收藏的另一幅明代佚名《磨镜图》，为绢本，设色。画面右下角是一位磨镜客的正面像，双腿叉开，骑坐于条凳后端。铜镜放置于凳子前端，双手按住毡团，在镜面上擦拭。条凳左侧地上有一小木盆，右侧地面上分别放有椭圆形与长方体箱子各一，椭圆形箱盖上有一小药瓶，长方体箱上有一串连铁，箱体后侧有一立架，挂着三面铜镜。箱体后地上横置一条扁担。画面左侧立有三人，两位少妇与一位幼儿。站在磨镜客左侧的一位女子持镜自照，其身后立一少妇，引颈右望铜镜，一手持扇，一手拉着小童子（图 7–10）。

"连铁"是一种磨镜客走街串巷时用来招引顾客的铁质响器，使之铿然有声，谓之"透闰"或"惊闰"。元代孔齐《至正直记·磨镜透闰》："磨镜者以铁片六七叶参差衔击之，行市则摇动，使其声闻于内院，如云响板之音，谓之'透闰'。"[2] 明代《事物原始》引《齐东野语》，对铁片的大小、尺寸记得更为详细："用铁数片，长五寸许，阔二寸五分，如拍板样。磨镜匠手持作声，使闰阁知之，名曰惊闰。"[3]

画面内容较为丰富的清代佚名《磨镜图》，分别收藏于中国国家博物馆和故宫博物院。国博藏画为立幅，绢本，设色，无题跋。纵81、横52厘米（图 7–11）。画面上共五人，左侧四人为顾客，右侧一人为磨镜客。磨镜老汉坐于木条凳后端，前端放镜，左脚踩着一条绳子，是为了固定正在磨的铜镜。双手握毡团，在镜面上摩擦。条凳内侧放置

1　金卫东主编：《明清风俗画》，27 页。
2　（元）孔齐：《至正直记》卷四"磨镜透闰"条，中华书局，1991 年，101—102 页。
3　（明）徐炬辑：《新镌古今事物原始全书》卷一九"惊闰"条，《续修四库全书》1238 册，53 页。

图 7-10 故宫藏明代《磨镜图》
(《明清风俗画》,69 页)

磨镜客

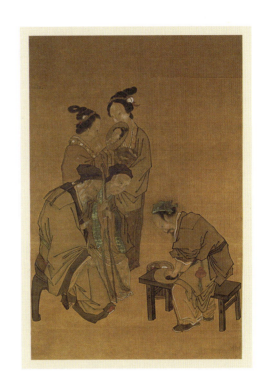

图 7-11 中国国家博物馆藏清代
《磨镜图》（中国国家博物馆供图）

一个圆筒，顶部可见装有磨镜药的罐、瓶等器皿。画面左侧四人，坐者与立者各有两人。前坐一老翁、一老妇，神情专注地看着磨镜。后立两少妇，一位揽镜自照，镜中容貌自见；另一位怀抱一面大铜镜，望着照镜女子。

史树青认为，国博藏《磨镜图》有可能是一明画摹本，因为与文献记载中明代郭诩绘《磨镜图》十分相似："一人坐凳上作磨镜状，旁立一翁、一妪、二少妇，一妇持镜自照，镜中之容逼肖。郭诩自题一诗：'团团古青镜，久为尘垢羞。磨括回青光，背有双龙浮。美人投其好，欲介金凤求。此镜千金不易得，此镜一览露九州。我欲献君置殿头，照见天下赤子皆穷愁。'"[1]

故宫博物院藏清代佚名《磨镜图》，与国博那幅画最大的不同之处在于，设计的场景相对较大，画面内容更加丰富，除了一位磨镜客、四位少妇之外，还有五个小孩子，站在磨镜客的镜架前，争先恐后地看镜子中的影像，为画面增添了不少童真意趣（图 7-12）。

以上四幅《磨镜图》，画面丰富，刻画细致，构图丰满，色彩协调，反映的可能是明清时期北方地区磨镜的场景。而下面三幅《磨镜图》画面较小，描绘的是清代江浙、岭南地区的磨镜情况。清代乾隆年间方熏绘制的《太平欢乐图》中，收录有《磨镜图》。一男子头戴斗笠，骑坐于条凳之上，俯身，双手覆于镜面之上呈磨拭状。条凳前端，放一立架，架上挂有五面大小不等的铜镜，斜插一条扁担。磨镜客左脚边放一小盆与一块布，身体右侧放一桶（图 7-13）。[2] 画面上方墨书七行案语：

> 案：《西吴枝乘》：镜以吴兴为良，最知名者薛氏。《乌程县志》：薛，杭人，而业于湖，以磨镜必用湖水故也。浙人至今珍薛氏镜，且有专以磨镜为业者。持小铁片如拍板样，于里巷中拍之，声琅琅然。

清代道光二十六（1846 年）浙江人钱廉成临摹的《廛间之艺》，其中有一幅《磨镜图》。磨镜匠位于画面左侧，坐于条凳上磨镜，抬头张望，右脚边放有一盆，身体左侧放

---

1 史树青：《古代科技事物四考》，《文物》1962 年 3 期。
2 （清）金德舆编、方熏绘：《太平欢乐图》；王稼句编纂：《三百六十行图集》上册，古吴轩出版社，2002 年，37 页。

图 7-12 故宫藏清代《磨镜图》
(《明清风俗画》, 188 页)

磨镜客

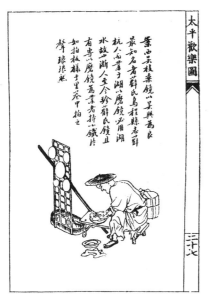

图7–13 清代方熏绘《磨镜图》（《三百六十行图集》，37页）

有一箱，箱上立架，架上挂有两面铜镜，斜插一条扁担。架旁立一美髯公，持镜自照。架前立一妇女，背一幼童，望着磨镜匠手中正在磨拭的铜镜（图7–14）。[1]

清代岭南磨镜方式与北方、江浙地区截然不同。美国皮博迪·埃塞克斯博物馆（Peabody Essex Museum）收藏一套清代广州画家庭呱绘外销画，反映了19世纪30年代广州的市井生活，其中有一幅《磨鉴图》，"鉴"字为鉴的俗体字。画面下部，磨镜匠坐于一条凳上，光头，斗笠挂于凳子末端，赤脚，左脚大拇指踩镜面边缘，右脚着地，双手持一棒状物放于镜面上磨拭。凳子前端放一水盆与磨石（图7–15）。[2] 其磨镜方式、使用的工具均与北方磨镜匠迥然不同。

1925年2月9日，鲁迅在一篇文章中对民国时期难得一见的磨镜老翁做了生动描写：

> 但铜镜的供用，大约道光咸丰时候还与玻璃镜并行；至于穷乡僻壤，也许

---

[1] （清）钱廉成临摹：《廛间之艺》；王稼句编纂：《三百六十行图集》上册，74页。
[2] 黄时鉴，(美)沙进：《十九世纪中国市井风情：三百六十行》，上海古籍出版社，1999年，278页。

图 7-14　清代钱廉成摹绘《磨镜图》(《三百六十行图集》上册，74 页) 　　图 7-15　清代庭呱绘《磨锐图》(《十九世纪中国市井风情：三百六十行》，278 页)

至今还用着。我们那里，则除了婚丧仪式之外，全被玻璃镜驱逐了。然而也还有余烈可寻，倘街头遇见一位老翁，肩了长凳似的东西，上面缚着一块猪肝色石和一块青色石，试仔听他的叫喊，就是"磨镜，磨剪刀！"[1]

由此看来，清代后期，随着西方玻璃镜的大量涌入，中国古老的铜镜在不知不觉中被取而代之，磨镜作为一种行业也逐渐淡出人们的视线，悄然消逝在历史的深处。从已知的西汉早期到清代晚期，磨镜这个行当历经近两千年，终于退出历史的舞台，这个职

1　鲁迅：《坟·看镜有感》，《鲁迅全集》第一卷，人民文学出版社，2005 年，210 页。

业以及附加于其上的诸多文化信息，如传说故事、诗歌、小说、绘画，都渐渐被人遗忘。今天的人们钩沉索隐，借助于语言文字、图像、实物，试图来还原那个古老的职业，面目似乎若隐若现，间距总是若即若离。如果说"镜殿写青春"描绘的是上层主流社会皇家宫廷生活状态的话，那么"磨镜客"则是努力揭示挣扎在社会底层普通百姓的现实场景，这是整个社会金字塔结构中两个无法相比的层面。

历史常常有惊人相似的一幕。在鲁迅文章诞生90年后的今天，2015年8月20日傍晚，我在北京海淀区昌运宫路豪柏公寓小区大门口，见到一位花白头发的老者，右手扶着自行车，左手拿着一串"连铁"，发出"当啷当啷"的响声。我问他这是干啥，他说是磨剪子、磨刀，一看后车座两侧分别有条凳、小水桶和磨石。他把这件连铁称为"铜钟"。望着眼前的情景，让我想起古时的磨镜客，清代后期逐渐衰亡的磨镜职业，早已成了历史的陈迹，很少有人知晓。然而，从站在小区门口、手拿连铁的磨刀匠身上，仿佛看到了古代磨镜客忙碌、疲惫的身影，在现实生活中以另外一种方式被后人传承下来，呈现在人们的面前，也许这就是某一种民族文化顽强的生命力之所在。无论是磨镜客，还是磨刀匠，抑或是在职场打拼的你我，行走在苍茫的天地之间，我们都不过只是一个个匆匆过客，倏忽瞬间而逝，唯有自然与精神永恒。

镜架与镜台

镜架与镜台，是古人在照容理妆时用于固定或放置铜镜的主要器具，学界对此已有较为系统、深入的分析，[1]但仍有进一步探讨的空间，两者在形制、结构上有一定区别，确有考证异同的必要。

"架"是指支撑或放置器物的用具，镜架是以铜、铁等金属材料或木材纵横交叉组合而成的器具。《淮南子·本经训》"大夏曾加"高诱注："架，材木相乘架也。"[2]《说文·言部》"诬，加也"，段玉裁注："古无架字，以加为之。"[3]"镜架"一词，最早见于宋代文献。南宋《云麓漫钞》引李清照《投内翰綦公（崇礼）启》："清照启：素习义方，粗明诗礼。近因疾病，欲至膏肓，牛蚁不分，灰丁已具。……身几欲死，非玉镜架亦安知？"[4]检索

---

1 主要论著参见宿白：《白沙宋墓》，文物出版社，1957年，27页；钱柏泉：《镜台小说》，《考古》1961年2期；朱仁星：《镜台与镜架》，台北《故宫文物月刊》1990年6期；周亚：《铜镜使用方式的考古资料分析》，《练形神冶　莹质良工：上海博物馆藏铜镜精品》，54—66页；王世襄：《明式家具研究》，生活·读书·新知三联书店，2008年，212页；孙机：《镜台》，《中国文物报》2012年4月11日第5版。Xiaoneng Yang, "A Han Bronze Mirror and Its Gilt Stand in the Nelson–Atkins Museum of Art", *Oriental Art*, 1996.
2 （汉）高诱注：《淮南子》卷八《本经训》，《诸子集成》七，中华书局，1954年，122页。
3 （清）段玉裁撰：《说文解字注》第三篇上，中华书局，2013年，97页。
4 （宋）赵彦卫撰、傅根清点校：《云麓漫钞》卷一四，中华书局，1998年，246—247页。

"中国基本古籍库"电子版,可知"镜架"一词主要见于明清时期的历史文献中。从目前考古发现的实物来看,镜架出现的时间比镜台要早。其特点是上部用于放置铜镜,下部为架腿,无固定的底座。特点是灵活轻巧,某些镜架不使用时可以折叠收起,以节省空间。战国时期的镜架为独足架,东汉至两晋时期出现三足架,唐代创造出新的镜架形制,其设计灵感应来自于交床收放自如、便于携带的结构原理。

"台"的本义是指高于地面而上平的物体,亦指作为底座用的物体。《说文·至部》:"台,观四方而高者。"[1] 镜台,即以金属、木质或其他材料构成的器具,下部以分量较重的固定底座作为支撑的台子,上部可以放置铜镜。特点是悬挂铜镜较为稳定,却无法折叠。"镜台"一词,始见于《北堂书钞》引东汉末曹操《上杂物疏》。[2] 中国古代镜架与镜台的发展历程,大致可以分为汉唐、五代宋辽及元明清三个时期。

一、汉唐时期

镜架与镜台空间位置的第一次变化,是自战国汉晋时期置于席上向唐五代时期置于床榻上的转变。

1. 席上镜架与镜台

战国时期,齐国威王的相国邹忌对镜照容,镜子的映照无疑让他对自己的容貌保持着清醒的头脑,并留下了《邹忌讽齐王纳谏》充满睿智的一段佳话。[3] 今人无从考证

---

1 (汉)许慎撰:《说文解字》一二上《至部》,247 页。
2 《北堂书钞》卷一三六《服饰部三·镜台六六》,553 页。
3 (汉)刘向集录、范祥雍笺证、范邦瑾协校:《战国策笺证》卷八《齐一》,上海古籍出版社,2006 年,521 页。

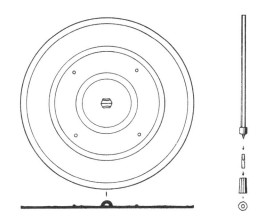

图 8-1 临淄商王村 1 号战国墓铜镜与镜架(《临淄商王墓地》,31 页)

镜架与镜台

当时邹忌使用的铜镜是什么样子,却通过考古手段发现了齐国人使用的彩绘镜及镜架。1992～1993 年,在山东临淄商王村一带的水泥厂工地进行的考古发掘中,1 号战国晚期墓内出土 4 面彩绘铜镜,其中一面彩绘镜出土时镜背后有一支架,由细竹、空心木塞、八棱体铜件及圆形箍构成,镜架高 13 厘米(图 8-1)。竹尖套在木塞里,木塞嵌入铜件内,铜箍固定于细竹末端。支架高度略短于铜镜半径,用时以支架撑于镜后,不用时将支架收起,铜镜放置于漆奁内。考古报告整理者推测,1 号墓主人为女性,可能是齐王的公主或某一重臣的贵戚。[1] 墓中出土的竹制镜架,是我国目前考古所见最早的镜架。另据商承祚调查,1939 年长沙市郊盗掘一座战国楚墓,出有铜镜及竹制镜架。"浏阳门外长岭楚墓,坟于地面……并镜一,附竹制镜架。"[2] 有可能与山东临淄战国晚期墓所出类似。

---

[1] 淄博市博物馆等:《临淄商王墓地》,齐鲁书社,1997 年,31 页,图二六:1、2,135 页。
[2] 商承祚:《长沙古物闻见记·续记》,275—276 页。

西汉时期的镜架发现极少，2007年在重庆涪陵点易墓地3号西汉早期墓清理出一件与镜同出的镜架。镜面向下，镜背上散存两件木质束腰多棱杆、几件小圆柱体构件及少量金箔。束腰多棱杆形制规整，一个面上粘接有金属条状物。虽然木杆已经炭化，但木质坚硬，长度分别约为铜镜的半径，应是作为镜架使用的。近梯形的短圆柱体，分别粘接两个镶嵌菱形与圆圈状纹饰的小圆柱形料器，可能作为镜饰垂挂于镜架两侧。其周围所见少量的破碎金箔，也应是镜饰的一部分（图8-2）。[1]另有1985年河北阳原三汾沟9号西汉晚期墓中发掘出的两件圆形木镜托，[2]可以看作成熟镜架的前身。

与前代相比，东汉时期的镜架与镜台资料相对丰富。《北堂书钞》引东汉末魏武《上杂物疏》云："中宫有纯银参带镜台一枚，又纯银七子，贵人、公主银镜台四，凡有七枚。"[3]这条记载是有关东汉晚期的镜台史料，镜台类型

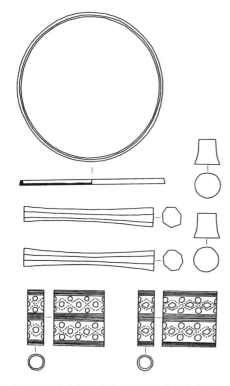

图8-2 涪陵点易墓地3号西汉墓铜镜与镜架构件（《重庆涪陵点易墓地汉墓发掘简报》，《文物》2014年10期）

---

1 山东大学历史文化学院：《重庆涪陵点易墓地汉墓发掘简报》，《文物》2014年10期。
2 河北省文物研究所等：《河北阳原三汾沟汉墓群发掘报告》，《文物》1990年1期。
3 《北堂书钞》卷一三六《服饰部三·镜台八八》，553页。

为"纯银参带镜台",使用者是属于上层社会的"贵人、公主"。颇为巧合的是,2009 年在曹操高陵的发掘中,出土了一件刻有"镜台一"三字隶书的石牌(图 8–3)。[1] 尽管没有发现镜台实物,但这件石牌说明当初曹操墓中随葬有镜台。

考古发掘出的鎏金镜架有两件,陶质镜台一件。1959 年,河北省定县北庄发掘一座东汉永元二年(90 年)中山简王刘焉墓,出土一件鎏金镶嵌绿松石云纹铜镜架。整体形制呈 H 状,两侧为纵向镂空变形云纹并镶嵌绿松石的刀形铜片饰,其间以横向山形云纹铜片饰相连接。刀形饰的侧面,各向外伸出一向上的铜钩,在底部各附一四叶形座。山形饰中部底端,亦伸出向下的铜钩。高 38.7、上宽 21.6、下部最宽处 25.5 厘米(图 8–4)。[2] 现藏河北博物院。

图 8–3 安阳西高穴东汉曹操高陵石牌(《曹操高陵》,图版 33 页)

值得注意的是,1973~1981 年,青海省大通县后子河乡上孙家寨发掘的 28 号东汉晚期墓出土一件鎏金三足座人像,应是镜架。人像底座呈圆边三角形,座上人像呈跪姿,似羽人形象,双耳高耸,双手拱于胸前,膊侧生出羽翼,人像座高 5.7 厘米。底有三足,由上、中、下三节圆形铜管与木柱构成。上节铜管与底座伸出部分以铆钉相连,为活节,管长 6.1 厘米。上节与中节铜管之间以木柱相连,木柱已残断。中节铜管分为两部分,亦以铆钉相合,可折叠,在上部分管内有一孔,孔长 1.7

---

1 河南省文物考古研究所等:《河南安阳市西高穴曹操高陵》,《考古》2010 年 8 期;李凭主编:《曹操高陵》,浙江文艺出版社,2010 年,图版 33 页。
2 河北省文化局文物工作队:《河北定县北庄汉墓发掘报告》,《考古学报》1964 年 2 期,138、140 页,图一三;朱仁星:《镜台与镜架》,台北《故宫文物月刊》1990 年 6 期。

图 8-4 河北定县东汉刘焉墓铜镜架（梁鉴摄影）

厘米，孔内有一铜栓，栓长 1.8 厘米，用来固定中节活动铜管。中节与下节铜管之间也是由长约 7 厘米的木柱相连，下节铜管上呈圆形，底呈马蹄形，管长 6.8 厘米。人像加上三脚架，通高约 33.1 厘米。通体鎏金，木柱外残留有红色（图 8–5）。[1] 在洛阳西晋墓、南京东晋墓中均出土形制相似的鎏金三足架。

2004 年河北涿州凌云集团新厂 1 号东汉中晚墓发现一件可调升降式彩绘陶质镜台，通高 114 厘米。底座为长方体，长 24.6、宽 24.5、高 11.6 厘米。镜座中空，前部正中有一圆孔，上部正中有一长方形孔，以插入陶支架下部榫头，其上等距分布有三个小孔，

---

[1] 青海省文物考古研究所：《上孙家寨汉晋墓》，文物出版社，1993 年，154 页，图九〇，图版·七二。

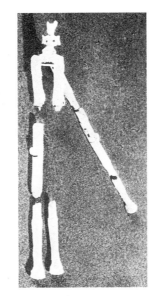
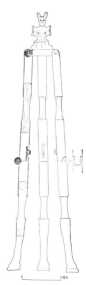

图 8–5　青海大通县上孙家寨 28 号东汉墓铜镜架及线图（《上孙家寨汉晋墓》，154 页，图九〇，图版七二）

可以调节支架高度。支架上部呈 T 字形，中部有一弧形镜托，放置有一面陶镜，直径 16.6、厚 1.7 厘米（图 8–6）。[1]

此外，还有几件作为传世品的铜质镜台构件。大约 1928～1931 年，传洛阳金村一带东汉墓出土两件鎏金铜镜台构件，半圆形带槽的镜台上部两端各饰一龙首，下有方形柱，以下部分缺失（图 8–7）。[2] 上海博物馆藏一件东汉鎏金铜镜台，为美国友人捐赠品（图 8–8）。美国纳尔逊·阿特金斯艺术博物馆藏一件鎏金铜镜台，部分构件属东汉时期（图 8–9）。日本大阪市立美术馆藏一件漆木镜台底座。[3]

1　史殿海：《涿州凌云集团新厂东汉墓群发掘简报》，《文物春秋》2007 年 3 期；涿州市文物保管所：《涿州文物藏品精选》，北京燕山出版社，2005 年，图版 30。
2　[加] 怀履光：《洛阳故城古墓考》，86 页，图版 46—119。
3　上海博物馆编：《镜映乾坤：罗伊德·扣岑先生捐赠铜镜精粹》，74 页；美国纳尔逊·阿特金斯艺术博物馆藏东汉鎏金镜台，由马麟博士供图；孙机：《镜台》，《中国文物报》2012 年 4 月 11 日第 5 版。

鉴若长河：中国古代铜镜的微观世界

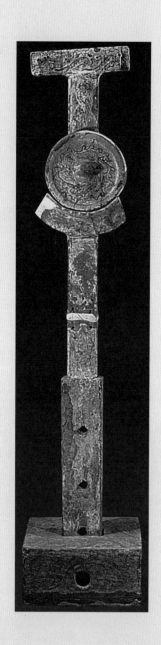

图 8-6　涿州凌云集团新厂 1 号东汉墓彩绘陶镜台（《涿州文物藏品精选》，图版 30）

图 8-7　传洛阳金村出土东汉铜镜台构件（《洛阳故城古墓考》，图版 46—119）

图 8-8　上海博物馆藏东汉镜台及铜镜（《镜映乾坤》，74 页）

图 8-9　纳尔逊·阿特金斯艺术博物馆藏东汉镜台及铜镜（马麟供图）

图 8-10 沂南东汉墓画像石上手持镜台的侍女形象拓本（《中国画像石全集》第 1 卷《山东画像石》，171 页）

  1954 年，山东沂南县北寨村东汉晚期墓画像石上雕刻有一人手持镜台的图像，镜台的立柱中间有一长方形台面（图 8-10）[1]。1984 年，安徽省马鞍山市发掘三国孙吴大将朱然墓，出土一件画像漆盘，画像中有一女子跽坐于镜台前梳妆（图 8-11）[2]。生动、直观地再现了当时人们将镜台放置于席前使用的生活场景，这是年代最早的一幅镜台梳妆图漆画。

  将沂南东汉墓画像石、三国东吴朱然墓漆盘、传东晋顾恺之《女史箴图》图像中的立杆型镜台形象（图 8-12），与河北涿州东汉中晚期墓陶镜台实物做一结构上的比较，

---

1 蒋英炬主编：《中国画像石全集》第 1 卷《山东汉画像石》，山东美术出版社，2000 年，171 页。
2 安徽省文物考古研究所等：《安徽马鞍山东吴朱然墓发掘简报》，《文物》1986 年 3 期；马鞍山市博物馆编：《马鞍山文物聚珍》，文物出版社，2006 年，67 页。

发现它们有一定的相似性，也存在着细微的差别。涿州陶镜台自下而上，分别为底座、立杆、横托、挂板。图像中的镜台均有底座，唯形状有所差别，陶镜台底座为中空长方体，而画中的镜台皆为圆墩状，此类镜台底座实物参见 1965 年辽宁北票发掘北燕太平七年（415 年）范阳公、车骑将军冯素弗墓出土一件圆形残铁座，[1] 铸制，直壁，平顶，覆钵状，顶心残留一段管状柱柄，残高 6.5、底径 15.2 厘米，应是镜台底座。

涿州陶镜台的立杆断面为长方形，中空，下部等距离分布有三个圆孔，可以调节立杆的高度，器表彩绘有纹饰。图像中的立杆断面为圆形，沂南画像石墓的镜台立杆上亦阴线刻有圆形及横线纹饰。朱然墓漆盘中的镜台形象仅见底座上的部分立杆，上部被长方形台面与镜子所挡。《女史箴图》中的镜台立杆中部有两个乳突，以承托其上的长方形托盘。

陶镜台的弧形横托位于整个镜台的三分之一处，恰好为黄金分割线的位置。沂南画像石墓的镜台形象无横托，却有一长方形台面，基本也位于黄金分割线上，这一台面既可以承托镜缘，也可以暂放一些梳妆用具。朱然墓漆盘中的镜台长方形台面较厚，大致位于镜台中部。《女史箴图》所描绘的镜台中部已不是台面，而演变成为一个四面起沿的长方形托盘。

陶镜台的顶端是一呈 T 字形的挂板，上面有四个圆孔，并饰以彩绘。沂南画像石中的镜台顶端则为卷云纹弧形顶，朱然墓的漆盘镜台顶端被镜子所挡，无法了解其形制。《女史箴图》中的镜台形象顶端呈丫形。通过比较发现，自东汉、三国、两晋时期立杆型镜台的发展是一脉相承的，并逐渐有所变化。

1　黎瑶渤：《辽宁北票县西官营子北燕冯素弗墓》，《文物》1973 年 3 期。

鉴若长河：中国古代铜镜的微观世界

图 8-11　马鞍山三国朱然墓漆盘上的《梳妆图》及摹本（《安徽马鞍山东吴朱然墓发掘简报》，《文物》1986 年 3 期；朱笛摹绘）

图 8-12　《女史箴图》中的《梳妆图》摹本（朱笛摹绘）

图 8-13 清代版画中的温峤像及其墓志拓本（王志高供图）

两晋时期，见于文献的有玳瑁装饰的镜台、玉镜台等特种工艺或特殊质地制作的镜台。如晋《东宫旧事》云："皇太子纳妃，服用有玳瑁细漏镜台一。"[1] 晋代最著名的玉镜台，应该是东晋温峤作为聘礼的镜台（图 8-13）。西晋末年，温峤在刘琨麾下任长史，北征匈奴刘聪时缴获一件玉镜台，钟爱有加。温峤的夫人去世了，他的堂姑刘氏有一女儿既漂亮又聪明，尚未出嫁，刘氏让温峤为她女儿找一个条件合适的夫婿，峤有自娶之意。过了几天，告诉堂姑母，已物色到一位人选，门第尚可，名声、官职与他相当。于是，送去一件玉镜台作为聘礼，刘氏大喜。等成婚之后，新娘拍手大笑道：我猜就是你这老奴，果然如此。[2] 尽管这一故事的真实性还存在着较大争议，"温峤玉镜台"却成为历代诗人吟咏不绝的重要素材。

---

[1] 《初学记》卷二五《镜台一〇》，609 页。
[2] 徐震堮：《世说新语校笺》卷下《假谲》，中华书局，1984 年，458 页。

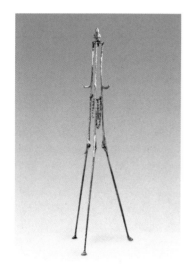

图 8-14　河南新安县 262 号西晋墓铜镜架（洛阳博物馆供图）

思妇流黄素，温姬玉镜台。（南朝梁·萧纲《同刘谘议咏春雪》）

羊权须得金条脱，温峤终虚玉镜台。（唐·李商隐《中元作》）

君不见温家玉镜台，提携抱握九重来。（唐·张纮《行路难》）[1]

东晋温峤的玉镜台仅见于字里行间，无法满足今人视觉上的享受，而两晋墓葬出土的鎏金镜架却让人感受到了古器物带来的历史存在感。2004 年，河南省新安县洛新开发区发掘 262 号西晋早期墓，于墓室北部墓主人棺东侧出土一件鎏金三足镜架。鎏金架上端，有一铜人双手交于胸前，跪坐于架座上。架座连接三个支架，每个支架分为上、下两节互相衔接，上节中部各伸出一钩，两上曲一下曲。钩下内侧各有一环，以铜链相连。下节中各饰弦纹三周，下端为蹄形足。通高 73 厘米。自铜人下部至双钩的高度约为 13.6 厘米（图 8-14）。[2]

1998 年，南京东郊仙鹤山发掘一处东晋家族墓地。在 6 号墓内出土一件鎏金三足架，有三只细长的竹节形腿，顶端有榫，带一穿孔，支架中部一侧各有一小环钮，可

1　《梁简文帝集校注》卷四《诗》，346 页；《全唐诗》卷五四〇《李商隐二》，6240 页；《全唐诗》卷一〇〇《张纮》，1073 页。
2　洛阳市文物工作队：《河南新安西晋墓（C12M262）发掘简报》，《文物》2004 年 12 期。

用铜链连接、固定,下端为蹄形足。另有一件圆形台板,中央有孔,周围等距向外伸出3组卡销,两侧有孔,可用小钉固定连接台板与支架顶端,连成一体。支架高78.8、台板厚1厘米(图8-15)。考古报告的整理者王志高认为这是一件铜镜架。[1] 这件三足架与新安县西晋墓所出镜架形制相同。

南北朝时期的镜台资料,未见实物,仅见一些文献资料。南朝刘宋元嘉年间,广州刺史韦朗制作了一件铜镜台,被人告发,韦氏由此丢了乌纱帽。宋《元嘉起居注》:"韦朗为广州刺史,作铜镜台一具,御史中丞刘桢奏请以见事,免朗所居官。"[2] 铜镜台的形制让人无法想象,南齐诗人谢朓创作的一首诗《咏镜台》,其中描绘镜台饰以"对凤""垂龙":

> 玲珑类丹槛,迢亭似玄阙。对凤临清水,垂龙挂明月。照粉拂红妆,插花理云发。玉颜徒自见,常畏君情歇。[3]

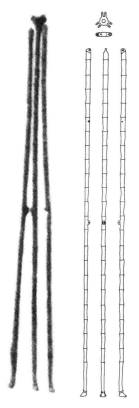

图8-15 南京仙鹤山6号东晋墓铜镜架及线图(《江苏南京仙鹤观东晋墓》,《文物》2001年3期)

---

1 南京市博物馆:《江苏南京仙鹤观东晋墓》;王志高等:《南京仙鹤观东晋墓出土文物的初步认识》,《文物》2001年3期。10页,图一九;11页,图二〇,鎏金铜支架线图。
2 《初学记》卷二五《镜台一〇》,609页。
3 《初学记》卷二五《镜台一〇》,609页。

北齐僧人灵昭擅长制作，武成帝令其于山亭造流杯池。胡太后还让灵昭制作了七宝镜台，共计三十六扇门，其形制、结构更为复杂，工艺制作水平较高。《太平御览》引《三国典略》："胡太后使沙门灵昭造七宝镜台，合有三十六户。每室别有一妇人，手各执锁，才下一关，三十六户一时自闭。若抽此关，诸门皆启，妇人各出户前。"[1]北齐末年，政局动荡，物价飞涨，镜台价值千金。《北齐书·幼主纪》：北齐幼主高恒之时，"宫掖婢皆封郡君，宫女宝衣玉食者五百余人，一裙直万匹，镜台直千金，竞为变巧，朝衣夕弊"[2]。

隋代独孤皇后雅性节俭，不尚奢华。隋文帝杨坚毁掉从北齐缴获的豪华七宝车，而将工艺绝巧的镜台赐给皇后，可见镜台是当时妇女的喜好之物。《北史》卷一四《独孤氏传》："后雅性俭约。……上以后不好华丽，时齐七宝车及镜台绝巧丽，使毁车而以镜台赐后。后雅好读书，识达今古，凡言事皆与上意合，宫中称为二圣。"[3]1959年，河南安阳发掘隋代张盛墓，出有一件瓷器座，被认为是镜台[4]，形制较为少见。

2．榻上镜架与镜台

唐至五代，镜架与镜台在人们日常生活中的使用更加普遍，其所处空间位置随着矮式家具向高足家具的转变而有所变化，即从置于席上转向床榻之类的家具之上。

唐人使用镜台的图像资料未见，但有文献详细记录了开元年间能工巧匠马待封设计制作的一件豪华镜台，比起北魏胡太后有着三十六扇门的镜台更是技高一筹，令人称奇。《太平广记》引《纪闻·马待封》：

---

1 （宋）李昉等撰：《太平御览》卷七一七《服用部一九·镜台》，中华书局影印本，1960年，3179页。
2 《北齐书》卷八《幼主纪》，中华书局，1972年，113页。
3 《北史》卷一四《独孤氏传》，中华书局，1974年，532—533页。
4 中国社科院考古研究所安阳发掘队：《安阳隋张盛墓发掘记》，《考古》1959年10期；钱柏泉：《镜台小史》，《考古》1961年2期。

开元初修法驾，东海马待封能穷伎巧。于是指南车、记里鼓、相风鸟等，待封皆改修，其巧逾于古。待封又为皇后造妆具，中立镜台，台下两层，皆有门户。后将栉沐，启镜奁后，台下开门。有木妇人手执巾栉至。后取已，木人即还。至于面脂妆粉，眉黛髻花，应所用物，皆木人执。继至，取毕即还，门户复闭。如是供给皆木人。后既妆罢，诸门皆阖，乃持去。其妆台金银彩画，木妇人衣服装饰，穷极精妙焉。[1]

唐玄宗开元年间，马待封运用他的聪明才智，为王皇后制作了精妙绝伦的镜台，台下的"木妇人"灵活自如，就像今天的智能机器人，能做一些略微复杂的事情。关于王皇后的这件镜台结构，文献描述生动、细腻，而对于杨贵妃使用的镜台则语焉不详，却与一个悲剧故事相联系。"开元中，岭南献白鹦鹉，养之宫中，岁久，颇聪慧，洞晓言词。上及贵妃皆呼为雪衣女。……忽一日，飞上贵妃镜台，语曰：'雪衣娘昨夜梦为鸷鸟所搏，将尽于此乎？'……鹦鹉方戏于殿上，忽有鹰搏之而毙。"[2]1994年，在内蒙古赤峰宝山2号辽代墓石室北壁发现壁画《杨贵妃教鹦鹉图》（图8–16）[3]，用画面诠释了这一段悲情故事。

除了历史文献记述之外，还有不少唐诗写到镜台，特别是三首与婚嫁相关的"催妆诗"，镜台在其中充当了重要角色。催妆是古代的一种风俗，新娘出嫁，一定要多

---

1 《太平广记》卷二二六《伎巧二》，1739—1740页。
2 （唐）郑处诲撰、田廷柱点校：《明皇杂录·逸文》，中华书局，1997年，58页。
3 内蒙古文物考古研究所等：《内蒙古赤峰宝山辽壁画墓发掘简报》，《文物》1998年1期；吴玉贵：《内蒙古赤峰宝山辽壁画墓"颂经图"略考》，《文物》1999年2期。

次催促，才开始梳洗打扮，准备前行，唐段成式《酉阳杂俎·贬误》转述了催妆的全过程。[1] 唐人成婚前夕，贺喜者用赋诗的形式来催促新娘赶快梳妆，这一类诗称为"催妆诗"。

少妆银粉饰金钿，端正天花贵自然。闻道禁中时节异，九秋香满镜台前。（陆畅《云安公主出降杂咏催妆二首》）

不知今夕是何夕，催促阳台近镜台。谁道芙蓉水中种，青铜镜里一枝开。（贾岛《友人婚杨氏催妆》）

传闻烛下调红粉，明镜台前别作春。不须面上浑妆却，留著双眉待画人。（徐安期《催妆》）[2]

上面三首唐诗，均为描写新妇催妆之作，镜台成为其中不可或缺的道具。镜中映照出的世间生活本是充满了喜怒哀乐，下面这首描写镜台的诗，是为亡妻而作，披上了一层淡淡的悲凉色彩：

唐晅者，晋昌人也。……开元十八年，晅以故入洛，累月不得归。……居数日，果有凶信，晅悲恸倍常。后数岁，方得归卫南，追其陈迹，感而赋诗曰："寝室悲长簟，妆楼泣镜台。独悲桃李节，不共夜泉开。魂兮若有感，髣髴梦中来。"……是夕风露清虚，晅耿耿不寐。更深，悲吟前悼亡诗，忽闻暗中若

---

[1] 《酉阳杂俎》续集卷四《贬误》，152 页。
[2] 《全唐诗》卷四七八《陆畅》，5478 页；《全唐诗》卷五七四《贾岛四》，6734 页；《全唐诗》卷七六九《徐安期》，8821 页。

泣声，初远，渐近，昕惊恻，觉有异。¹

若是抛开世俗的儿女情长，悲欢离合，不妨将目光投向佛国世界。虽然佛门净土少了许多滚滚红尘中的条条框框与悲喜交集，但对于人心中镜台的认识也各不相同，甚至导致衣钵的传承发生根本性的转变，禅宗五祖弘忍在选择接班人方面就是如此。《祖堂集》卷一八：

> 五祖欲迁化时，觅人传法及分付衣钵。众中有一上座，名曰神秀，遂作一偈上五祖："身是菩提树，心如明镜台。时时勤拂拭，莫遣有尘埃。"
>
> 后磨坊中卢行者闻有此偈，遂作一偈上五祖曰："菩提本无树，明镜亦非台。本来无一物，何处有尘埃？"五祖亦见此偈，并无言语，遂于夜间教童子去碓坊中唤行者来。行者随童子到五祖处，五祖发遣却童子后，遂改卢行者名为慧能，授与衣钵，传为六祖。²

从"明镜台"上直指人心的精神层面，让我们重新回到更加客观的物质层面，来探讨一个有关镜台的具体问题，那就是唐代镜台到底放于何处？大多数诗歌与文献未曾交待。据学者考证，唐至五代时期的镜台一般放置于所坐的床榻之上。³《唐诗纪事·陆畅》云："赵麟仪质琐陋，成名后，以薛能为傧相。能诗曰：'第一莫教蛛太过，缘人衣带上

1　《太平广记》卷三三二《鬼一七》引《通幽记·唐晅》，2635 页。
2　(五代) 释静等辑：《祖堂集》卷一八，《续修四库全书》1285 册，606 页。
3　孟晖：《花间十六声》，生活·读书·新知三联书店，2014 年，40—42 页。

图 8-16 内蒙古赤峰宝山 2 号辽墓《杨贵妃教鹦鹉图》壁画局部（《内蒙古辽代壁画》，53 页）

人头。'又'火炉床上平身立，便与夫人作镜台'。或曰：'畅羡而能骂。'"¹ 由此可见，唐代女性梳妆的方式是把镜台直接设在坐榻之上。

唐李贺《美人梳头歌》一诗，也写到于象床之上对镜梳妆的场景。此诗被清代学者姚文燮评论为："状美人之晓妆也。奇藻茜艳，极尽情形。顾盼芳姿，仿佛可见。"²

> 西施晓梦绡帐寒，香鬟堕髻半沉檀。辘轳咿哑转鸣玉，惊起芙蓉睡新足。
> 双鸾开镜秋水光，解鬟临镜立象床。一编香丝云撒地，玉钗落处无声腻。³

"双鸾开镜秋水光，解鬟临镜立象床"恰好说明美人晨起梳妆，照容用的是双鸾镜。她解开环形发髻，面对着镜子，跪立于象床之上，一头乌发撒落于地，玉钗落处悄然无声。诗中虽未明确写到镜台，却点出镜子是放置于象床之上的。"象床"即象牙装饰的床，另见于李贺《恼公》诗："象床缘素柏，瑶席卷香葱。"⁴《旧唐书·五行志》载，武周时期，"张易之为母阿臧为七宝帐，有鱼龙鸾凤之形，仍为象床、犀簟"⁵。可见象床在唐代亦属奢侈品。

唐代铁镜架实物，仅见于河南偃师杏园唐宣宗大中十二年（858年）李归厚夫妻合葬墓。铁镜架出于墓室西侧李归厚夫人卢知真棺内脚端，附近出一面直径19厘米的圆形素面铜镜，小钮，窄缘稍隆。据墓志可知，卢知真为官宦人家，其父为睦州刺史兼御

---

1 （宋）计有功：《唐诗纪事》卷三五《陆畅》，中华书局，1965年，533页。《太平广记》卷二五七《嘲诮五》引《抒情诗·薛能》中有类似记载，2000页。
2 （唐）李贺著、（清）王琦等注：《李贺诗歌集注》，上海人民出版社，1977年，479页。
3 《李贺诗歌集注》，314页。
4 《李贺诗歌集注》，142页。
5 《旧唐书》卷三七《五行志》，1377页。

图8-17 偃师杏园唐李归厚墓铁镜架（《偃师杏园唐墓》，219页）

图8-18 日本泉屋博古馆藏《游女图卷》中的镜架形象（《泉屋博古馆名品选》，115页）

史中丞卢钢，卢氏家族当时正处于子孙权势兴盛之际。这件铁镜架的结构，是用铁条锻打成两个梯形框架，框架之间用一轴连接。两个梯形框架高低不同，大框架上宽15、下宽23.5、高48厘米；小框架上宽14、下宽22、高38厘米（图8-17）。[1] 外框架上端，折叠铁条，在左、中、右处做出三个弧形凸起，以便于悬挂铜镜。内框底部的左右两侧，各有一乳突，中间有孔，以便于穿系绳索，控制镜架下部的开合角度。日本泉屋博古馆藏江户时代画家宫川长春（1682~1752年）《游女图卷》，就绘有与唐代铁镜架结构相似的镜架（图8-18），[2] 可以直观地看到此类镜架在生活中的使用状况。

二、五代宋辽时期

1. 五代时期镜架与镜台

目前尚未见到唐代有关镜台放置于床榻之

---

1 中国社会科学院考古研究所：《偃师杏园唐墓》，图见219页，图210：4，172、175、356—357页。
2 [日]泉屋博古馆：《泉屋博古馆名品选》，便利堂株式会社，平成十四年（2002年），114—115页。

上的图像资料，但是，1995 年河北曲阳灵山镇西燕川村发现的五代后梁龙德三年（923 年）王处直墓，东、西耳室各有一幅壁画，为探讨这一问题提供了难得一见的图像资料。东耳室壁画描绘的是男主人的梳妆用品，床榻上放置一个三足镜架，架为圆柱形，前二后一，后面的一足似能折叠收起，镜架上部有方镜一面，覆盖有花卉纹镜袱。西耳室壁画描绘的是女主人的梳妆用品，床上有一件黑色镜台，上端及左右雕饰七朵云头纹，下端有四根小圆柱垂直向下，固定于底板之上。镜台上部放置圆镜一面，罩以牡丹纹镜袱（图 8-19、8-20）。[1]

1975 年，在江苏邗江县蔡庄发掘一座五代砖室墓。木榻四件，出土于墓中四个侧室，其中一件完整，三件已散架。从所遗留的构件看，原是一式四件，木榻分为榻面、榻腿两部分，榻面木条上原应铺有席垫、织物敷面等物，今已腐朽无存。榻长 188、宽 94、高 57 厘米。蔡庄五代墓四张榻分别出土于墓中四个侧室，虽然经过盗扰，但四张榻上当初摆放各种器物的迹象仍很明显。虽然是随葬品，但皆为 1∶1 的足尺实物，对于了解五代时期南方地区床榻一类家具构造等提供了重要的实物资料，在我国家具史上居于承前启后的地位。南京大学考古与艺术博物馆藏五代王齐翰《勘书图》，一张体量较大的矮榻占据了画面的主要部分，周文矩《重屏会棋图》中也保留有榻的形象。这时在榻上放置物品的习惯还保留着，所以在《勘书图》《重屏会棋图》中描绘的榻上看到许多生活用具，如投壶、砚盒、书册、画卷、琴囊之类。[2]

虽然王处直墓室壁画画面上有一种人去楼空的感觉，但今人仍然能够通过画中描绘

---

[1] 河北省文物研究所等：《五代王处直墓》，文物出版社，1998 年，东、西耳室壁画摹本参见 24、28 页，壁画图版参见彩版一八、二〇、二三、二四。
[2] 扬州博物馆：《江苏邗江蔡庄五代墓清理简报》，《文物》1980 年 8 期；陈增弼：《千年古榻》，《文物》1984 年 6 期。

图 8-19 曲阳五代王处直墓壁画中的镜架形象(《五代王处直墓》,彩版一八)

图 8-20 曲阳五代王处直墓壁画中的镜台形象(《五代王处直墓》,彩版二三)

图 8-21 南宋《仕女图》中的镜台形象
(《唐五代两宋人物名画》,101 页)

细腻的各类器物感受到五代人的生活习俗,将镜架与镜台放置于床榻上,说明他们的生活受到唐人的影响,日常所用器具逐渐由矮式家具向高足家具转变。

2. 北宋镜架与镜台

时至北宋,具有特色的一大变化,是沿袭数千年对镜鉴的称谓由"镜"改为"照"或"鉴",只因宋太祖赵匡胤的祖父名叫赵敬,后尊为翼祖,为了避讳而改。宋代李攸《宋朝事实·祖宗世次》:"翼祖讳敬、竟、镜、獍、璟、澈。"[1]镜子变成了照子,宋镜铭文中大多称为"照子",镜台随之改称"照台"或"鉴台",也有少量仍沿用旧名。如南宋吴自牧《梦粱录·嫁娶》记载:"至迎亲日,男家刻定时辰,预令行郎,各以执色如花瓶、花烛、香球、沙罗洗漱、妆盒、照台、裙箱、衣匣、百结、清凉伞、交椅。"[2]刘过

---

[1] (宋)李攸撰:《宋朝事实》卷一《祖宗世次》,中华书局,1955 年,2 页。
[2] (宋)吴自牧:《梦粱录》卷二〇"嫁娶"条,188 页。

镜架与镜台

《沁园春》词："坡谓西湖正如西子，浓抹淡妆临照台。"[1]

"鉴台"一词见于《宣和书谱·卫恒》："然见于世者多其草字，论者以谓'如插花美人，舞笑鉴台'，是其便娟有余，而刚健非所长也。"[2]"镜台"旧名亦见于文献之中，如《东京梦华录·娶妇》："散后次日五更，用一卓盛镜台镜子于其上，望上展拜，谓之'新妇拜堂'。"[3]

与以往相比，有关宋代镜架与镜台的资料更加丰富，形式多样。不仅见于传世绘画作品，而且在墓葬壁画、砖雕、石刻中有其形象，甚至在墓中还发现了镜架实物。由此可见，作为生活器具的镜架与镜台，在日常生活起居中逐步扮演着重要角色，也反映出宋代以来人们对于现实生活的重视，世俗生活气息愈发浓厚。

台北故宫博物院藏北宋王诜《绣栊晓镜图》中的镜台形象，属于椅型结构，分为上、下两层，上层斜放一面葵口铜镜。镜台放置于一长桌之上，一女子伫立于镜台前，凝神注视着镜中自己的容貌。天津博物馆藏南宋佚名《盥手观花图》，画中长案中央放一镜台，其上层中部斜置一面葵口铜镜。两者构造相似，均为框架结构，分为上、下两层，上层放置铜镜，下层可暂放梳妆用具。只不过所表现的角度略有差异，前者描绘的是镜台的正面，后者刻画的是镜台的背面。与之结构相仿的还有美国波士顿美术馆藏南宋佚名《仕女图》中的镜台，将红、白两色条带系镜于镜台背面的细节描绘得精致入微（图8-21）。[4]

在北宋墓葬壁画中，也有当时人们使用镜台的生活场景。1951年，河南禹县白沙发

---

1 《咸淳〈临安志〉》卷九三《纪遗五》，《宋元浙江方志集成》第3册，杭州出版社，2009年，1458页。
2 （宋）佚名著、范红娟点校：《宣和书谱》卷一三《草书一》，人民美术出版社，2011年，142页。
3 （宋）孟元老撰、伊永文笺注：《东京梦华录笺注》卷五《娶妇》，中华书局，2009年，480页。
4 陈雪亮编：《唐五代两宋人物名画》，西泠印社出版社，2006年，101页。

掘北宋元符二年（1099年）赵大翁墓。后室西南壁壁画中有一位女子站立于镜台前面，对镜整冠，一具淡赭色镜台置于桌上，上端画七枚蕉叶饰，顶端中央蕉叶饰下系圆镜一面（图8-22）。[1]《云笈七签》卷七二收录有宋代镜台线图，与白沙一号宋墓壁画中所见镜台结构近似。[2]

1998年，河南新密市平陌村发掘北宋大观二年（1108年）壁画墓，在墓室西南壁有一幅女子梳妆图。上绘蓝色悬幔、赭色垂帐。画面正中有一长方形低案，案上放一镜架，架上层置一圆镜。一位女子坐于较矮的长桌内侧，对镜梳妆，镜中映照出女子秀丽的容貌。镜架前有一黑色圆盒，里面放的可能为化妆用品。女子身穿蓝色宽袖对开式襦衫，双手抬起。右手在前，握一发钗，左手由脑后置于头顶，拿一素色高冠。[3]镜架为框架式结构，似由纵横数根木头相连而成，分为上、中、下三部分。上端为一横木，中央饰一云朵形，两端翘起。中部有前、后高低错落的两根横木，铜镜放置于其上。底部为前、后两根平行横木。还有四根纵向木头与横木相连，构成镜架（图8-23）。

在北宋墓葬砖雕中，镜架与镜台的形象简洁质朴，也是现实生活的曲折反映。1955年，河南郑州南关外发掘一座北宋砖室墓。墓室东壁有一砖雕镜架，上部倒置一面有柄

图 8-22　河南禹县白沙北宋赵大翁墓壁画中的镜台形象（《白沙宋墓》，27 页）

1　宿白：《白沙宋墓》，文物出版社，1957年，27页，插图三四，图版贰柒。
2　（宋）张君房编、李永晟点校：《云笈七签》卷七二《内丹》，中华书局，2003年，1605页。
3　郑州市文物考古研究所等：《河南新密市平陌宋代壁画墓》，《文物》1998年12期，彩色插页肆：1。

图 8-23 新密平陌村北宋壁画墓中的《梳妆图》(《河南新密市平陌宋代壁画墓》,《文物》1998年12期)

图 8-24 登封城南庄北宋墓砖雕镜台(《郑州宋金壁画墓》,123页)

圆形镜形象。[1] 2003 年,郑州市文物考古研究所对河南登封城南庄北宋墓壁画进行了临摹。在墓室东北壁,上悬黄、淡青横帐,下砌一砖雕镜台。镜台顶设三层搭脑,搭脑两端饰六枚五瓣蕉叶。上搭脑中部饰一枚三瓣蕉叶,两足间设一枨,枨上雕半镜,枨下为三层抽屉。由于有抽屉,此镜台也可能为四足,足下有纵向式支座(图 8-24)。[2]

3. 南宋镜架与镜台

无论是北宋传世绘画作品,还是墓葬壁画,画面中的照镜女子大多为站姿,鲜见有坐凳览镜者,这反映出北宋的风俗依旧尊崇老的传统。南宋陆游《老学庵笔记》卷四:

---

1 河南省文化局文物工作队第一队:《郑州南关外北宋砖室墓》,《文物参考资料》1958 年 5 期。
2 郑州市文物考古研究所:《郑州宋金壁画墓》,科学出版社,2005 年,123、128 页。

"徐敦立言：往时士大夫家，妇女坐椅子、兀子，则人皆讥笑其无法度。梳洗床、火炉床家家有之。今犹有高镜台，盖施床则与人面适平也。或云禁中尚用之，特外间不复用尔。"[1]

文献中所说"妇女坐椅子、兀子"，"兀子"即杌子，指小矮凳。这正是北宋仕女照镜不坐的原因所在，是担心别人讥笑其无法度。而到了南宋，风俗已变，所以在传苏汉臣笔下的《妆靓仕女图》中，一位女子端坐于长凳之上，凝视镜

图 8-25　南宋《妆靓仕女图》中的镜架形象
(《唐五代两宋人物名画》，100 页)

中的自我，从容不迫，孤芳自赏。桌上放有一面大镜，斜靠于一个支架上，镜架的细部不清（图 8-25）。这是有关两宋镜架与镜台图像资料中为数不多的坐姿览镜图，现藏美国波士顿美术馆。[2]

日本奈良国立博物馆藏南宋陆兴宗《十王图》中的镜台，画的是一件镜台的斜侧面，似为木质，一根长条形木片垂直向上，上端饰一云朵形短横木，其下部有一凹槽，用于绳系镜钮以固定铜镜，镜体厚重，长木片下端插入须弥座中央的卯眼中。[3] 从画面比例来看，这件镜台高度不是太高，应是放置于桌案之上的。

1　（宋）陆游撰、李剑雄等点校：《老学庵笔记》卷四，中华书局，1997 年，47 页。
2　陈雪亮编：《唐五代两宋人物名画》，100 页。
3　邵晓峰：《中国宋代家具》，东南大学出版社，2010 年，彩图 44 页，架具 4。

图8-26 四川泸县南宋陈鼎妻墓石刻镜架(《泸县宋墓》，彩版二四：2)

南宋墓葬石刻中雕刻的高浮雕镜架形象，形制较小，结构简约。2002年，四川泸县奇峰镇发掘南宋陈鼎妻墓，墓壁右侧石刻侍女手捧一镜架，其上部为弓形，顶饰蕉叶，底部为双层（图8-26）。中国国家博物馆在四川地区征集到一组南宋绍兴二年（1132年）赵然明墓石刻。其中，有一件捧镜台侍女石刻，侍女侧身向内，双手捧一镜架，台端饰蕉叶，下系圆镜一面。[1]

考古发现的南宋木质镜架实物有两件。1975年，福建福州市第七中学发掘南宋黄昇墓，在头部右侧清理出一件漆木镜架。通体髹以黑漆，用黑色纹罗带绑结，有活动支架，叉开时可将铜镜斜放于架上。高15.5、宽12.5厘米（图8-27）。1978年，在江苏武进县村前乡一座南宋墓中，出土一件漆木镜箱，将位于上层的支架竖起，即为镜架。下面还有两层抽屉，可放置梳妆用品（图8-28）。[2]

---

[1] 四川省文物考古研究所等：《泸县宋墓》，文物出版社，2004年，86页，图七六，彩版二四：2；吕章申主编：《宋代石刻艺术》，北京时代华文书局，2013年，40页，图15，捧镜台侍女石刻，高181、宽46、厚20厘米。41页，捧镜台侍女石刻局部。

[2] 福建省博物馆：《福州市北郊南宋墓清理简报》，《文物》1977年7期，图三八；福建省博物馆编：《福州南宋黄昇墓》，文物出版社，1982年，图版九九；陈晶等：《江苏武进村前南宋墓清理纪要》，《考古》1986年3期；陈晶主编：《中国漆器全集》第4卷《三国—元》，137页。

图 8-27　福州南宋黄昇墓漆木镜架（《福州南宋黄昇墓》，图版九九）

图 8-28　江苏武进县村前乡南宋墓漆木镜箱（《中国漆器全集》第 4 卷《三国—元》，137 页）

宋代还有铜质镜架与镜台。在四川资中、湖南等地宋墓中出土有镜架，动物形镜台则见于馆藏的传世品。形制较小，均放于桌上。

4. 辽代镜架

目前所见辽代木质镜架三件，包括河北宣化下八里辽张世本夫妇墓、张文藻墓出土木镜架等。1993 年，河北宣化发掘张匡正墓与张文藻墓，1989 年清理张世本墓，各出一件镜架。[1] 张文藻墓所出镜架高 46、上下横木宽 41.5 厘米；张匡正墓镜架复原高度为 55、上下横木宽 33 厘米。张世本墓镜架保存状况最好，残高 38.5、宽 22 厘米（图 8-29）。辽代镜架与韩国高丽时期的镜架相比（图 8-30），在形制、结构方面有一定的相似性，

---

[1] 河北省文物研究所：《宣化辽墓：1974—1993 年考古发掘报告》上，文物出版社，2001 年，61、64、117、120、156、157 页；该报告下，图版三三：4，六八：4，八四：3。

图 8-29　河北宣化辽代张世本墓木镜架（《宣化辽墓》下，图版八四：3）

图 8-30　韩国中央博物馆藏高丽时期镜架（文東洙供图）

反映出文化交流的日益频繁。

三、元明清时期

元代的镜架与镜台资料极少。1964 年，苏州发掘元末吴王张士诚父母合葬墓，出土一件银质镜架。镜架顶部饰一朵盛开的葵花。架体由前、后两部分组成，后身上部作方形，纹饰均精雕细镂，上为凤凰戏牡丹图，下分三组，中雕团龙，左右饰以透雕牡丹。一个 H 形构件斜撑于前后身之间，其中心为玉兔蟾蜍灵芝仙草浮雕。底部又以同样构件支撑，中间浮雕一对瑞雀及百花卷草纹。这件镜架设计巧妙，可随意放立与折合。发掘者将银奁内直径 12.2 厘米的素面银镜放于架上，大小合适。[1] 有学者认为，这件元代镜架"虽为银制，却完全反映了有高度雕饰的木器工艺，又为我们提供了元明之际的苏州家具资料。……镜架模仿直靠背交椅形式，后背忠实地造出攒框打槽内装雕花绦环板的式样，不仅浮雕、透雕花纹与明式家具甚为接近，就是横材两端上翘的云头，也和衣架、高面盆架搭脑上的圆雕装饰十分相似"[2]。该镜架形制较小，通高 34 厘米（图 8–31），属于折叠式镜架，应是由交床与座椅两种家具元素组合而成，亦由此可见其他家具对于镜架形制演变的影响。元代的镜台图像资料仅见一例，即现存日本的对镜图嵌螺钿黑漆盒。从图像上来看，这件放置于桌面上的应该是椅型镜台（图 8–32）。[3]

明清时期，中国家具的发展历史进入繁荣期，反映在镜架与镜台方面，除了继续沿袭宋元以来镜架的小型化，放于桌上，便于折叠、存放之外，镜台体量的大型化、使用功能的多样化促使镜台从桌上走向了地上，作为室内的重要梳妆用具直接落地摆放。

留存至今的明代镜架与镜台数量较多。王世襄对其进行过总结："镜架是状如帖架的一种梳妆用具，多作折叠式，或称'拍子式'。……镜台，或称'梳妆台'，明式可分为：折叠式、宝座式、五屏风式三种。"[4] 其中，折叠式、五屏风式镜台的高度分别为 60、72~80 厘米。

宝座式镜台是宋代扶手椅式镜台的进一步发展，宋画《半闲秋兴图》描绘了一件扶

---

1 苏州市文物保管委员会等：《苏州吴张士诚母曹氏墓清理简报》，《考古》1965 年 6 期。
2 王世襄：《明式家具研究》，6 页。
3 ［日］下中弥三郎：《世界美术全集》20 卷《中国中世Ⅱ·明·清附近代》，平凡社，1953 年，图 119，黑漆螺钿八棱食笼（盖表，美人对镜图）。
4 王世襄：《明式家具研究》，212 页。

图 8-31　苏州元末张士诚父母合葬墓银质镜架（程义供图）　　图 8-32　元代对镜图嵌螺钿黑漆盒局部（《世界美术全集》20 卷《中国中世Ⅱ·明·清附近代》，图 119）

手椅式镜台的形象。小型者应是放于桌上的，而体量较大者应是放置于地上的。国博专题陈列《大美木艺：中国明清家具珍品》展出两件明清大型落地式镜台，也有两件小型折叠式镜架。其中，明代晚期黄花梨透雕五屏式麒麟送子纹镜台高 92 厘米，清代早期黄花梨透雕五屏式凤纹镜台高 80 厘米，这两件镜台形制、体量较大，是直接落地摆放的。另有明末清初的黄花梨透雕梅花纹折叠镜架、黄花梨折叠镜架各一件，分别高 38、30 厘米，[1] 形制较小，是放置于桌面上的。

在明代身份、等级最高的万历皇帝定陵中，有一面仿汉代博局镜，直径 20.2、缘厚 0.5 厘米，出于孝端皇后棺内西北角最上层，置于盛放梳妆用具的漆盒上边，背面贴在金

---

[1] 吕章申主编：《大美木艺：中国明清家具珍品》，北京时代华文书局，2014 年，190—195 页。

图 8–33 明代定陵彩绘木镜架
(《定陵》,彩版一三六)

图 8–34 南京博物院藏明代镜台与铜镜(霍宏伟摄影)

地彩绘镜架上。同出的还有放念珠的小圆漆盒及抿子匣等。所有这些用品被包裹于一件黄色薄绢织物内。

与镜同出的一件彩绘镜架,下部为方框形座,前端两抱鼓中心贯一带镜托的活轴,镜托下部作月牙状,中间有凹槽,用以放置铜镜,上部为圆形镜靠,镜靠背后中部有阶梯状凸起,用以调节镜面高低。镜架金地,分别用红、绿、黑漆描绘纹样:镜托绘二龙戏珠和云纹;上部绘正面龙和云纹;镜靠正、背两面均描绘二龙戏珠、云纹和寿山福海,其中二龙为一红、一绿,边缘部分绘卷草纹。镜架通高 27.8 厘米(图 8–33),应是放于桌上的梳妆用具。[1]

---

[1] 中国社会科学院考古研究所等:《定陵》上,文物出版社,1990 年,212—213 页,图三一四,彩版一三六。

除了木质镜架与镜台之外，明代还制作铜质镜台。南京博物院藏明代小型铜镜台，最下部为圆形底座，底座中央立细铜柱，柱两侧各饰一对称的"S"形纹，顶端是弧形带凹槽横托架，铜镜镜缘可直接嵌入凹槽内（图8-34）。这件镜台虽然形制较小，但造型设计简洁精练，实用性强，堪称明代镜台之上品。

通过对我国古代镜架与镜台空间位置三次转变的探讨，可以更加清晰地看到在不同历史时期随着人们生活习俗的改变，作为室内梳妆用具的镜架与镜台也在发生着微妙的变化。第一次转变，是自战国汉隋时期席上向唐五代时期榻上的转变；第二次转变，是自唐五代时期榻上向宋元时期桌上的转变；第三次转变，是自宋元时期桌上向明清时期地上的转变。

战国至汉隋，镜架形制主要为独足架、三足架型，镜台形制为立杆型。唐代镜架为交床型，宋、辽代继续使用。五代镜台开始出现座椅型，北宋沿用。

由于镜架与镜台所在空间位置的逐渐变化，其形制、体量、高度也在慢慢地发生改变。如汉晋时期的立杆型镜台、三足型镜架，逐渐演变为唐代交床型镜架、五代至两宋座椅型镜台，再由两宋座椅型镜台，演化为明清时期的宝座型、屏风型落地式家具，由交床型镜架变为折叠型镜架。只有将镜架与镜台放在中国古代家具史、社会生活史的视野之下来考察，用动态的思维方法，才能更加深刻地理解与把握两者发展、变化的特点与动因。

耕人犁破宫人镜
——城址内外的镜鉴遗踪

> 缅想当时宫阙盛，荒宴椒房愧尧圣。玉树花歌百花里，珊瑚窗中海日迸。大臣来朝酒未醒，酒醒忠谏多不听。陈宫因此成野田，耕人犁破宫人镜。[1]

这首五代前蜀贯休的《陈宫词》，说的是以南朝陈后主灭亡为鉴的内容。繁华一时的南朝国都建康城，在大隋军队的铁蹄下随着陈国的覆亡而被夷为平地，长久沉寂，紫禁宫城台城也成为农人春种秋收的田野，甚至在犁地时还能铲破当年宫人遗留下的镜子，这是怎样的一种悲哀与无奈。

此诗引出一个发人深思的主题，那就是铜镜与城市居民的关系。遥想当年大都市之中，芸芸众生，三教九流，少长咸集，各色人等，汇聚于此。作为照容器具的铜镜，是人们日常生活中不可或缺的用具。当一座城市废弃之时，铜镜大多被人随身携带，远走他乡。那么，在这样一座曾经繁华的废都，铜镜的现实状态是什么样的呢？似乎没有人能够说清楚它们的真实存在，但是考古学者试图在做。在中国古代诸多都城遗址中，西

---

[1] 《全唐诗》卷八二六《贯休一》，9392—9393页。

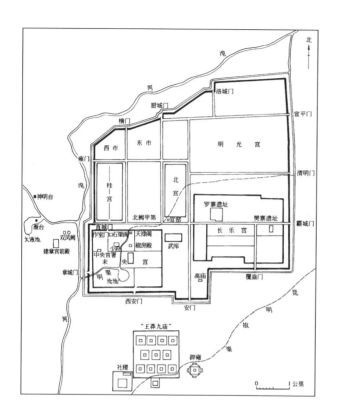

图 9-1 西安汉长安城遗址(《中国考古学·秦汉卷》,177 页)

汉长安城无疑是最佳的首选研究对象(图 9-1)。一方面,该城址经过长期考古发掘,田野资料积累较多。另一方面,西汉是我国封建帝国的最终形成阶段,汉镜是中国镜鉴史上的一座高峰。有人说,在汉长安城址找不到镜子的踪迹,实则不然。在这座都城遗址中,不仅出有镜子,而且还达到了一定的数量,只不过不像在汉墓中出土的铜镜形制完整且品相较好。在遗址中寻找镜子,更像在沙里淘金,一星半点,多为残片,但仍积淀着丰富的历史信息,需要耐心、细致地在较大范围内爬梳各类发掘资料。

未央宫位于汉长安城地势较高的西南隅(图 9-2),是最为重要的宫城区。汉班固

图 9-2 汉长安城未央宫遗址（刘庆柱供图）

图 9-3 未央宫中央官署遗址星云镜与博局镜钮座残片（《汉长安城未央宫：1980—1989年考古发掘报告》，图版九八：2、3）

《西都赋》："自未央而连桂宫，北弥明光而亘长乐。"[1] 1986~1987年，在其西面西宫门内路北的中央官署建筑遗址，发掘出星云镜钮座、博局镜钮座各一件（图9-3）。[2] 星云镜钮座为连峰式钮，座外绕一圈连弧纹。博局镜钮座，圆钮，四叶纹钮座，外有一周方框。该

---

1 （梁）萧统编、（唐）李善注：《文选》卷一《赋甲·京都上》，中华书局，2005年，27页。
2 中国社会科学院考古研究所：《汉长安城未央宫：1980—1989年考古发掘报告》，中国大百科全书出版社，1996年，83页，图版九八：2、3。

图 9-4 桂宫五号建筑基址铜镜残片拓本（《汉长安城桂宫：1996—2001 年考古发掘报告》，153 页，图二五：6、7）

地出土的铜镜残块，反映出汉长安城未央宫中央官署官吏们使用铜镜的情况。

未央宫北临桂宫，这是后妃们居住的宫室所在，创建于汉武帝时期、毁于新莽末年。因我国古代传说月中有树曰桂，故以桂代指月亮，"桂宫"一名有可能是将此宫殿区比喻为月宫。《西京杂记·四宝宫》："武帝为七宝床、杂宝案、厕宝屏风、列宝帐，设于桂宫，时人谓之四宝宫。"[1] 1996~2000 年，在桂宫一号、三号建筑基址出有铜镜残片各一件，五号建筑基址发现四乳禽兽镜、两周锯齿纹夹双线波折纹镜缘残片各一件（图 9-4）。[2] 桂宫所见铜镜残片，透露出后宫嫔妃或宫女等用镜的一些历史信息。与宫外一般社会阶层生活中所使用的铜镜种类基本相同，看不出有太大差别。汉长安城南郊礼制建筑为新莽时期营建。1960 年，在位于王莽九庙西南社稷范围内的十三号遗址 3 号灰坑中，清理出一件星云镜连弧镜缘残片。[3]

长安城内外遗址出土实物资料均为铜镜残片，在位于长安城东南少陵原上的西汉宣帝杜陵，居然还能找到完整的铜镜。1984 年，在杜陵寝园东部的便殿遗址 1 号窖穴内清理出一面昭明镜，铭文清晰可见。镜为圆形，圆钮，圆钮座，座外有内向八连弧纹一

---

1 《西京杂记》卷二"四宝宫"条，107 页。
2 中国社会科学院考古研究所等：《汉长安城桂宫：1996—2001 年考古发掘报告》，文物出版社，2007 年，24、29、153 页，图二五：6、7，图版一三：6。
3 中国社会科学院考古研究所：《西汉礼制建筑遗址》，文物出版社，2003 年，155 页，图版 20。

图 9-5　西汉杜陵便殿遗址 1 号窖穴昭明镜（《汉杜陵陵园遗址》，图版 90：3）

周，外为铭文带："内清以昭明，光日月。"宽平素缘。直径 8.2、缘厚 0.35 厘米（图 9-5）。在宣帝皇后孝宣王皇后陵寝殿东门遗址附近的汉代文化层中，清理出两件西汉铜镜残片。[1] 这些镜子应该是守陵的宫妃或宫女所用之物，均属于西汉中晚期遗物。杜陵为汉宣帝的陵寝，宣帝曾留下一段有关身毒小镜的佳话。传说宣帝登基之前，亲佩一面身毒宝镜，多次化险为夷。即帝位后，以之为宝，倍加珍爱，后下落不明。《西京杂记·身毒国宝镜》："宣帝被收系郡邸狱，臂上犹带史良娣合采婉转丝绳，系身毒国宝镜一枚，大如八铢钱。旧传此镜见妖魅，得佩之者为天神所福，故宣帝从危获济。及即大位，每恃此镜，感咽移辰。常以琥珀笥盛之，缄以戚里织成锦，一曰斜文锦。宣帝崩，

1　中国社会科学院考古研究所：《汉杜陵陵园遗址》，科学出版社，1993 年，57、74 页，图版 90：3。

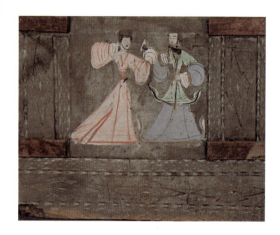

图 9-6　偃师新莽壁画砖上的《览镜图》
（张应桥供图）

不知所在。"[1] 身毒宝镜是否随葬杜陵中，后人不得而知，但在杜陵地面建筑遗址中发现铜镜确有其事。

通过对汉长安城址出土铜镜资料的梳理，可以归纳出以下几个特点：一、铜镜多为残片；二、零星分布；三、均为普通品，看不出铜镜使用者身份、等级的差别；四、都城遗址发掘品与汉墓出土铜镜种类的一致性，说明墓中随葬铜镜应是生活日用品；五、都城遗址铜镜残片，与汉墓中出土镜残片的内涵有时不太一样，遗址所见残片，一般为日常生活中不慎打碎后的废弃物，墓葬残损镜片有时是为了表达夫妻生死离别，有意将一镜打破，各执一半，带着企盼破镜重圆的美好愿望；六、汉长安城遗址内外所出铜镜残片，均为西汉时期，与都城的使用时间，具有高度的一致性。

出土于城市角落的铜镜残片，只能说明当时人使用过铜镜的形制与种类，却无法缀

---

[1] 《西京杂记》卷一"身毒国宝镜"条，30 页。

图 9-7 安徽灵璧东汉画像石上的《梳妆图》拓本(《中国画像石全集》第 4 卷《江苏、安徽、浙江汉画像石》，139 页)

合与复原人们使用铜镜的生活场景，借助一些生动的图像资料，会让我们清晰地看到汉人使用镜子的状况。在河南偃师一座新莽墓壁画中，有一幅览镜图，一女子手持镜钮系组，对镜端详（图 9-6），[1] 形象地描绘出新莽时期人们使用镜子的方式之一。

无论是东汉班固的《两都赋》，还是张衡的《两京赋》，均反映出在汉人的思想观念中，东西两京总是相提并论的。西汉长安城遗址的文化堆积相对单纯，在经历了西汉、新莽之后基本废弃不用。东汉建都洛阳之后，历经曹魏、西晋、北魏三代，所以被后人统称为"汉魏洛阳故城"。其各个时期文化层堆积深厚，内城中的东汉遗存被后世破坏严重，而位于城市南郊的遗迹保存相对较好，偶尔会发现铜镜残片或铁镜。

1964 年，考古工作者在汉魏洛阳故城南郊偏西南一片高地上，发掘了一处东汉刑徒墓地。在墓地晚期地层中，采集了一件铜镜桥形残钮。[2] 1972 年，在城址南郊礼制建筑辟雍中心大型夯土建筑基址西南部出土一面东汉铁镜。[3] 1973 年，第二次发掘汉魏洛阳故城

---

1 曹建强：《洛阳新发现一组汉代壁画砖》，《文博》2009 年 4 期。陈长虹认为，这一览镜女子形象应是梁高行的画像，参见陈长虹《汉魏六朝列女图像研究》，科学出版社，2016 年，81 页。
2 中国社会科学院考古研究所：《汉魏洛阳故城南郊东汉刑徒墓地》，文物出版社，2007 年，42 页。
3 中国社会科学院考古研究所：《汉魏洛阳故城南郊礼制建筑遗址》，文物出版社，2010 年，166、167 页，图 126：1；图版一〇七：6。

图9-8 南阳东汉画像石上的览镜女子像拓本（《中国画像石全集》第6卷《河南汉画像石》，184页）

太学遗址，出土汉魏时期铜镜残片两小块。1980年，第六次发掘太学遗址，在一处东西向排房建筑基址上清理出镜缘残片一块。[1] 从目前发表的考古资料来看，汉魏洛阳故城遗址中出土的铜镜残片，数量明显少于西汉长安城遗址。让人略感宽慰的是，留存于世数量较多、画面丰富的东汉画像石资料，在一定程度上可以弥补一些缺憾，今人可以更加直观、生动地看到东汉人在某些特定的生活场景中使用铜镜的状况。

这些图像资料所反映的内容大致可分为览镜与持镜两类。览镜者的姿势分为跽坐与站立。如安徽灵璧县九顶镇出土一块东汉画像石上，一位女子跽坐于楼阁上层照镜梳妆（图9-7）。在河南南阳一块画像石上，一女子跽坐，左手抱壶，右手执镜，凝视着自己的面容（图9-8）。[2]

有关持镜者的画像石亦可举出两例。在四川成都曾家包2号东汉晚期墓两扇墓门上，均雕刻有站立持镜的女子（图9-9）。在南阳英庄出土一块东汉画像石上，一女子持镜而立（图9-10）。[3] 这些图像以写实的手法，记录了东

---

1 中国社会科学院考古研究所：《汉魏洛阳故城南郊礼制建筑遗址》，273、275页，图219：1、2、3。
2 汤池主编：《中国画像石全集》第4卷《江苏、安徽、浙江汉画像石》，山东美术出版社，2000年，139页；王建中主编：《中国画像石全集》第6卷《河南汉画像石》，河南美术出版社，2000年，184页。
3 成都市文物管理处：《四川成都曾家包东汉画像砖石墓》，《文物》1981年10期；王建中主编：《中国画像石全集》第6卷《河南汉画像石》，142页。

图9-9 成都曾家包东汉墓门上的持镜女子像（苏奎摄影）

汉时期人们在日常生活中用镜的历史瞬间，为今天的读者进一步了解汉人的生活细节提供了具有可视性的珍贵资料。

汉代东西两京城址发现铜镜资料的确是一鳞半爪，难窥历史全貌，所幸有东汉画像石上的图像略可弥补实物资料之不足。除了两汉都城所见铜镜之外，在后世的城址中亦有铜镜的发现。唐代薛逢《灵台家兄古镜歌》，以诗歌的形式记录了当时人称"赫连城"的十六国时期统万城下耕地偶然出土的汉镜：

图9-10 南阳画像石上的持镜女子像拓本（《中国画像石全集》第6卷《河南汉画像石》，142页）

一尺圆潭深黑色，篆文如丝人不识。耕夫云

住赫连城，赫连城下亲耕得。镜上磨莹一月余，日中渐见菱花舒。金膏洗拭铦涩尽，黑云吐出新蟾蜍。人言此是千年物，百鬼闻之形暗栗。玉匣曾经龙照来，岂宜更鉴农夫质。有时霹雳半夜惊，窗中飞电如晦明。盘龙鳞胀玉匣溢，牙爪触风时有声。

耕夫不解珍灵异，翻惧赫连神作祟。十千卖与灵台兄，百丈灵湫坐中至。溢匣水色如玉倾，儿童不敢窥泓澄。寒光照人近不得，坐愁雷电湫中生。吾兄吾兄须爱惜，将来慎勿虚抛掷。兴云致雨会有时，莫遣红妆秽灵迹。[1]

从诗中的记述来看，灵台家兄收藏的这面古镜，为直径约一尺的圆镜。"深黑色"应是黑漆古，"篆文如丝"说明铜镜铭文为笔画纤细的篆书体。"黑云吐出新蟾蜍"，是将镜背锈蚀去除后露出蟾蜍纹。"盘龙鳞胀"，是说镜上还有盘龙纹。由此来看，有可能是一面汉代尚方四神博局镜。耕夫无法理解古镜的珍奇灵异之处，以为是赫连勃勃显灵害人，故将这面汉镜以一万钱的价格卖给了灵台家兄。

这面古镜的来源，据说是耕夫自己在赫连城下耕地时所得。赫连城，应是指十六国时期赫连勃勃营建的大夏国都统万城（图9-11）。匈奴南单于曾娶汉宗室女，其子孙以刘为姓。至刘虎时，以"铁弗"为号。东晋义兴三年（407年），刘虎的后人勃勃（亦名屈孑）僭称大夏天王，"屈孑耻姓铁弗，遂改为赫连氏，自云徽赫与天连"[2]。东晋义熙九年（413年），赫连勃勃"以叱干阿利领将作大匠，发岭北夷夏十万人，于朔方水北、黑水之南营起都城。勃勃自言：'朕方统一天下，君临万邦，可以统万为名。'阿利性尤工巧，

---

1 《全唐诗》卷五四八《薛逢》，6375页。
2 《魏书》卷九五《屈孑传》，中华书局，1984年，2056页。

图 9-11 陕西靖边县十六国时期大夏国统万城遗址鸟瞰（中国国家博物馆供图）

然残忍刻暴，乃蒸土筑城，锥入一寸，即杀作者而并筑之。勃勃以为忠，故委以营缮之任"。并"以宫殿大成，于是赦其境内，又改元曰真兴。刻石都南，颂其功德"。刻石中记述统万城内的宫殿，"温宫胶葛，凉殿峥嵘，络以随珠，绵以金镜"。统万城"背名山而面洪流，左河津而右重塞。高隅隐日，崇墉际云，石郭天池，周绵千里"[1]。四面有门，南门曰朝宋门，东门为招魏门，西门称服凉门，北门是平朔门。

统万城城址位于今陕西省靖边县红墩界乡白城子村北一公里处。创建于 413 年，毁于 994 年。分为外郭城、东城与西城。外郭城平面略呈东西向长方形，东西城垣相距 5 公里，南北垣长度不详。城墙破坏严重，东城与西城平面呈南北向长方形，其间以墙相隔，周长分别为 2566、2470 米。西城为当时统万城的内城，东城系后建（图 9-12）[2]。

---

1 《晋书》卷一三〇《赫连勃勃载记》，3201—3216 页。
2 陕西省文管会：《统万城城址勘测记》，《考古》1981 年 3 期。

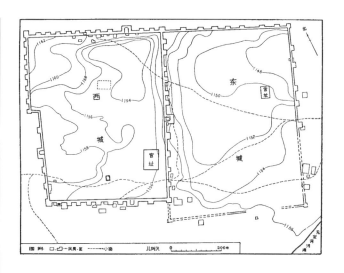

图 9-12 统万城遗址平面示意图(《统万城城址勘测记》,《考古》1981 年 3 期)

《晋书》记载统万城内的温宫、凉殿,"络以隋珠,缀以金镜"。在这座曾经盛极一时的都城遗址出土一面古镜,应是符合情理的事实。1956 年,由陕西省文物管理委员会、博物馆组成的陕北文物调查征集组在统万城城址做了初步调查。当时,城址内外居住有 40 多户人家,先后在城中发现一些箭镞、花方砖、大瓦、铜印和铜镜等。调查组还征集到一面直径 5.6 厘米的元代秘戏纹铜镜。[1]

在唐诗中,古镜是诗人们关注的创作素材。除了薛逢《灵台家兄古镜歌》这首叙事诗之外,还有陈陶的《古镜篇》:

　　紫皇玉镜蟾蜍字,堕地千年光不死。发匣身沉古井寒,悬台日照愁成水。
海户山窗几梳绾,菱花开落何人见。野老曾耕太白星,神狐夜哭秋天片。下国

---

[1] 陕北文物调查征集组:《统万城遗址调查》,《文物参考资料》1957 年 10 期,陕西历史博物馆编:《千秋金鉴》,518 页。

图 9-13 清代《古井图》
(《点石斋画报·大可堂版》
2, 159 页)

青铜旋磨灭，回鸾万影成枯骨。会待搏风雨沉寥，长恐莓苔蚀明月。[1]

诗中"发匣身沉古井寒"一句，点明了这面古镜曾沉入井中。唐人小说《敬元颖》也讲述了井中古镜的故事，描写得更加具体、详细，曲折生动（图 9-13）。"井中淘宝"这件事发生在唐代天宝年间东都洛阳城洛北里坊区的清化坊，来自金陵的陈仲躬让两人入井，从井底淘出一面古镜。

> 天宝中，有陈仲躬家居金陵，多金帛。仲躬好学，修词未成，乃携数千金，于洛阳清化里假居一宅。其井尤大，甚好溺人。仲躬亦知之。……仲躬乃当时

---

[1] 《全唐诗》卷七四五《陈陶一》，8562 页。

命匠，令一亲信者与匠同入井中，但见异物，即令收入。至底无别物，唯获古铜镜一枚，面阔七寸七分。仲躬令洗净安匣中，焚香以洁之，斯乃敬元颖者也。……其镜背有二十八字，皆科斗书。以今文推而写之曰："维晋新公二年七月七日午时，于首阳山前白龙潭铸成此镜，千年后世。"于背上环书，一字管天文一宿，依方列之，则左有日而右有月，龟龙虎雀，并依方安焉。于鼻䏶题曰："夷则之镜。"[1]

从文字描述来看，出土于清化坊井底的铜镜"左有日而右有月，龟龙虎雀，并依方安焉"，外周饰以28字铭文，应是四神铭文镜。此镜"面阔七寸七分"，以唐大尺推算，一尺长30.3厘米，[2] 此镜直径约为23.33厘米。这条记载源于文学作品，不一定准确。这篇小说的作者为谷神子，学界多认为是郑还古，是元和年间进士，家居东都洛阳，曾任太学博士、河中从事、吉州掾等。[3]

小说《敬元颖》井中淘出的古镜，在现实中可以找到与之基本对应的实物资料。1973年8月，浙江省上虞县文化站收集到一面唐代天象镜，[4] 已破成两半，边缘部分略有残损。正面磨光，背面中央为一瓦钮。以钮为中心，铸出三个同心圆。在最内圈的小圆内，围绕镜钮分布着以圆圈表示的日、月，以圆点代表金、木、水、火、土星，加在一起称为"七曜"。其外侧饰以左青龙，右白虎，下朱雀，上玄武，即为"四神"，后两种动物两侧各立一仙人，玄武内侧饰以北斗七星。四神之外，为三周楷书体铭文带，内

---

1 （唐）谷神子撰：《博异志》"敬元颖"条，中华书局，1980年，2—4页。
2 唐代大尺的量值，参见丘光明《中国历代度量衡考》，科学出版社，1992年，88页。
3 朱一玄等：《中国古代小说总目提要》，人民文学出版社，2005年，90页。
4 任世龙：《浙江上虞县发现唐代天象镜》，《考古》1976年4期。

图 9-14 浙江上虞发现的唐代天象镜拓本（《浙江上虞县发现唐代天象镜》，《考古》1976 年 4 期）

圈铭文为二十八宿名称，自东方七宿开始，依次为角、亢、伍（氐）、房、心、尾、箕，北方七宿斗、牛、女、虚、危、室、壁，西方七宿奎、娄、胃、昴、毕、觜、参，南方七宿井、鬼、柳、星、张、翼、轸。中圈铭文带内，铸天干、地支，相间排列。自正北子始，由北向东，依次为：子、癸、丑、寅、甲、卯、乙、辰、己、丙、午、丁、未、申、庚、酉、辛、戌、亥、壬，缺少"戊""巳"。外圈铭文带内，铸有八卦符号及铭文一周，相间排列。铭文为："铭百炼神金，九寸圆形，禽兽翼卫，七曜通灵，鉴□天地，威□□□，□山仙□，奔轮上清。"直径 24.7、厚 4~5 厘米（图 9-14）。

小说中描述的清化坊古镜，与上虞唐镜实物的相同点是镜"背上环书，一字管天文一宿，依方列之，则左有日而右有月，龟龙虎雀，并依方安焉"，直径数据接近。不同之处在于，古镜"镜背有二十八字，皆科斗书"，较难辨识，而上虞唐镜背最外圈有 33 字楷书铭文，易于辨认。从铜镜的纹饰与铭文来看，应与唐代道教上清派有一定关系。对于天宝年间而言，此镜非古镜，而是当时人使用的铜镜。看来唐人写小说，也是取材于

图 9-15　隋唐洛阳东城遗址唐代瑞兽葡萄镜（《隋唐洛阳城：1959—2001年考古发掘报告》第四册，图版 90：4）

现实生活。1980 年，在位于隋唐洛阳城清化坊遗址范围内的老城青年宫发现一眼古井，井内出土唐代三彩莲花盘 2 件，骨器 1 件和开元通宝铜钱 17 枚，[1] 未见铜镜的影子。在清化坊西侧，与之相邻的东城东墙护城濠遗址中出土铜镜 6 面，[2] 其中有一面唐代瑞兽葡萄镜。这面镜子为圆形，伏兽钮。镜背以一圈凸棱分为内、外两区。内区有 5 只高浮雕瑞兽，其间夹饰葡萄蔓枝、叶实纹。外区饰瑞兽、飞禽、葡萄蔓枝、叶实纹。镜缘饰一周蔓草纹。直径 14、缘厚 1.5 厘米（图 9-15）。[3] 另外 5 面应为宋镜，包括人物故事镜 1 面，镜钮侧旁有三人和树；云纹镜 1 面，钮外为一周椭圆形纹饰，再外一周为云纹；葵口镜

1　张长森等：《洛阳新近出土两件三彩莲花盘》，《中原文物》1981 年 2 期。
2　中国社会科学院考古研究所洛阳唐城队：《北宋西京洛阳监护城壕的发掘》，《考古》2004 年 1 期。东城位于宫城、皇城与里坊区之间，隋唐时期为衙署办公之地，北宋设洛阳监。
3　中国社会科学院考古研究所：《隋唐洛阳城：1959—2001 年考古发掘报告》第一册，250 页。

3面，钮外有多种纹样。有一面铭文镜，钮外有两周凸棱。内周凸棱外侧有隶书"福寿家安"铭文，铭文之间以"米"字纹相隔；外周凸棱外侧有"清素传家，永用宝鉴"小篆铭文。此类铭文镜在河南安阳、遂平等地宋墓中曾有出土。洛阳东城护城濠遗址所出6面铜镜，是隋唐洛阳城遗址考古发掘出土铜镜数量最多、最为完整的一次。

此外，在宫城、皇城、外郭城等地也有铜镜残片或完整品的零星出土。如宫城大内西区中部二号发掘区一座灰坑内，发现残铜镜一面，圆形，背面有阳文楷书铭文"灰拂去尘，光如一片水"，三角缘，复原直径12.9、缘厚1厘米。应为隋至初唐时期的铜镜。大内西区西部二号发掘区宋代一号建筑基址出土一面圆形花草纹铜镜，直径14、缘厚0.29厘米。在位于大内北部的苑囿区陶光园遗址出有铜镜两面，其中一面花卉纹镜残片出于花圃遗迹范围内，残长5、宽3.5、缘厚0.7厘米。[1]1959年，在隋唐洛阳宫城西部九州池东侧205号探方第二层，出土绳纹砖、布纹瓦片及铜镜等。[2]1981年，对宫城西夹城遗址进行了发掘，出有铜镜残片。[3]另在西夹城七号唐代建筑基址发现残铜镜一面，残长10.4、宽5.7、厚1.1厘米。[4]

宫城之南为衙署办公的皇城。在皇城遗址中部偏北发掘了一座隋末唐初王世充割据政权郑开明二年（620年）裴氏墓，出土三角缘四神镜一面。[5]隋末王世充被秦王李世民率领的唐军围困洛阳城中，导致皇城内也成了埋葬死人的茔域，所以才出现城中有墓的奇怪现象。在皇城右掖门址以东区域出有宋代花卉纹铜镜、锈蚀铁镜各一面[6]。

---

1 中国社会科学院考古研究所：《隋唐洛阳城：1959—2001年考古发掘报告》第二册，565、608、660页。
2 中国社会科学院考古研究所洛阳工作队：《"隋唐东都城址的勘查和发掘"续记》，《考古》1978年6期。
3 洛阳市文物工作队：《1981年河南洛阳隋唐东都夹城发掘简报》，《中原文物》1983年2期。
4 中国社会科学院考古研究所：《隋唐洛阳城：1959—2001年考古发掘报告》第三册，858页。
5 曾意丹：《洛阳发现郑开明二年墓》，《文物》1978年3期。
6 中国社会科学院考古研究所：《隋唐洛阳城：1959—2001年考古发掘报告》第一册，197—199页。

自皇城南望，跨过洛水，是面积较大的洛南里坊区，为隋唐洛阳城居民区。1992~1993年，考古工作者对位于外郭城洛南里坊区东南隅履道坊内唐代诗人白居易宅院遗址做了科学发掘，出土铜镜两面[1]。1998年，在发掘隋唐洛阳外郭城正南门定鼎门遗址西侧城墙上层时，清理一座金元时期墓葬，发现四叶纹铜镜一面[2]。

洛阳城所见铜镜的情况较为复杂，因为城址使用时间跨度较大，从隋唐到宋元时期的铜镜均能在城址中发现。出土铜镜的地点分为两类，一类是遗址，见到的铜镜残片较多，完整品也有一些；另一类是位于城市中的墓葬，这是由于特殊历史原因造成的非正常埋葬，因战争爆发或城市废弃，而成为坟茔。相比之下，隋唐长安城遗址由于被现代西安城所覆压，城址内配合基本建设的考古发掘项目相对较少，仅见唐大明宫清思殿遗址出土17块铜镜残片[3]。

无论是"耕人犁破宫人镜"的六朝建康城，还是"赫连城下亲耕得"的统万城，国力强盛的汉唐东西两京，作为日常生活用具的铜镜与城市中不同身份、等级的居民之间，总是有着密不可分的关系。一面面或完整或残破的镜子，映照出的是不同时代社会生活的真实缩影。这些可以触摸到的镜子，看似普通，却承载着千年之前的历史信息。"望明月而抚心，对秋风而掩镜"[4]，吟诵着西汉班婕妤《捣素赋》中的两句，凝视着几座城址出土的古镜残片，将我们的思绪带回到了那遥远而又威猛的汉唐时代。

1　中国社会科学院考古研究所：《隋唐洛阳城：1959—2001年考古发掘报告》第一册，124页。
2　中国社会科学院考古研究所等：《定鼎门遗址发掘报告》，《考古学报》2004年1期。
3　马得志：《唐长安城发掘新收获》，《考古》1987年4期。
4　费振刚等校注：《全汉赋校注》上册，336页。

镜殿写青春

说起中国古代的镜殿，顾名思义即墙壁上嵌镜的宫殿，有点像法国凡尔赛宫的镜廊。唐代最负盛名的镜殿，是位于唐长安城东北隅大明宫内的清思殿。它既是一座起居便殿，供皇帝游乐、休憩，也是一座用三千片铜镜装饰起来的著名镜殿。从清思殿所处位置来看，它不在大明宫南北中轴线上的主要宫殿区内，而是位于其东北，有关大明宫的早期文献中未见其名，有可能是后来增建的（图10-1）。翻检多种史书，可对清思殿的历史沿革有一个大概了解。唐代穆宗、敬宗父子两人皆好打马球，清思院内就有一个马球场（图10-2）。穆宗皇帝驾崩于清思殿。《新唐书·穆宗纪》：长庆四年（821年）正月，"壬申，皇帝崩于清思殿，年三十。"[1] 穆宗长子李湛十六岁登基，是为敬宗，十八岁时被太监、军将等谋害。

长庆四年四月，染坊匠人张韶与卜者苏玄明率百余人入左银台门作乱，攻入清思院，当时敬宗正在院内打马球。《新唐书·敬宗纪》载，长庆四年"四月丙申，击鞠于清思殿。染坊匠张韶反，幸左神策军，韶伏诛"[2]。

---

1 《新唐书》卷八《穆宗纪》，226页。
2 《新唐书》卷八《敬宗纪》，227页。

鉴若长河：中国古代铜镜的微观世界

图 10-1　唐大明宫建筑群（微缩模型；《唤醒遗迹》，263 页）

图 10-2　扬州邗江王庄征集唐打马球铜镜（霍宏伟摄影）

敬宗执政之后，不仅爱好马球运动，而且还大兴土木，肆意营建。《旧唐书·敬宗纪》特意提到敬宗的一大喜好，"帝性好土木，自春至冬，兴作相继"；宝历元年（825年）闰七月，"诏度支进铜三千斤、金薄十万翻，修清思院新殿及升阳殿图障"[1]。《旧唐书·薛廷老传》："敬宗荒恣，宫中造清思院新殿，用铜镜三千片、黄白金薄十万番。"[2] 有多种文献记述了敬宗用三千片铜镜装饰清思殿一事，《旧唐书》说得较为含蓄，只是说"敬宗荒恣"，意为唐敬宗放纵恣肆，无所约束，从中可以推测出敬宗营建镜殿的目的是为了纵情享乐而建。

用三千片铜镜装饰豪华的清思殿，在唐晚期黄巢起义、朱温迁昭宗于东都，以及军队大肆的掠夺、毁城行动中荡然无存。只有殿基默默地埋于厚厚的黄土之下，期待着与今人的相逢。20 世纪 80 年代前期，考古工作者对位于隋唐长安城东北隅大明宫中的几座建筑基址进行了发掘。1981 年，在揭露一座近方形的殿堂基址时，挖出了 17 片铜镜残片、一些鎏金铜饰残片、开元通宝铜钱以及石质黑白围棋子多枚，还有一件刻有"同均府左领军卫"七字、用于出入宫门的铜鱼符。[3]

有一定田野考古经验的人都很清楚，在墓葬中发掘出铜镜，尤其是完整的铜镜较为常见，但是在遗址之中，想要找到一块铜镜残片是非常困难的。近半个多世纪以来，隋唐长安城遗址包括大明宫的发掘，极少见到出土铜镜的报道。[4] 即使在位于隋唐长安城西北的汉长安城址中，数十年持续不断的考古发掘，也只是零星地清理出一些铜镜残片。当大家将关注点重新转移到这座发现了 17 片铜镜残片的唐代殿基时，也许情不自禁会产

---

1 《旧唐书》卷一七上《敬宗纪》，516、520 页。
2 《旧唐书》卷一五三《薛廷老传》，4090 页。
3 马得志：《唐长安城发掘新收获》，《考古》1987 年 4 期。
4 中国社会科学院考古研究所等编：《唐大明宫遗址考古发现与研究》，文物出版社，2007 年。

图10-3 唐大明宫清思殿遗址发掘现场俯瞰（西北→东南；《唐长安城发掘新收获》，《考古》1987年4期）

生这样的疑问：为什么在这座建筑基址集中出土了这么多的铜镜残片呢？

经过考古专家缜密考证得知，这座宫殿正是文献记载唐敬宗在位期间营建的清思殿基址。殿址位于大明宫左银台门内西北280多米处，其平面略近方形，东西长33、南北宽28.8米（图10-3）。在该殿基下叠压有早期建筑遗址，反映出唐敬宗拆除旧殿营建新殿的史实。

殿基北面有两个砖砌踏步，南面则无，有人推测原为木构踏步。南面有散水，其南侧有一条宽3米的东西向砖铺路。路南为平坦开阔的场地，未见其他任何建筑遗迹，应是殿前的庭院，即文献中记述的"清思院"。"清思"，意即清雅美好的情思，或是清静地思考。唐孟郊《立德新居》诗之一："碧峰远相揖，清思谁言孤。"[1]

发掘者马得志认为，清思殿面阔约七间，进深约五间。傅熹年提出，该殿"合112

---

[1] 《全唐诗》卷二七六《孟郊五》，4237页。

尺×98尺。据尺寸推算，应是一座重檐方殿。殿身面阔五间，进深四间，每间间广16尺，副阶进深12尺。……是大明宫在唐中后期所建的著名豪华建筑"[1]。杨鸿勋的观点与这两位学者的看法迥异。他推测，按台基尺寸应是面阔七间、进深六间。间宽4.5米，即唐一丈五尺，则通面阔为31.5米，即十丈五尺；通进深27米，即九丈。这座殿堂坐北朝南，台基前紧靠一条3米宽的砖铺甬路，证明它的正面没有

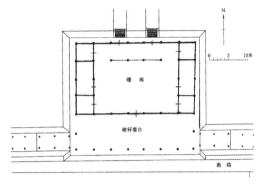

图10-4 清思殿柱网复原平面图（《杨鸿勋建筑考古学论文集》增订版，481页）

上殿的踏道，只是在殿基前沿左、右各设斜廊漫道出入殿堂。殿前甬路以南，经钻探为平坦的场地，没有建筑设置。从附近建筑的距离来看，它的范围至少在百米见方，即有1公顷的场地，如此开阔，也许这就是马球场的所在。此殿具有面临马球场的御用看台性质。推测台基上六间进深的前两间为敞轩，后四间为暖阁。阁内中央为堂，左、右应有"序"——旁室，这样才能满足对弈、宴饮、更衣之类的娱乐和休憩活动的需求（图10-4）。[2]

实际上，唐敬宗在大明宫用铜镜装饰殿堂，已非独创，早在其一百多年前的高宗在位期间，就曾在宫内营造过镜殿。《资治通鉴》卷二〇二载，唐高宗开耀元年（681年）

---

1 马得志：《唐长安城发掘新收获》，《考古》1987年4期；傅熹年主编：《中国古代建筑史》第二卷《三国、两晋、南北朝、隋唐、五代建筑》，中国建筑工业出版社，2001年，384页，柱网复原图见389页。

2 杨鸿勋：《杨鸿勋建筑考古学论文集》（增订版），清华大学出版社，2008年，480—481页，图5。

三月，少府监裴匪舒"又为上造镜殿，成，上与仁轨观之，仁轨惊趋下殿。上问其故，对曰：'天无二日，土无二王，适视四壁有数天子，不祥孰甚焉。'上遽令刬去"[1]。由此文献来看，在该镜殿中镜面是朝外的，所以才出现在"四壁有数天子"的影像效果。

萧至忠《荐福寺应制》诗中提到的"镜殿"，应该就是指高宗所建的这座宫殿："珠幡映白日，镜殿写青春。"[2]此诗是萧氏应皇帝之命所作。"荐福寺"，即大荐福寺，位于唐长安外郭城朱雀门街之东从北第二开化坊，原为达官贵人宅第。"文明元年，高宗崩后百日，立为大献福寺，度僧二百人以实之。天授元年，改为荐福寺。中宗即位，大加营饰。自神龙以后，翻译佛经，并于此寺。"[3]诗中所说的"珠幡"，即饰珠的旗幡，"镜殿"应是指高宗时营建的镜殿。因为在唐先天二年（713年），萧至忠依附太平公主，谋逆事泄，被斩。[4]

至于高宗为何要建造镜殿，《通鉴》未载，但在清代《渊鉴类涵·服饰部一一·镜二》中有一段记述，引自唐史："高宗以武后意，造镜殿，四壁皆镜，为白昼秘戏地。刘仁轨奏事入，惊曰：'天无二日，民无二王，适四座有数天子，不祥。'上立命刬去。"[5]清代褚人获《坚瓠集》引《艺林伐山》："唐高宗造镜殿，武后意也。四壁皆安镜。为白昼秘戏之需。帝一日独坐，刘仁轨入奏事，惊走下阶曰：'天无二日，土无二王，臣见四壁有数天子，不祥莫大焉。'帝令铲去，武后不悦。帝崩，后复建之。杨廉夫诗：'镜殿青春秘戏多，玉肌相照影相摩。六郎酣战明空笑，队队鸳鸯漾渌波。'胡应麟云：'六郎谓

---

1 《资治通鉴》卷二〇二《唐纪一八》，6401页。
2 《全唐诗》卷一〇四《萧至忠》，1091页。《全唐诗》卷七一有刘宪《奉和幸大荐福寺应制》，其内容与萧至忠的诗作完全相同。
3 （宋）宋敏求撰，辛德勇、郎洁点校：《长安志》卷七《唐京城一》，三秦出版社，2013年，257页。
4 《旧唐书》卷九二《萧至忠传》，2971页。
5 （清）张英、王士禛等奉敕撰：《渊鉴类涵》卷三八〇《服饰部一一·镜二》，上海古籍出版社，1992年，341页。

昌宗，明空即曌字耳。'但镜殿隋炀帝所造。《迷楼记》：'帝设铜屏四周殿上，白昼与宫人戏乐，纤毫皆入屏中。'高宗时武瞾用事，中外谓之二圣，仁轨盖假此以讽之也。"[1]

有关镜殿的具体方位，毫无疑问应该在唐长安大明宫内。《两京新记》云："初，高宗尝患风痹，以宫内湫湿，屋宇拥蔽，乃于此置宫。"[2] 武后所生睿宗李旦，就出生于大明宫内的含凉殿。《唐会要·帝号上》载，睿宗"龙朔二年六月一日，生于蓬莱宫含凉殿"[3]。段成式《酉阳杂俎·贝编》："睿宗初生含凉殿，则天乃于殿内造佛氏，有玉像焉。及长，闲观其侧，玉像忽言：'尔后当为天子。'"[4] 从文献来看，含凉殿应是武后的寝殿，位于大明宫南北中轴线上，后妃居住的寝殿区中部偏北。

值得注意的是，含凉殿东邻一殿，名为珠镜殿，位于宫内中轴线的东侧，后妃居住的寝殿区东北角，有可能就是《资治通鉴》所云高宗镜殿。该殿见于多种文献，如《唐六典·尚书工部》"大明宫"条注文云："其内又有麟德、凝霜、承欢、长安、仙居、拾翠、碧羽、金銮、蓬莱、含凉、珠镜、三清、含冰、水香、紫兰等殿。"[5]《资治通鉴》卷二四三"宝历二年十二月甲辰"条，胡三省注引《阁本大明宫图》："少阳院在浴堂殿东，其北又有温室、宣徽、清思、太和、珠镜等殿，不正在宫城东北隅也。"[6]《长安志·宫室四·唐上》载，大明宫南北中轴线上的蓬莱殿"后有含凉殿，殿后有太液池。……清晖阁。绫绮殿（在蓬莱殿之西）。殿北珠镜殿"[7]。或许是因这座宫殿中装饰有属于特种工艺

---

1 （清）褚人获：《坚瓠集》二集卷四"镜殿"条，《笔记小说大观》七，江苏广陵古籍刻印社，1983年，70页。
2 （唐）韦述撰、辛德勇辑校：《两京新记辑校》，三秦出版社，2006年，6页。
3 （宋）王溥：《唐会要》卷一《帝号上》，5页。
4 《酉阳杂俎》前集卷三《贝编》，24页。
5 （唐）李林甫等撰，陈仲夫点校：《唐六典》卷七《尚书工部》"大明宫"条小字注文，中华书局，2005年，219页。
6 《资治通鉴》卷二四三《唐纪五九》，7852页。
7 （宋）宋敏求撰，辛德勇、郎洁点校：《长安志》卷六《宫室四·唐上》，240页。

的珠镜而得名,文献语焉不详。品味一下唐人诗赋片断,也许能够弥补今人对于珠镜殿美好想象的缺憾。黄滔《明皇回驾经马嵬赋》:"镜殿三春,莫问菱花之照耀。骊山七夕,休瞻榆叶之芬芳。"[1]

用特种工艺镜装饰室内的例子,还有唐代五台山的菩萨堂院。开成五年(840年)五月十七日晚,日本僧人圆仁"与数僧上菩萨堂院"。"每年敕使别敕送香花宝盖、真珠幡盖、佩玉宝珠、七宝宝冠、金镂香炉、大小明镜、花毯白氎、珍假花果等,积渐已多。……其堂内外,七宝伞盖当菩萨顶上悬之。珍彩花幡、奇异珠鬘等,满殿铺列。宝装之镜,大小不知其数矣。"[2]文中所说的"敕使"即皇帝的使者,"别敕"是指皇帝另外赐给寺院一些物品,包括"大小明镜"。日本僧人在菩萨堂院亲眼看见了铺列殿堂、数量众多的"宝装之镜"[3]。

镜殿的营造史从唐代高宗、敬宗时期,往前可以追溯到隋代开皇、大业年间。隋开皇时,秦孝王杨俊镇守并州建有水殿,且以明镜为装饰。《隋书·秦孝王俊传》载,秦孝王杨俊于隋开皇六年(586年),"镇广陵。岁余,转并州总管二十四州诸军事。……于是盛治宫室,穷极侈丽。俊有巧思,每亲运斤斧,工巧之器,饰以珠玉。为妃作七宝幂䍦,又为水殿,香涂粉壁,玉砌金阶。梁柱楣栋之间,周以明镜,间以宝珠,极荣饰之美。每与宾客妓女,弦歌于其上"[4]。

---

[1] (清)董诰等编:《全唐文》卷八二二《黄滔一》,8659页。
[2] [日]圆仁撰、顾承甫等点校:《入唐求法巡礼行记》卷三,上海古籍出版社,1986年,117—118页。
[3] "宝装"是用珠宝加以装饰,宝装之镜应是加嵌了玉石、玻璃之类高贵材料的螺钿镜。参见尚刚:《唐代的特种工艺镜》,《古物新知》,生活·读书·新知三联书店,2012年,58—60页。
[4] 《隋书》卷四五《秦孝王俊传》,中华书局,1973年,1240页。

隋大业十二年（616年），炀帝至江都，"江都郡丞王世充献铜镜屏风"[1]。清代《渊鉴类涵》引唐刘仁轨《河洛记》："隋炀帝喜奢侈，幸江都。王世充献铜镜屏，帝甚喜，擢江都通守。"[2] 镜屏即框立于地上的铜镜。宋秦观《寄题赵侯澄碧轩》诗："卷帘几砚成图画，倚槛须鬟入镜屏。"[3] 宋代佚名撰《迷楼记》，对炀帝镜屏进行了演绎："其年，上官时自江外得替回，铸乌铜屏八面，其高五尺，而阔三尺，磨以成鉴，为屏，可环于寝所。诣阙，投进，帝以屏内迷楼，而御女于其中，纤毫皆入于鉴中。帝大喜曰：'绘画得其象耳，此得人之真容也，胜绘图万倍矣。'又以千金赐上官。"[4] 炀帝大规模营建富丽堂皇的扬州江都宫早已不存，在其宫城西南角，即蜀冈东峰，至今还保存着较高的地势，建有一座佛寺，称为观音山禅寺。据考古专家推测，这里应是炀帝修筑的迷楼故址（图10–5）。[5]

无论是秦孝王杨俊"周以明镜"的水殿，还是传说中炀帝的镜屏迷楼，都不是严格意义上的镜殿，名副其实的镜殿最早出现在南北朝时期的北齐国都邺南城，先后有两位皇帝营造镜殿。前一位是武成帝高湛，用数以万计的铜镜来装饰宫殿，令人震惊。北齐河清年间（562年），他在后宫东部新辟一区，营造修文殿、偃武殿及圣寿堂，殿内装饰铜镜数以万计。《历代宅京记》引《邺中故事》云："齐武成帝高湛，河清中，以后宫嫔妃稍多，椒房既少，遂拓破东宫，更造修文、偃武二殿及圣寿堂，装饰用玉珂八百，大小镜万枚，又以曲镜抱柱，门闼并用七宝装饰，每至玄云夜兴，晦魄藏耀，光明犹分数

---

1 《资治通鉴》卷一八三《隋纪七》，5716页。
2 （清）张英、王士禛等奉敕撰：《渊鉴类涵》卷三八〇《服饰部一一·镜二》，341页。
3 （清）吴之振等选、（清）管庭芬等补：《宋诗钞·淮海集钞》，1156页。
4 （明）陶宗仪纂：《说郛》卷三二，涵芬楼影印本，中国书店，1986年，6册，12页。
5 中国社会科学院考古研究所等：《扬州城：1987—1998年考古发掘报告》，文物出版社，2010年，256页。

图 10-5 扬州隋江都宫迷楼故址（汪勃供图）

十步。""圣寿堂"条，《邺中记》曰："在修文、偃武殿后，其堂亦用玉珂八百具，大小镜二万枚，又为曲镜抱柱，丁香末以涂壁，胡桃油以涂瓦，四面垂金铃万余枚，每微风至，则方圆十里间响声皆彻。"[1]

后一位是北齐幼主高恒，步高湛之后尘，于承光元年（577 年）营建镜殿，位于后宫北部的中轴线上。不久，北齐被北周所灭。《北齐书·幼主纪》："帝承武成之奢丽，以为帝王当然，乃更增益宫苑，造偃武修文台，其嫔嫱诸院中起镜殿、宝殿、玳瑁殿，丹青雕刻，妙极当时。"[2] 随着北齐政权的覆灭，富丽堂皇、奢华至极的镜殿土崩瓦解，埋没于北周大军的铁蹄之下，只留下一座座废墟，让后人凭吊、感伤。唐代韩偓的诗作《北齐二首》，描绘了这一段不堪回首的历史：

　　　　任道骄奢必败亡，且将繁盛悦嫔嫱。几千奁镜成楼柱，六十间云号殿廊。

---

[1] （清）顾炎武著、于杰点校：《历代宅京记》卷一二《邺下》"宫内"条，中华书局，2004 年，184 页。顾氏所引资料，源自明嘉靖《彰德府志》卷八《邺都宫室志》，此卷应出自宋《相台志》。

[2] 《北齐书》卷八《幼主纪》，中华书局，1972 年，113 页；《北史》卷八《齐本纪下》"幼主"条有相同记载。

图 10-6 邺南城正门朱明门遗址发掘现场（《邺城文物菁华》，82 页）

后主猎回初按乐，胡姬酒醒更新妆。绮罗堆里春风畔，年少多情一帝王。

神器传时异至公，败亡安可怨匆匆。犯寒猎士朝频戮，告急军书夜不通。

并部义旗遮日暗，邺城飞焰照天红。周朝将相还无体，宁死何须入铁笼。[1]

北齐镜殿所在的都城，就是考古学者说的"邺南城遗址"，位于河北省临漳县境内，为东魏、北齐两朝都城。因建城之初掘得神龟，就将城建为龟形。1983 年，考古工作者对该城址进行了勘探、发掘（图 10-6）。经过普探，在城址中央偏北发现了宫城。宫城东西约 620、南北 970 米。四面有宫墙遗迹。城内探出建筑基址 15 座，多数距地表深 4 米左右，其上覆盖流沙层。东宫墙北端已超出北宫墙，这种现象很可能是文献中记载的

---

1 《全唐诗》卷六八二《韩偓三》，7887—7888 页。

图 10-7 邺南城遗址出土印纹砖与瓦当拓本（《河北临漳县邺南城遗址勘探与发掘》，《考古》1997 年 3 期）

北齐中后期扩建宫城的结果，北齐两位皇帝营建的镜殿应该在此区域内。考古发掘出土了一些建筑材料，如带字"千秋"或莲花纹的印纹残砖块，"富贵万岁"铭文残瓦当、莲花纹残瓦当等（图 10-7），[1] 我们期待中的铜镜连一块残片都未见到，只能等待未来的考古发掘或许带来的惊喜。

在比北齐更早的西晋国都洛阳城，位于宫城北部寝殿区内有一座仁寿殿，殿前庭院中立有一面大方镜。《河南志》附有清代庄璟摹本《晋都城图》。从图上来看，仁寿殿位于西晋宫城西北隅，东邻中轴线上的显阳殿，西临延休殿（图 10-8）。这面大方铜镜，形制较大，立于仁寿殿前的庭院之中，令观者印象深刻。《河南志·晋城阙古迹》引《晋宫阁名》及《洛阳宫殿簿》云，仁寿殿，"殿前有大方铜镜，向之，写人形体"[2]。西晋文学家陆机《与弟云书》曰："仁寿殿前有大方镜，高可五尺余，广三尺二寸，立着

---

[1] 中国社会科学院考古研究所等：《河北临漳县邺南城遗址勘探与发掘》，《考古》1997 年 3 期。
[2] （清）徐松辑、高敏点校：《河南志·晋城阙古迹》，中华书局，1994 年，70 页。

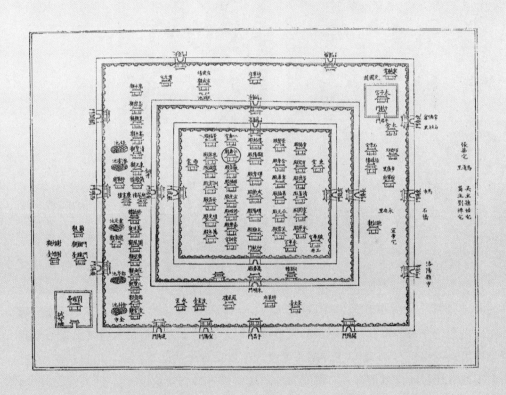

图 10-8　西晋洛阳城平面复原图(《洛阳涧滨东周城址发掘报告》,《考古学报》1959 年 2 期)

图10-9 淄博西汉齐王墓五号器物坑龙纹镜及拓本（图版由徐龙国提供；拓本引自《贾文忠全形拓精选集》下册，66页）

庭中。向之，便写人形体，亦怪事也。"[1] "高可五尺余，广三尺三寸"，以晋尺一尺长为24.4厘米换算，[2] 应高约122、宽约80.5厘米。当照镜者站在大方镜前，镜中就能清晰地照出人形，令人称奇。仁寿殿前的大方镜早已不存，今天在洛阳西晋墓出土最大的圆形铜镜直径也只有15.2厘米，从未见过方形或长方形的西晋铜镜。值得庆幸的是，山东淄博窝托村西汉早期齐王墓第五号器物坑，出土了一面龙纹五钮长方镜，现藏淄

---

[1] 《北堂书钞》卷一三六《服饰部三·镜六五》，552页。《初学记》卷二五《镜九》《太平御览》卷七一七《服用部一九·镜》，皆有类似记载。
[2] 丘光明：《中国历代度量衡考》，科学出版社，1992年，68页。

图 10-10 洛阳博物馆藏隋淮南起照镜（洛阳市文物考古研究院供图）

博市博物馆。镜高 115.1、宽 57.7、厚 1.2 厘米，重 56.5 公斤，[1] 被罗哲文称为"镜王"（图 10-9）。与文献记载中的西晋仁寿镜形制相同，长度与宽度略小。从这面存世的大汉铜镜身上，依稀可见当年仁寿镜的风采。

西晋洛阳宫城仁寿殿前的大方镜，后世称为"仁寿镜"，时常出现在诗句、镜铭之中。梁简文帝《镜铭》："金精石英，冰辉沼清。高堂悬影，仁寿摘声。云开月见，水净珠明。"江总《方镜铭》："此镜以照，着衣镜背。图刻八卦，二十八宿。仁寿殿前，无以加斯雕丽也。"[2] 北周庾信《和宇文内史入重阳阁》："徒悬仁寿镜，空聚茂陵书。竹泪垂秋笋，莲衣落夏蕖。"[3] 属于隋唐两京地区发现的铜镜，有一些镜上铭文常引"仁寿镜"作为典故。陕西永寿县孟村出土的一面隋代淮南起照神兽镜，铭文中有"淮南起照，仁寿传名。琢玉斯表，熔金勒成"等句，洛阳博物馆藏一面同类题材的铜镜上亦

---

1 山东省淄博市博物馆：《西汉齐王墓随葬器物坑》，《考古学报》1985 年 2 期。
2 《艺文类聚》卷七〇《服饰部下·镜》，1228 页。
3 《庚子山集注》卷三《诗》，268 页。

图10-11 俯瞰辽庆州城遗址中的白塔（中国国家博物馆供图）

有此铭文（图10-10）。[1] 西安北郊红庙坡征集到一面隋代仙山并照瑞兽镜，主区四兽纹外有一周铭文："仙山并照，智水齐名。花朝艳采，月夜留明。龙盘五瑞，鸾舞双情。传闻仁寿，始验销兵。"[2] 由此可见西晋洛阳仁寿殿大方铜镜的深远影响。

文献记载中的镜殿，以铜镜作为装饰，或数以千片，或饰以万枚，早已消失在历史的尘烟之中，今人无法看见，更难以想象铜镜创造出的视觉冲击力。让人感到欣慰的是，在位于内蒙古赤峰市巴林右旗索博日嘎苏木所在地的辽代庆州古城遗址内，耸

---

[1] 霍宏伟等主编：《洛镜铜华》下册，218—219页，图178。
[2] 陕西历史博物馆编：《千秋金鉴》，三秦出版社，2012年，298、302页。

立着一座高达73.27米的八角七层砖木结构楼阁式塔,俗称"庆州白塔"(图10-11)。令人称奇的是,不仅在塔内发现了一批辽代珍贵的佛教文物,而且在塔体外部还镶嵌有一千多面铜镜,[1]堪称"镜塔"。

其中两面铜镜上有图像和铭文。它们均为圆形,铸制,镜背素面无纹,在靠近镜缘处有四个等距对称的梭形钮及三个小圆孔,镜面平整。一号镜面正中刻划一尊释迦佛坐像,结跏趺坐于仰莲佛座之上。两眉之间上部为白毫眼,两耳下垂至肩,头发呈小而卷曲的螺髻纹。后有圆形头光,其上分别饰有一组火焰纹与一朵仰莲。左手放置于小腹处,右手上举至肩部。佛身环绕三周背光,背光两侧下部饰三条弦纹,其上饰卷云纹。佛座下方饰一盛开的花朵。铭文刻划于佛像右上方及弦纹下方。佛像右上方的铭文为"释迦无(牟)尼佛",右下方为"塔匠作头崔罗汉奴,自书自钵造功德回□□尊长,耶□"22字铭文。佛像左下方的铭文为"乾统五年五月七日记"。镜直径28.3、缘厚0.9厘米(图10-12)。二号镜面刻划有数行潦草的文字。自左至右依次为:"孝安韩所营""乾统五年五月""塔下本司田孝章""夫儿刘李家□""蔡利玄""木匠韩利□""木匠王匡进""蔡利玄",共8组40字。镜直径28.5、缘厚0.8厘米(图10-13)。铭文中"本司"是指分管事务的官署,"塔下本司"是指负责管理白塔事务的官署,"田孝章"来自于该官署,应是修塔时负责领工的人,其余为修塔工匠。

据庆州白塔碑刻铭文可知,该塔始建于辽重熙十六年(1047年),重熙十八年(1049年)建成,塔身镶嵌的一千多面铜镜亦与建塔同时完成。在塔刹刹座内发现的圆首建塔碑上,题有"勾当铸镜二人,前御院通进李存、右班殿直郭义方""铸镜匠作头

---

1 清格勒:《辽庆州白塔塔身嵌饰的两件纪年铭文铜镜》,《文物》1998年9期。

图 10-12　庆州白塔塔身镶嵌的一号铜镜及摹本(《辽庆州白塔塔身嵌饰的两件纪年铭文铜镜》,《文物》1998 年 9 期)

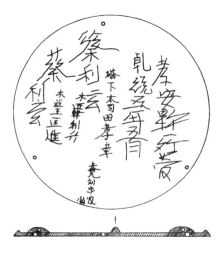

图 10-13　庆州白塔塔身镶嵌的二号铜镜摹本(同前)

图 10-14 呼和浩特辽代万部华严经塔（《全国重点文物保护单位：第一批至第五批》，457 页）

贾重仙"[1]。"勾当"指主管办理某种公务的官员，李存、郭义方是当时负责铸镜的官吏；"作头"即工匠头目，贾重仙就是铸镜匠的工头。上面详细介绍两面刻划有佛像与铭文的铜镜均属于辽乾统五年（1105年），距建塔之初已历经50余年，应是维修白塔时留下的遗物。

呼和浩特市东郊太平乡白塔村辽代丰州城遗址西北角，有一座万部华严经塔，为八角七级砖木混合结构的楼阁式佛塔，高约43米。塔外各层共计装饰铜镜约200余面（图10-14）。[2] 在山西省灵丘县城东南14公里的笔架山西侧觉山寺内，有一座辽代平面八角、密檐十三层砖塔。[3] 每层每面塔身正中均悬挂一面直径25厘米的铜镜，共104面。

1　德新等：《内蒙古巴林右旗庆州白塔发现辽代佛教文物》附录二，《文物》1994年12期。
2　那木斯来等：《内蒙古古塔》，内蒙古人民出版社，2003年，20页。
3　王春波：《山西灵丘觉山寺辽代砖塔》，《文物》1996年2期。

图 10-15　辽宁北镇崇兴寺双塔及西塔塔身镶嵌的铜镜（《全国重点文物保护单位：第一批至第五批》，516 页）

　　该塔的悬镜与内蒙古、辽宁等地密檐塔的悬镜有着共同特征，具有装饰性。该塔铜镜有可能为太原匠人铸造。辽宁北镇崇兴寺双塔，平面八角七级楼阁式塔，每层各面镶嵌三面铜镜，共计 168 面铜镜（图 10-15）。古建筑专家张驭寰认为，"铜镜也是塔身装饰之一，塔上安置铜镜，取'佛光普照'之意"[1]。辽阳白塔塔身上也镶嵌有一些铜镜（图 10-16）。

　　在佛塔塔身上镶嵌铜镜，是辽代佛塔的一大特点，在其他时期的塔身上极少发现铜镜，更多的是将铜镜置于塔顶的天宫或塔基内的地宫之中。南宋赵彦卫《云麓漫钞》引了一段佛教中使用铜镜的文献，或许对于今人释读辽代佛塔镶嵌铜镜的现象有所帮助："释氏《智论》云：'天帝释以大宝镜，照四大神洲，察人善恶，正、五、九月照南赡部

---

[1] 张驭寰：《中国塔》，山西人民出版社，2000 年，40—41 页，"辽代砖塔简表"。

图 10-16 辽宁辽阳白塔及塔身镶嵌铜镜（《全国重点文物保护单位：第一批至第五批》，517 页）

洲，二、六、十月则照东，三、七、十一月则照西，八、十二月则照北。"[1]

  铜镜作为古人日常照容器具，不仅直接为人持镜自赏所用，而且还与当时人们的生活环境，尤其是各类建筑密切相关，本书仅举出了两类较为典型的例证。无论是镜殿，还是镜塔，反映出来的都是铜镜与建筑的关系。从镜殿到镜塔，目光从宫殿建筑移到了宗教建筑之上，铜镜的空间位置也从室内转到了户外。而镜子的功用，则从物质层面进入到了精神层面，从实用升华为信仰。

---

[1] （宋）赵彦卫撰、傅根清点校：《云麓漫钞》卷八，142 页。

白居易的镜子

白居易（772~846年），字乐天，唐代三大诗人之一。晚年定居洛阳履道坊17年，自号香山居士，卒后葬于南郊龙门。在我的心目中，白居易永远都是一位和善的长者，他那隽永的诗句滋养着这一方水土。我是土生土长的洛阳人，年少时去龙门石窟参观，总要拐到伊水东岸的香山，拜谒一下白园中的白居易墓，感受一下诗人长存的优雅气质，仿佛与朋友倾心相谈（图11-1）。

白氏在《北窗三友》这首诗中，说他有三个朋友，即琴、酒、诗。"今日北窗下，自问何所为？欣然得三友，三友者为谁？琴罢辄举酒，酒罢辄吟诗。三友递相引，循环无已时。"[1] 实际上，他还有第四位朋友，让他有些害怕的友人，可称为"诤友"，那就是镜子。一旦照了镜，满头华发，苍老面容，一览无余，多愁善感的诗人马上会感叹岁月蹉跎，人生苦短。值得庆幸的是，在白居易住过的地方发现了两面铜镜。

1992~1993年，考古工作者对位于隋唐洛阳城洛南里坊区东南隅的履道坊遗址进行了大规模发掘（图11-2）。这是白居易晚年生活了17年的宅院，大量诗作诞生于此。在该遗址清理出一件石经幢残块，上面刻有"开国男白居易"等字（图11-3）。出土两

---

[1] 《白居易诗集校注》卷二九，《格诗歌行杂体》，2280页。

白居易的镜子

图 11-1　白居易（《华夏之路》第三册，163 页）

图 11-2　白居易履道坊遗址发掘现场鸟瞰（王阁供图）

237

图 11-3 履道坊遗址白居易造石经幢残块（霍宏伟摄影）

面铜镜，其中一面镜子出在白氏宅院南部的 36 号探方第三层中，此处位于宅院南园水池西北角，北临酿酒遗址。镜为圆形，正面绿锈覆盖，无法照容，镜上墨书为今天的考古工作者所写，记录的是该镜的出土层位。背面中央为圆钮，钮座也是圆的。内区纹饰似龙似兽，铸造粗糙，锈蚀较重，故纹饰不甚清晰。外区为两周弦纹带内，似饰以铭文，无法辨识。镜钮一侧，有一近圆形洞打穿镜体，使内、外区纹饰受损。接近镜缘处有一周栉齿纹。宽平素缘。直径 8.9、厚 0.44 厘米（图 11-4）。[1] 谁也无法证实白居易是否使用过这面铜镜，但能够确定的是，铜镜与白居易曾经共同存在于同一时空，或许见证了白居易的晚年生活。白居易与镜子之间，究竟有着怎样的关系？这种难以抑制的强

---

[1] 中国社会科学院考古研究所：《隋唐洛阳城：1959—2001 年考古发掘报告》第一册，91、105、124 页。

图 11-4 履道坊遗址瑞兽镜
（韩建华摄影）

烈好奇心，驱使着我一遍遍翻检着六册厚厚的《白居易诗集校注》，目光穿行于字里行间，寻找着答案。

在白居易存世的 2800 多首诗作中，明确以镜为题的有 13 首，另有 70 余首与镜相关的内容湮没于众多诗行之中。近年来，白乐天的镜诗受到文学研究者的关注，称为对镜诗、览镜诗。[1] 本文更侧重于白氏镜诗涉及具体的铜镜类型，如百炼镜、鸾镜、金镜、菱花镜和双龙镜等。白居易一生所写的镜诗，最早的一首《秋思》写于 32 岁，最晚的《春暖》作于 69 岁，时间跨度长达 37 年。镜诗内容大致可以分为五种，包括讽谕、赠友、写景、状物、对镜，以最后一种诗歌数量最多，映照出白居易的镜中人生。

---

[1] 衣若芬：《自我的凝视：白居易的写真诗与对镜诗》，《中山大学学报》（社会科学版）2007 年第 6 期；田月丽：《浅论白居易的览镜诗》，《文教资料》2010 年 8 月号上旬刊。

一、讽谕：乃知天子别有镜

"讽谕"是白居易自定的一种体裁。有《百炼镜》《太行路》两首诗作，均列入白居易创作的《新乐府》五十篇之内，写于元和四年（809年，38岁）他在长安任左拾遗期间。最负盛名的镜诗为《百炼镜》，小序："辨皇王鉴也。"诗末四句云："四海安危居掌内，百王治乱悬心中。乃知天子别有镜，不是扬州百炼铜。"[1] 可见具有讽喻的目的。有学者认为，这首诗表面上是歌颂唐太宗"以人为镜"的美德，实际上是讽谕宪宗应向唐太宗学习[2]。

与《百炼镜》内容不同的是，《太行路》一诗以夫妻来比喻君臣关系，以妻喻臣，说明伴君如伴虎的道理。诗中写到鸾镜："古称色衰相弃背，当时美人犹怨悔。何况如今鸾镜中，妾颜未改君心改。"[3] 鸾镜在白乐天的另外一首诗里也有提及，《和梦游春诗一百韵》："暗镜对孤鸾，哀弦留寡鹄。凄凄隔幽显，冉冉移寒燠。"[4] 鸾鸟是古代的一种瑞禽。《山海经·西山经》曰，高山西南三百里，曰女床之山，"有鸟焉，其状如翟而五采文，名曰鸾鸟，见则天下安宁"[5]。《楚辞·九章·涉江》："鸾鸟凤皇，日以远兮；燕雀乌鹊，巢堂坛兮。"王逸注："鸾、凤，俊鸟也。有圣君则来，无德则去，以兴贤臣难进易退也。"[6] 鸾鸟睹镜悲鸣的典故，见于《艺文类聚》卷九〇引南朝宋范泰

---

1 《白居易诗集校注》卷四《讽谕四》，360页。
2 王拾遗：《白居易传》，陕西人民出版社，1983年，77页。
3 《白居易诗集校注》卷三《讽谕三》，315页。
4 《白居易诗集校注》卷一四《律诗》，1130—1132页；作于元和五年（810年），39岁，长安。
5 袁珂校注：《山海经校注》，上海古籍出版社，1991年，35页。
6 （宋）洪兴祖撰、白化文等点校：《楚辞补注》卷四《九章·涉江》，中华书局，1983年，131页。

《鸾鸟诗序》[1]。

　　这是一个具有悲剧色彩的故事，以鸾鸟为题材的铜镜却被广泛应用于唐人的社会生活之中，成为人们日常梳妆照容的器具。留存至今与鸾鸟相关的唐镜为数不少，多为双鸾镜（图11-5），孤鸾镜少见。鸾镜常见于古人的诗中，如唐骆宾王《代女道士王灵妃赠道士李荣》："龙飙去去无消息，鸾镜朝朝减容色。"[2]

　　2009年，洛阳红山乡工业园冠奇公司工地发掘出唐显庆元年（656年）洛州刺史贾敦赜墓，出土一面瑞兽铭文镜。铭文为："窥妆益态，韵舞鸾鸯。万年永保，千代长存。能明能鉴，宜子宜孙。"直径16.5、缘厚0.6厘米（图11-6）。[3] 其中，"韵舞鸾鸯"一句指的就是鸾鸟、鸳鸯。

二、赠友：晓日镜前无白发

　　白乐天镜诗中的赠友诗数量较少，仅有5首。最早的一首《以镜赠别》，作于唐元和七至八年（812~813年）故乡下邽。描写的是一位少年即将远行，诗人以铜镜相赠之事：

　　　　人言似明月，我道胜明月。明月非不明，一年十二缺。岂如玉匣里，如水长澄澈。月破天暗时，圆明独不歇。我惭貌丑老，绕鬓斑斑雪。不如赠少年，

1　《艺文类聚》卷九〇《鸟部上·鸾》，1560页。
2　《全唐诗》卷七七《骆宾王一》，838—839页。
3　2013年9月，洛阳市文物考古研究院黄吉军提供该墓出土铜镜信息及图片资料。洛阳市文物考古研究院：《唐代洛州刺史贾敦颐（赜）墓的发掘》，《中国国家博物馆馆刊》2013年8期。

图 11-5　洛阳中信重机公司 723 号盛唐墓双鸾鸳鸯衔绶镜（洛阳市文物考古研究院供图）

回照青丝发。因君千里去，持此将为别。"[1]

众人都说镜子如明月，白乐天觉得镜胜于月。明月不是不明亮，而是一年有十二次残缺。不如放置在玉匣中的铜镜，像平静的水面一直保持着清澈明净的状态。在月残天昏之时，镜子的圆满明亮却不会消失。白氏日渐衰老，两鬓斑白，不如将明镜赠予少年，照以青丝乌发。因为少年将远赴千里之外，诗人手拿宝镜以为作别。

离别之际，以铜镜作为礼品赠予对方，成为唐代男性友人或男女之间表达深厚情谊的一种方式。李白《代美人愁镜二首》其二："美人赠此盘龙之宝镜，烛我金缕之罗衣。"[2] 白居易《感镜》："美人与我别，留镜在匣中。"[3] 唐人小说《游仙窟》在描写男女主人公即将离别之际，互赠礼物与诗歌，张郎馈赠十娘的礼物中就有扬州铜镜："下官又遣曲琴取

1　《白居易诗集校注》卷一〇《感伤二》，795 页。
2　瞿蜕园等校注：《李白集校注》卷二五《古近体诗》，上海古籍出版社，1980 年，1487 页。
3　《白居易诗集校注》卷一〇《感伤二》，802 页。

图 11-6　洛阳工业园唐贾敦赜墓瑞兽铭文镜及拓本（黄吉军供图）

扬州青铜镜，留与十娘。并赠诗曰：'仙人好负局，隐士屡潜观。映水菱光散，临风竹影寒。月下时惊鹊，池边独舞鸾。若道人心变，从渠照胆看。'"[1]

在白居易的镜诗中，有一首 54 岁时所写、赠予年轻友人的《赠言》："二十方长成，三十向衰老。镜中桃李色，不得十年好。"[2] 在临别之际，希望朋友能够珍惜大好时光。

赠官场同僚的有两首诗，一为白氏 44 岁作《赠友五首并序》："一年十二月，每月有常令。君出臣奉行，谓之握金镜。"白居易小序："吾友有王佐之才者，以致君济人为己

---

[1] （唐）张文成撰：《游仙窟》，汪辟疆校录：《唐人小说》，上海古籍出版社，1978 年，32 页。
[2] 《白居易诗集校注》卷八《闲适四》，717 页。

任，识者深许之。因赠是诗，以广其志云。"[1] 诗中以"金镜"来比喻显明的正道。另一首为白乐天67岁创作的《送蕲春李十九使君赴郡》："可怜官职好文词，五十专城未是迟。晓日镜前无白发，春风门外有红旗。"[2] 诗中的"李十九"，即蕲州刺史李播，上任时年已五十，晨照镜前尚无白发，春风得意，仕途畅达。白居易期待他们能够以"达则兼济天下"的胸怀，有所作为。

上述赠官吏诗洋溢着昂扬向上、积极进取的精神。与之形成较大反差的是两首赠道士诗，似乎可以读出诗人的几分消极与无奈。其一为白氏52岁作《赠苏炼师》："明镜懒开长在匣，素琴欲弄半无弦。犹嫌庄子多词句，只读逍遥六七篇。"[3] 所谓"炼师"，是因某些道士懂得养生、炼丹之法，被尊称为"炼师"。从诗中感觉到作者慵懒懈怠、无所事事的生活状态，甚至连开匣照镜、理妆整容的闲情逸致都没有了。其二为诗人68岁时所写的《对镜偶吟赠张道士抱元》："闲来对镜自思量，年貌衰残分所当。白发万茎何所怪，丹砂一粒不曾尝。眼昏久被书料理，肺渴多因酒损伤。今日逢师虽已晚，枕中治老有何方？"[4] 白乐天将近七旬，对镜思虑，年迈体衰，白发苍苍，老眼昏花，酗酒伤肺。感叹遇到道士张抱元，虽为时已晚，但对其仍然充满期待，渴望得到医治衰老的秘方。

三、写景：恰似菱花镜上行

以镜子来比喻明静的水面，在唐人诗歌创作中是常用的写作手法，白居易的诗作也

1　《白居易诗集校注》卷二《讽谕二》，183页。
2　《白居易诗集校注》卷三四《律诗》，2586页。
3　《白居易诗集校注》卷二〇《律诗》，1623页。
4　《白居易诗集校注》卷二五《律诗》，2648页。

不例外。以镜喻水，如"镜水""镜色""镜面""清镜"等，诗人信手拈来，佳句不断：

> 稽山镜水欢游地，犀带金章荣贵身。
> 一泓镜水谁能羡，自有胸中万顷湖。
> 蘋洲会面知何日，镜水离心又一春。
> 镜水波犹冷，稽峰雪尚残。
> 渭水如镜色，中有鲤与鲂。
> 泛潭菱点镜，沉浦月生钩。
> 蛇皮细有文，镜面清无垢。
> 清镜碧屏风，惜哉信为美。
> 慢牵好向湖心去，恰似菱花镜上行。[1]

在最后一首诗中，白乐天将平静的湖水比喻为菱花镜。此类铜镜在唐代极为盛行，成为诗人竞相吟咏的对象。但是因时代久远，菱花镜中的"菱花"一词究竟是指什么？学术界存在一定争议，目前主要有四种说法：一是指镜子的形制，二是指铜镜背面的纹饰，三是指铜镜"青莹耀日"的精美程度，四是指透光镜映在墙上的菱花形图案。

唐代菱花镜究竟是什么样的呢？《飞燕外传》云："上二十六物以贺。金屑组文茵一

---

[1] 《白居易诗集校注》卷二三《律诗》，《元微之除浙东观察使喜得杭越邻州先赠长句》，1795页，《酬微之夸镜湖》，1804页；卷二四《律诗》，《郡中闲独寄微之及崔湖州》，1908页；外集卷下《附见》，2962页；卷六《闲适二》，《渭上偶钓》，522页；卷二三《律诗》，《履道新居二十韵》，1843页；卷八《闲适四》，《泛春池》，717页；卷三六《半格诗》，《李卢二中丞各创山居俱夸胜绝然去城稍远来往颇劳弊居新泉实在宇下偶题十五韵聊戏二君》，2732页；卷二〇《律诗》，《湖上招客送春泛舟》，1649页。

图 11-7　偃师杏园唐开元十七年袁氏墓八出菱花镜（徐殿魁供图）

铺，沉水香莲心椀一面，五色同心大结一盘，鸳鸯万金锦一匹，琉璃屏风一张，枕前不夜珠一枚，含香绿毛狸藉一铺，通香虎皮檀象一座，龙香握鱼二首，独摇宝莲一铺，七出菱花镜一奁。"[1] 花分瓣称为"出"，七出即七瓣。《飞燕外传》亦称《赵飞燕外传》，旧题汉伶玄撰。经学者考证，系后人伪托，成书时间当在中晚唐之前。[2] "七出菱花镜"，反映出唐人眼中的菱花镜，形制为菱花形（图11-7）。晚唐诗人薛逢《追昔行》："花开叶落何推迁，屈指数当三十年。眉头蘦叶同枯叶，琴上朱弦成断弦。嫁时宝镜依然在，鹊影菱花满光彩。"[3] "鹊影"是指铜镜纹饰，"菱花"应是指镜子的形制。此类铜镜在唐代两京

1　旧题（汉）伶玄撰：《飞燕外传》，（明）程荣纂辑：《汉魏丛书》，吉林大学出版社，1992年，745页。
2　朱一玄等：《中国古代小说总目提要》，54页。
3　《全唐诗》卷五四八《薛逢》，6373—6374页。

地区使用较为普遍。

南宋罗愿《尔雅翼·薐》:"昔人取菱花六觚之象以为镜。"[1]觚为先秦青铜饮酒器具(图11-8),后引申为多角棱形的器物。《史记·酷吏列传序》:"汉兴,破觚而为圜,斫雕而为朴。"司马贞索隐引应劭曰:"觚,八棱有隅者。"[2]《汉书·郊祀志下》:"甘泉泰畤紫坛,八觚宣通象八方。"颜师古注:"觚,角也。"[3]"六觚"就是铜镜的外形有六个角。留存今天的唐代菱花形镜一般为六角或八角。综上所述,笔者赞同孔祥星的观点,即唐代菱花镜就是指菱花形镜,而非其他。

除了以镜来比喻水面之外,在白居易的诗中还写到以镜命名的地名。《酬集贤刘郎中对月见寄兼怀元浙东》:"思远镜亭上,光深书殿里。"[4]《代诸妓赠送周判官》:"妓筵今夜别姑苏,客棹明朝向镜湖。"[5]《想东游五十韵并序》:"镜湖期远泛,禹穴约冥搜。"[6]《早春西湖闲游怅然兴怀忆与微之同赏因思在越官重事殷镜湖之游或恐未暇偶成十八韵寄微之》:"自然闲兴

图11-8 安阳商代妇好墓青铜觚(霍宏伟摄影)

---

1 (宋)罗愿:《尔雅翼》卷六,(清)张海鹏辑:《学津讨原》八,江苏广陵古籍刻印社,1990年,366页。
2 《史记》卷一二二《酷吏列传》,3131—3132页。
3 《汉书》卷二五下《郊祀志下》,1256页。
4 《白居易诗集校注》卷二二《格诗杂体》,1769页。
5 《白居易诗集校注》卷二四《律诗》,1882页。
6 《白居易诗集校注》卷二七《律诗》,2118—2119页。

少，应负镜湖春。"[1] 知道镜亭者寥寥，但镜湖颇为著名，这是东汉永和五年（140年）在会稽太守马臻主持下修建的大型农田水利工程，位于会稽、山阴两县界，因水面平滑如镜，故称镜湖。李白亦有关于镜湖的诗，《越女词五首》其五："镜湖水如月，耶溪女似雪。"[2]

四、状物：背有双盘龙

白居易镜诗中的第四种为状物诗，数量不多，涉及面却广，内容较为繁杂。有写真娘墓、新妇石的，也有写玉镜、双盘龙镜的，甚至还有以镜换杯之作。

《真娘墓》："真娘墓，虎丘道。不识真娘镜中面，唯见真娘墓头草。"[3]《新妇石》："莫道面前无宝鉴，月来山下照夫人。"[4] 咸淳《临安志·山川五》："新郎新妇石：新郎石在西峰半山之中道，面东昂立，势高五丈，天然人形，与东峰新妇石相望。嘉祐中，新妇石为雷震碎，今新郎石独存。"[5]

元和九年（814年），白居易游览王顺山悟真寺，作《游悟真寺诗一百三十韵》："次登观音堂，未到闻旃檀。上阶脱双履，敛足升瑶筵。六楹排玉镜，四座敷金钿。"[6] 玉镜，应该是指背面镶嵌有玉石的铜镜，而非用玉磨制的镜子。《南齐书·东昏侯纪》："帝有膂

---

1 《白居易诗集校注》卷二三《律诗》，1808—1809 页。
2 《全唐诗》卷一八四《李白二四》，1891 页。
3 《白居易诗集校注》卷一二《感伤四》，929 页。
4 《白居易诗集校注》外集卷上《诗补遗》，2904 页。
5 咸淳《临安志》卷二六《山川五》"于潜县"条，浙江省地方志编纂委员会编：《宋元浙江方志集成》第 2 册，杭州出版社，2009 年，638 页。
6 《白居易诗集校注》卷六《闲适二》，559 页。

力,能担白虎樟,自制杂色锦伎衣,缀以金花玉镜众宝,逞诸意态。"[1]

双盘龙镜见于白氏的一首诗《感镜》,作于元和七至八年(812~813年)其故乡下邽:

> 美人与我别,留镜在匣中。自从花颜去,秋水无芙蓉。经年不开匣,红埃覆青铜。今朝一拂拭,自照憔悴容。照罢重惆怅,背有双盘龙。[2]

这首诗的画面感较强,读者仿佛亲眼看见诗人轻轻打开多年以前无名美人留下的镜匣,小心翼翼地擦拭着满布尘埃的铜镜,揽镜自照。镜中呈现出的是诗人憔悴的面容,令其惆怅万分,随手将镜面翻转,不忍心再照,无意之间竟然看到了镜背上的一对盘龙纹饰。今天能够看到的唐代双龙镜实物数量极少,见于著录的有西安市文物保护考古研究院藏一面双龙镜[3]。其形制、工艺与单盘龙镜基本相似,龙纹细腻,构图精巧。以镜钮为中心,仿佛二龙戏珠,呈盘绕回首状。直径20.7厘米,重1.07千克(图11-9)。

精美的铜镜,以诗的形式留存在白香山的诗集之中,给后人留下了无尽的想象空间。然而,时过境迁,白居易在57岁之时却要以镜换杯,借酒消愁。这首《镜换杯》是白氏镜诗中一首极为独特的诗作,作者为逃避现实中的衰老,希望以铜镜换玉杯:

> 欲将珠匣青铜镜,换取金樽白玉卮。镜里老来无避处,樽前愁至有消时。

---

1 《南齐书》卷七《东昏侯纪》,中华书局,1972年,104页。
2 《白居易诗集校注》卷一〇《感伤二》,802页。
3 孙福喜主编:《西安文物精华·铜镜》,93页。

图 11-9　西安市文物保护考古研究院藏唐双盘龙镜（《西安文物精华·铜镜》，93 页）

茶能散闷为功浅，萱纵忘忧得力迟。不似杜康神用速，十分一盏便开眉。[1]

  诗人想用珠匣宝镜来换取金樽美酒，因为镜中呈现出日渐衰老的容颜，是无法回避的现实。而借酒浇愁，可以让人暂时解脱。用喝茶解闷的方式毕竟功效甚微，不如饮酒消愁来得快，酒喝带劲了自然会眉开眼笑，心情舒畅。反映出这一时期白居易仕途的不顺遂带来情绪上的变化，通过以铜镜换酒杯的方式含蓄地表达出来。值得一提的是，唐代另一位诗人刘禹锡撰有《和乐天以镜换酒》，以唱和白氏《镜换杯》，成为诗坛上的一段佳话："把取菱花百炼镜，换他竹叶十旬杯。嚬眉厌老终难去，醮甲须欢便到来。妍丑

---

[1]　《白居易诗集校注》卷二六《律诗》，2044—2045 页。

太分迷忌讳,松乔俱傲绝嫌猜。校量功力相千万,好去从空白玉台。"[1] 南宋计有功在《唐诗纪事·刘禹锡》一文中,对白乐天、刘梦得两位诗人晚年往来唱和有着较为详细的记述,成为禹锡创作《和乐天以镜换酒》一诗写作背景的最佳诠释。[2]

五、对镜:颜衰讶镜明

"对镜"一词源于白居易以镜为题的诗歌。在11首以镜为题的诗中,有4首以"对镜"为题:《对镜》《对镜偶吟赠张道士抱元》各一首,《对镜吟》两首。这种诗歌是白乐天通过对镜观察,以诗的形式记录自己不同年龄段体貌特征与心路历程的变化。依其吟咏主题的不同,可细分为惜时、二毛、白发、发落、面容、晨照、夜镜七类。

"惜时"这一类镜诗,主要见于白居易32~38岁创作的诗歌中,属于白氏最早的一批镜诗。《秋思》:"病眠夜少梦,闲立秋多思。……何况镜中年,又过三十二。"[3]《感时》:"朝见日上天,暮见日入地。不觉明镜中,忽年三十四。……白发虽未生,朱颜已先悴。"[4] 因为这一阶段,诗人年轻,尚未长出白发,或是白发较少,通过照镜感悟岁月流逝,白驹过隙。

白居易镜诗中开始出现"二毛"一词,是在他35岁之时。二毛即黑发中夹杂着白发,头发斑白,有两种颜色。《左传·僖公二十二年》:"君子不重伤,不禽二毛。"注

---

1 刘禹锡撰、高志忠校注:《刘禹锡诗编年校注》卷一一,黑龙江人民出版社,2003年,1443页。
2 (宋)计有功撰:《唐诗纪事》卷三九《刘禹锡》,603页。
3 《白居易诗集校注》卷一四《律诗》,1098页。
4 《白居易诗集校注》卷五《闲适一》,452页。

云:"二毛,有白发间于黑发者。"¹《权摄应早秋书事寄元拾遗兼呈李司录》:"到官来十日,览镜生二毛。可怜趋走吏,尘土满青袍。"²这说的是白居易35岁任周至县尉时的一种生活状态。《新秋》:"二毛生镜日,一叶落庭时。老去争由我,愁来欲泥谁?"³这首诗为白氏自江州司马升迁至忠州刺史时所写。

白发是白氏镜诗吟咏的永恒主题,此类诗歌不仅数量众多,而且持续时间较长,有日本学者专门研究白居易的白发诗,依其内容的不同,分为十项⁴。白氏与镜相关最早的一首《初见白发》,作于36～37岁:"白发生一茎,朝来明镜里。勿言一茎少,满头从此始。"⁵白乐天年逾四十,在照镜时或有所悟,或被白发所困扰,如41岁所作《闻哭者》:"余今过四十,念彼聊自悦。从此明镜中,不嫌头似雪。"⁶45～47岁时,感叹《照镜》:"皎皎青铜镜,斑斑白丝鬓。"⁷诚如孔夫子所言"五十而知天命",这一时期白乐天创作的镜诗,反映出诗人已能够心平气和地看待满头白发的事实了。54岁作诗《秋寄微之十二韵》:"览镜头虽白,听歌耳未聋。"⁸在《初见白发》诗写作二十多年之后,白香山依然还记得这首诗,又作一首《对镜吟》,这时的诗人虽已变成了白头老翁,却为自己能看见头白而感到幸运:"白头老人照镜时,掩镜沉吟吟旧诗。二十年前一茎白,如今变作满头

---

1 杨伯峻:《春秋左传注·僖公二十二年》,中华书局,2009年,397页。
2 《白居易诗集校注》卷九《感伤一》,723页。
3 《白居易诗集校注》卷一八《律诗》,1444页。
4 [日]埋田重夫:《白居易白发诗歌表现考》,《日本学者论中国古典文学:村山吉广教授古稀纪念集》,巴蜀书社,2005年,232—256页。
5 《白居易诗集校注》卷九《感伤一》,731—732页。
6 《白居易诗集校注》卷六《闲适二》,548页。
7 《白居易诗集校注》卷九《感伤一》,771页。
8 《白居易诗集校注》卷二四《律诗》,1883页。

丝。[1]……我今幸得见头白，禄俸不薄官不卑。眼前有酒心无苦，只合欢娱不合悲。"[2]

让白居易苦恼的，不仅是头生二毛、白发，而且头发有时还会掉落，令其无限伤感。在他39岁之时，开始将掉头发写入诗中。《早梳头》："夜沐早梳头，窗明秋镜晓。飒然握中发，一沐知一少。"[3]《叹老三首》第一首："少年辞我去，白发随梳落。……但恐镜中颜，今朝老于昨。"[4]《渐老》："白发逐梳落，朱颜辞镜去。"[5]在诗人69岁之时，无论是黑发还是白发，掉落得令人惋惜，头发稀疏，以至于让白乐天都感到了头巾的重量。《春暖》："发少嫌巾重，颜衰讶镜明。"[6]乐天积攒自己写的诗越来越多，头发却越来越少。在他自撰的《醉吟先生传》中说得更加直白："于时开成三年，先生之齿六十有七，须尽白，发半秃，齿双缺，而觞咏之兴犹未衰。"[7]

随着年龄的增长，通过对镜观察，诗人外表呈现出的不仅是黑发斑白，成为二毛，逐渐华发满头，发落无踪，而且朱颜已逝，面容苍老。《浩歌行》："鬓发苍浪牙齿疏，不觉身年四十七。前去五十有几年，把镜照面心茫然。既无长绳系白日，又无大药驻朱颜。"[8]《醉歌》："腰间红绶系未稳，镜里朱颜看已失。"[9]《苏州李中丞以元日郡斋感怀诗寄

---

[1] 白居易自注："余二十年前尝有诗云：'白发生一茎，朝来明镜里。勿言一茎少，满头从此始。'今则满头矣。"《白居易诗集校注》卷二一《格诗歌行杂体》，1710页。
[2] 《白居易诗集校注》卷二一《格诗歌行杂体》，1710页。
[3] 《白居易诗集校注》卷九《感伤一》，736—737页。
[4] 《白居易诗集校注》卷一〇《感伤二》，784页。
[5] 《白居易诗集校注》卷一〇《感伤二》，825页。
[6] 《白居易诗集校注》卷三四《律诗》，2655页。
[7] （唐）白居易著、朱金城笺注：《白居易集笺校》六，上海古籍出版社，2003年，3783页。
[8] 《白居易诗集校注》卷一二《感伤四》，902页。
[9] 《白居易诗集校注》卷一二《感伤四》，974页。

微之及予辄依来篇七言八韵走笔奉答兼呈微之》:"杯前笑歌徒勉强,镜里形容渐衰朽。"¹

白居易不愧是现实主义诗人,他创作的镜诗类型多样,刻画细致入微,甚至可以分为晨照与夜镜,前者数量相对较多。早晨照镜,光线充足,所照一切尽在镜中。《早梳头》:"夜沐早梳头,窗明秋镜晓。"² 《酬张太祝晚秋卧病见寄》:"容衰晓窗镜,思苦秋弦琴。"³《叹老三首》第一首:"晨兴照清镜,形影两寂寞。"⁴《对镜吟》作于元和十四年(819年),江州至忠州途中,诗人48岁:"闲看明镜坐清晨,多病姿容半老身。谁论情性乖时事,自想形骸非贵人。三殿失恩宜放弃,九宫推命合漂沦。如今所得须甘分,腰佩银龟朱两轮。"⁵ 在自江州司马赴任忠州刺史的途中,一天清晨,白氏闲来无事,照镜自赏,看到的却是多病的身姿与面容。虽然身体日渐衰老,但觉得还是能做一些事情的。

白居易的镜诗大多较为悲观,但有一首写于64岁、题为《览镜喜老》的诗,是难得一见的乐观之作。该诗创作于大和九年(835年)洛阳履道坊白氏宅第。

> 今朝览明镜,须鬓尽成丝。行年六十四,安得不衰羸?亲属惜我老,相顾兴欢咨。而我独微笑,此意何人知?笑罢仍命酒,掩镜抛白髭。尔辈且安坐,从容听我词。生若不足恋,老亦何足悲。生若苟可恋,老即生多时。不老即须夭,不夭即须衰。晚衰胜早夭,此理决不疑。古人亦有言,浮生七十稀。我今欠六岁,多幸或庶几。倘得及此限,何羡荣启期。当喜不当叹,更倾酒一卮。⁶

---

[1] 《白居易诗集校注》卷二三《律诗》,1807页。
[2] 《白居易诗集校注》卷九《感伤一》,736—737页。
[3] 《白居易诗集校注》卷九《感伤一》,745—746页。
[4] 《白居易诗集校注》卷一○《感伤二》,784页。
[5] 《白居易诗集校注》卷一七《律诗》,1420页。
[6] 《白居易诗集校注》卷三○《格诗》,2309页。

在这首诗即将结尾之时，诗人不胜感慨，吟道："傥得及此限，何羡荣启期。""荣启期三乐"的典故见于《列子·天瑞》。传说春秋时期，孔子游至泰山，见到了行走于郕之野的隐士荣启期，身穿鹿皮袄，腰系绳索，一边弹琴，一边唱歌。孔子好奇地问："先生为何如此快乐？"荣启期回答："吾乐甚多，天生万物，唯人为贵，而吾得为人，是一乐也。男女之别，男尊女卑，故以男为贵，吾为一男子，是二乐也。人的寿命有时短得死于娘胎、亡于襁褓之中，而吾年已九十，是三乐也。贫困是读书人的寻常之事，死亡是人生的必然终结。我安处常情，等待终结，当何忧哉？"孔子对此颇有感慨："善乎，能自宽者也。"[1]

这一典故在后世广为流传，唐人更是熟知，铸造有以此为题材的"三乐镜"。1991年，陕西西安莲湖区热电厂出土一面三乐镜，镜钮左右分别为孔子与荣启期的形象，钮上方为楷书九字铭文"孔夫子问曰答荣启奇"。直径12.8厘米（图11-10）。[2] 白居易在《览镜喜老》诗末引入荣启期的故事，亦在情理之中。他还将荣启期看作自己的老师，见于《北窗三友》："嗜诗有渊明，嗜琴有启期。嗜酒有伯伦，三人皆吾师。或乏儋石储，或穿带索衣。弦歌复觞咏，乐道知所归。三师去已远，高风不可追。"[3]《不与老为期》："百忧非我所，三乐是吾师。"[4] 此外，在白氏创作的《郡中夜听李山人弹三乐》《偶作》《晚起》《池上幽境》等诗中皆以荣启期三乐作为主要题材。

白乐天50岁出头的时候，喜欢在夜里照镜子，因为这样能够隐藏须发皆白的客观事

---

1 杨伯峻撰：《列子》卷一《天瑞篇》，中华书局，1979年，22—23页。
2 孙福喜主编：《西安文物精华·铜镜》，126页。
3 《白居易诗集校注》卷二九《格诗歌行杂体》，2280页。
4 《白居易诗集校注》卷三七《律诗》，2792页。

图 11–10 西安莲湖区热电厂出土三乐镜（《西安文物精华·铜镜》，126 页）

实，甚至他在任杭州刺史时就已萌生了归隐田园的想法。作于杭州的《祭社宵兴灯前偶作》："城头传鼓角，灯下整衣冠。夜镜藏须白，秋泉漱齿寒。欲将闲送老，须著病辞官。更待年终后，支持归计看。"[1] 次年（824 年），他来到洛阳，购买了履道坊的一处宅园，作为退隐之地，仍不忘夜照面容。《自咏》："夜镜隐白发，朝酒发红颜。可怜假年少，自笑须臾间。"[2]

六、暮歌：人间此会更应无

白乐天的晚年生活，大部分时间与诗酒琴园相伴，偶尔照一下镜子，就会情不自禁

---

1 《白居易诗集校注》卷二三《律诗》，1810 页。
2 《白居易诗集校注》卷八《闲适四》，711 页。

生发出许多感慨，69 岁之后未见有镜诗出现，暗示出诗人年老体衰，生命旅程终点的迫近。在他 74 岁时，即"会昌五年三月二十一日，于白家履道宅同宴，宴罢赋诗"[1]。这次聚会称为"七老会"，亦称"尚齿之会"，即尊崇年长者的聚会。《礼记·祭义》："是故朝廷同爵则尚齿。"郑玄注："同爵尚齿，老者在上也。"[2] 白居易赋诗一首：

　　七人五百七十岁，拖紫纡朱垂白须。手里无金莫嗟叹，樽中有酒且欢娱。诗吟两句神还王，酒饮三杯气尚粗。岧峨狂歌教婢拍，婆娑醉舞遣孙扶。天年高过二疏传，人数多于四皓图。除却三山五天竺，人间此会更应无。

　　白氏在诗后写了一段小序，记述了参加这次聚会老者的姓名、曾任官职，依年龄大小排序：89 岁的前怀州司马安定胡杲、86 岁的卫尉卿致仕冯翊吉皎、84 岁的前右龙武军长史荥阳郑据、82 岁的前慈州刺史广平刘真与前侍御史内供奉官范阳卢贞、74 岁的前永州刺史清河张浑与刑部尚书致仕太原白居易。以上七人的年龄加在一起，共计 571 岁。当时，参加聚会的还有秘书监狄兼謩、河南尹卢贞，因年龄不到 70 岁，未列于内。后来，又增加了李元爽、僧如满两位老寿星，合称"九老"。

　　唐人据此绘《九老图》，白乐天作《九老图诗并序》，记述如何由"七老"增加为"九老"的缘由始末："会昌五年三月，胡、吉、刘、郑、卢、张六贤于东都敝居履道坊合尚齿之会。其年夏，又有二老，年貌绝伦，同归故乡，亦来斯会，续命书姓名年齿，

---

1 《白居易诗集校注》卷三七《律诗》，《胡吉郑刘卢张等六贤皆多年寿予亦次焉偶于弊居合成尚齿之会七老相顾既醉甚欢静而思之此会稀有因成七言六韵以纪之传好事者》，2805—2806 页。
2 李学勤主编：《十三经注疏·礼记正义》卷四八《祭义》，北京大学出版社，1999 年，1337 页。

写其形貌，附于图右，与前七名题为《九老图》，仍以一绝赠之。二老谓洛中遗老李元爽，年一百三十六；归洛僧如满，年九十五。雪作须眉云作衣，辽东华表暮双归。当时一鹤犹希有，何况今逢两令威。"[1]唐人绘《九老图》早已不存，今人能够看到的《九老图》，有南宋、明代等多种版本（图11-11）。从形象生动的画面中，读者可以看到宋人想象中履道坊的这次盛会场面及白氏宅园的建筑空间布局。

在这年聚会的次年，即会昌六年（846年）八月，作为唐代留存诗歌最多的高产诗人，白居易走完了他生命历程中的最后一段。唐宣宗以诗吊之曰："缀玉联珠六十年，谁教冥路作诗仙。浮云不系名居易，造化无为字乐天。童子解吟长恨曲，胡儿能唱琵琶篇。文章已满行人耳，一度思卿一怆然。"[2]三年之后，著名诗人李商隐为白居易撰写墓碑碑文："公以致仕刑部尚书，年七十五，会昌六年八月，薨东都，赠右仆射。十一月，遂葬龙门。"[3]《唐语林·赏誉》："大中末，谏官献疏，请赐白居易谥。上曰：'何不读《醉吟先生墓表》？'卒不赐谥。弟敏中在相位，奏立神道碑，使李商隐为之。"[4]

白居易墓位于洛阳南郊龙门东山，亦称香山琵琶峰，今以墓为中心，依山傍水，建有园林，俗称"白园"。《唐语林·企羡》："白居易葬龙门山，河南尹卢贞刻《醉吟先生传》于石，立于墓侧。相传洛阳士人及四方游人过瞩墓者，必奠以卮酒，故冢前方丈之土常成渥。"[5]白居易墓冢是一个直径19米的圆形封土堆，周围用青砖垒砌短墙以护其封土，冢上植以苍翠的柏树。墓冢西对汩汩北流的伊水，环境清幽。冢西面

---

[1] 《白居易诗集校注》外集卷上《诗补遗》，2911页。
[2] （五代）王定保撰：《唐摭言》卷一五，上海古籍出版社，1978年，160页。
[3] （唐）李商隐：《刑部尚书致仕赠尚书右仆射太原白公墓碑铭并序》，《李商隐全集》卷八，珠海出版社，2001年，1034页。
[4] （宋）王谠撰、周勋初校证：《唐语林校证》卷三《赏誉》，中华书局，1997年，281页。
[5] （宋）王谠撰、周勋初校证：《唐语林校证》卷四《企羡》，381页。

正中建有砖砌碑楼，碑身中央题刻"唐少傅白公墓"六个白色楷书大字，旁署数行小字："公讳居易，字乐天，仕至太子少傅、刑部尚书。墓在龙门香山寺旁，已近千余年。早为居人所侵毁，学使者都给事汤公右曾与河南太守张君珝既重兴香山寺，复清公之故垅而加崇焉。封殖其木，又举守祠生二人，春秋奉祀不绝，士铉适过洛阳，因书大字，揭诸墓道。康熙四十八年岁次己丑五月十三日，内廷侍直日讲宫左春坊中允吴郡汪士铉题，守祠生白辟、白锦立石。"[1] 墓冢前左侧另立一碑（图 11-12）。民国二十五年（1936 年），洛阳荒旱，"白香山墓，且曾一度被掘，距洛城咫尺耳，此古迹保存之难也"[2]。

  虽然白乐天是下邽（今陕西渭南）人，但他最终还是选择了龙门香山作为灵魂的栖息之地。后世有多少文人墨客，前来凭吊，发思古之幽情。墓中是否随葬铜镜，无法知晓。但是，通过一首首诗歌，大家似乎看见了白居易的镜子，那是诗人用 60 余首诗歌构成的。镜中映照出的不同形象，勾勒出诗人不平凡的一生。纵观白居易的一生，有两大转折点，一是 29 岁中进士，让他从平民步入仕途；二是 44 岁谪迁江州，官场失意使他的人生观开始由兼济转向独善。元和十年（815 年），白氏贬为江州司马，在他写给元稹的信《与元九书》中，提出了他做人的基本准则，并加以阐释：

  古人云："穷则独善其身，达则兼济天下。"仆虽不肖，常师此语。……故仆志在兼济，行在独善。奉而始终之则为道，言而发明之则为诗。谓之讽谕诗，

---

1 洛阳市地方史志编纂委员会编：《洛阳市志》14 卷《文物志》，中州古籍出版社，1995 年，91 页。
2 王广庆：《洛阳访古记》，《河南文史资料》23 辑，136 页。

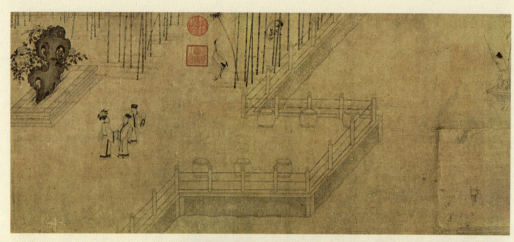
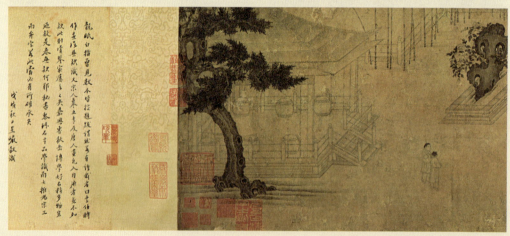

图 11-11　南宋《会昌九老图》局部（辽宁省博物馆供图）

白居易的镜子

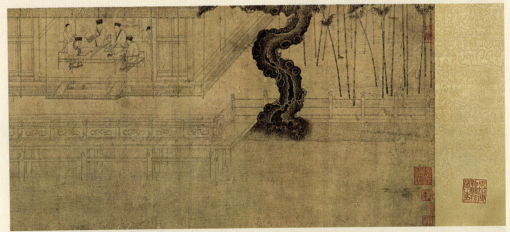

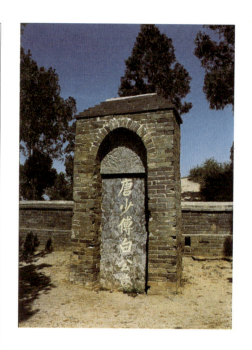

图 11–12　白居易墓（《洛阳市志》14 卷《文物志》，彩版 6）

兼济之志也。谓之闲适诗，独善之义也。故览仆诗者，知仆之道焉。[1]

"志在兼济，行在独善"，这就是白居易的人生准则。从这些镜诗中可以看出，白氏处世从"兼济"到"独善"有一个转变过程。在白氏的五种镜诗中，前两类讽谕、赠友诗，大多显示出作者"兼济天下"的宽广胸怀。后三种写景、状物、对镜诗，更多地反映出诗人"独善其身"的处世原则。从黑发惜时到头发斑白，从满头华发到发落半秃，揭示出诗人生理的渐变；从晨照到夜镜，从兼济到独善，折射出的是白乐天心理的变化。

白乐天的一生，通过一首首镜诗，定格在他的诗集中。将这些诗句一一摘出，

---

[1] 《旧唐书》卷一六六《白居易传》，4350 页。

排列在一起，可以看出镜子陪伴着他的青年、壮年、老年，贯穿了整个生命历程。不同阶段诗人表象上的容貌，内心的精神世界，通过览镜自照，激发出创作灵感，化为凝练的诗行，忠实地记录下来。今天的读者细细品味这些精致、传神的文字，似乎可以还原当年白氏照镜时的所思所想。透过白居易的一行行镜诗，我们仿佛看见镜中的诗人，筇杖独行，佳句自吟，渐渐远去，留下一个永恒的背影。颇具戏剧性的是，白居易生前未曾料到，在他卒后若干年之后却被人看作一面镜子。晚唐诗人皮日休写有一首以白居易为镜鉴的赞美诗《七爱诗·白太傅》，提出白氏可以成为做官者的一面镜子：

> 吾爱白乐天，逸才生自然。谁谓辞翰器，乃是经纶贤。欻从浮艳诗，作得典诰篇。立身百行足，为文六艺全。清望逸内署，直声惊谏垣。所刺必有思，所临必可传。忘形任诗酒，寄傲遍林泉。所望标文柄，所希持化权。何期遇訾毁，中道多左迁。天下皆汲汲，乐天独怡然。天下皆闷闷，乐天独舍旃。高吟辞两掖，清啸罢三川。处世似孤鹤，遗荣同脱蝉。仕若不得志，可为龟镜焉。[1]

---

[1] 《全唐诗》卷六〇八《皮日休一》，7073 页。

佳人览镜

> 每坐台前见玉容，今朝不与昨朝同。良人一夜出门宿，减却桃花一半红。

　　这是唐代施肩吾的诗作《佳人览镜》。[1] 一位妇人每天都坐在镜台前孤芳自赏，今天早上的芳容与昨天的不一样。若是丈夫出门，夜不归宿，妇人就会由此伤心，粉面桃花似的容颜减去一半的红润光泽。唐人吟诗，宋人作画，不同的表现形式想要表达的或许是同一个内容（图12-1）。

　　"佳人览镜"，意即美人照镜子，这永远都是一个浪漫温情的艺术创作主题，它是铜镜与文学艺术结缘之后迸发出的天成之作。虽然以镜子为题的中国绘画没有像西方绘画那样成为流行主题，但它仍然自成体系，自两汉至明清绵延有序，反映在不同形式之上，如墓葬壁画、画像石、石椁、手卷、版画等，甚至在三彩器、瓷器上也以塑像的三维空间形象展示出来。纵观不同时期的此类主题，女子的胖瘦、高矮、环境有别，姿态各异，与不同时代的人物身份、等级、审美风尚有很大关系。

---

[1]《全唐诗》卷四九四《施肩吾》，5652页。

佳人览镜

图 12-1 波士顿美术馆藏宋《妆靓仕女图》(《唐五代两宋人物名画》，100 页)

  目前所见时代较早、图像清晰的佳人览镜图像是 2008 年河南偃师发现的新莽空心砖壁画，有一女子站立对镜的情景。一块长条形的青砖被分割成三个部分，左、右两部分分别绘览镜图与博戏图，中间描绘出神人与伏羲女娲图（图 12-2）。现实与神话两种题材共存于一块砖上，"人神共处"是那个时代最具特色的文化体现。站立的女子身着白衣，左手持镜，右手梳发，其右侧立一青衣女子。此砖现藏中国农业博物馆。[1]

  镌刻于东汉画像石上的佳人览镜，既无笔墨，也无色彩，有的是另外一种金石韵味。山东嘉祥武梁祠画像石上的《梁高行览镜割鼻图》，显得异常悲壮。据《列女传·梁寡高行》载，高行是梁国的寡妇，为人荣于色而美于行。丈夫死得较早，她守寡不嫁。梁国的达官显贵大多想娶她，却无法得到。梁王听说之后，派人去送去彩礼定亲。高行曰：

---

[1] 曹建强：《洛阳新发现一组汉代壁画砖》，《文博》2009 年 4 期。

图 12-2　偃师新莽空心砖壁画上的《览镜图》（张应桥供图）

"妾夫不幸早死，先狗马填沟壑，妾守养其幼孤，曾不得专意。贵人多求妾者，幸而得免，今王又重之。妾闻：'妇人之义，一往而不改，以全贞信之节。'忘死而趋生，是不信也。贵而忘贱，是不贞也。弃义而从利，无以为人。"言罢，拿起镜子，持刀将自己的鼻子割下，并说："妾已刑矣。所以不死者，不忍幼弱之重孤也。王之求妾者，以其色也。今刑余之人，殆可释矣。"梁王得知，大其义，高其行，乃复其身，尊其号曰"高行"，君子谓高行节礼专精。《诗》云"谓予不信，有如皎日"，说的就是高行这样的女子。颂曰："高行处梁，贞专精纯，不贪行贵，务在一信，不受梁娉，劓鼻刑身，君子高之，显示后人。"[1]

　　武梁祠石刻画像上刻有榜题，可以准确地知道画中人物的身份。画面自左至右，依次为梁王使者的车马、使者、奉金者、梁高行等形象（图 12-3）。[2] 由于时间久远，武梁祠画像中梁高行动作的细节刻画已显得有些模糊，清代学者所绘复原图展现了梁高行

---

[1]（汉）刘向编撰：《新编古列女传》卷四《贞顺传》，郑晓霞等编：《列女传汇编》三，北京图书馆出版社，2007 年，441—443 页。
[2] 蒋英炬主编：《中国画像石全集》第 1 卷《山东汉画像石》，山东美术出版社，2000 年，31 页。

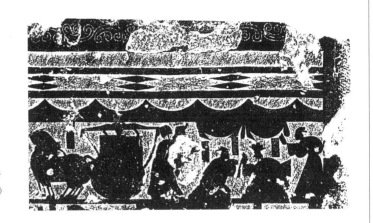

图 12-3 东汉武梁祠《梁高行览镜割鼻图》(《中国画像石全集》第 1 卷《山东汉画像石》,31 页)

的细微动作,只见高行端坐于奉金者面前,左手持刀,右手揽镜,真实再现了即将发生的壮烈一幕。所有画面虽然出现在同一水平线上,却有外部空间与内部空间的划分。在"使者"榜题的上方开始出现的帐幔,说明自此进入室内。奉金者目睹了高行割鼻的惨剧,而使者在室外等候,不知室内所发生的一切。

以刀代笔,将图像雕刻于石上,画面充溢着一种金石的味道。三国时期在木器上髹之以漆,描绘出的图形自有另一番风格。1984 年,安徽马鞍山雨山乡安民村林场三国孙吴左大司马朱然墓,出土了一批珍贵的漆木器。其中,有一件反映贵族生活的漆盘,描绘有仕女梳妆图(图 12-4),为我们清晰地展示了三国时期佳人览镜的生活场景。盘内底描绘 12 人,分为 3 层。上层为宴宾图,画有 5 人。中间有一豆形器,内有一勺。左侧一男一女应是主人,一侍女立于左端近盘内壁处,右侧是两男宾。宾主均坐于圆形座垫上,呈交谈状。座前有矮足圆案,上面放置有食物。中层亦绘五人,分为三组图像。左侧为梳妆图,画中一女子跽坐于镜台前,双手置于头上,正在对镜梳妆,旁置一奁,盖

图 12-4 马鞍山三国孙吴朱然墓漆盘画摹本(《马鞍山文物聚珍》,67 页)

子放于案右侧;中央绘对弈图,两位男子分坐两边,中间置一棋盘,前面有矮足圆案,案上有食物;右侧画驯鹰图,两人对坐,手臂前举,各架一鹰,中间置矮足圆盘,上置食物。以上两层画面均为室内活动,盘底最上端绘以门窗与屏风。下层为出游图,画有两人,一人骑马,一人步行,跟于马后,前有山丘。盘径 24.8、高 3.5 厘米。据该墓同出漆器上的铭文"蜀郡作牢"及学者的考证,这些漆器的产地应是三国蜀汉的产品,可能是吴蜀保持联盟关系时的赠品或贸易往还中的商品,也不能排除是战争中获得的战利品。[1]

《三国志·吴书·朱然传》记述了朱然戎马倥偬的人生经历。他年少时曾经与孙权同学《尚书》,孙权掌权之后,重用朱然。在与蜀汉的两次战争中,朱然立下汗马功劳。东

---

[1] 安徽省文物考古研究所等:《安徽马鞍山东吴朱然墓发掘简报》,《文物》1986 年 3 期;杨泓:《三国考古的新发现:读朱然墓简报札记》,《文物》1986 年 3 期。

汉建安二十四年（219年），东吴军队征讨蜀将关羽，朱然与潘璋到达临沮擒获关羽，朱然由此任昭武将军，封西安乡侯。黄武元年（222年），刘备举兵攻宜都，朱然率兵五千，与陆逊并力抗拒刘备。朱然攻破蜀军前锋，断其后道，刘备军队败退。朱然升至征北将军，封永安侯，后任左大司马、右军师。赤乌十二年（249年），朱然68岁卒。孙权素服举哀，为之悲痛。[1] 随葬于朱然墓的这件漆盘，虽无法判定它的真正来源，但有一点可以推测，即漆盘上的画面反映的应是三国蜀汉上层社会的生活内容，其中对镜梳妆图描绘的是三国时期西南地区贵族阶层女子的生活场景。

传东晋顾恺之的名作《女史箴图》，创作年代虽然受到学者们的质疑，但其画面的细微之处所凸显出高超的艺术水准仍为大家所叹服。学界普遍认为大英博物馆（British Museum）收藏的《女史箴图》唐代摹本，杨新提出应是北魏宫廷绘画的原本。[2] 其中，有一组览镜梳妆图，画面左侧有两位女子，一位仕女端坐于镜台前的席上，另一位侍女立于其身后，为其梳头。另有一位仕女坐于镜台右侧不远处，左手执镜，右手抬起，梳理整容，镜中映出清秀的面容。画面右侧有两列行楷榜题，是这组图像的中心思想，为西晋张华所撰《女史箴》的文字内容："人咸知修其容，而莫知饰其性。性之不饰，或愆礼正，斧之藻之，克念作圣。"（图12-5）

杨新对画面中两位仕女照镜时的不同眼神及面部表情做了细致入微的比较。一位是独自对镜梳妆的女子，镜子与面部的距离较近，其眼神是看着自己的。另一位被别人梳发的女子，也在对着镜子看自己，但距镜台较远。由于与镜子距离的不同，眼神的描绘

---

1 《三国志》卷五六《吴书一一·朱然传》，1305—1308页。
2 杨新：《从山水画法探索〈女史箴图〉的创作年代》，《故宫博物院院刊》2001年3期。

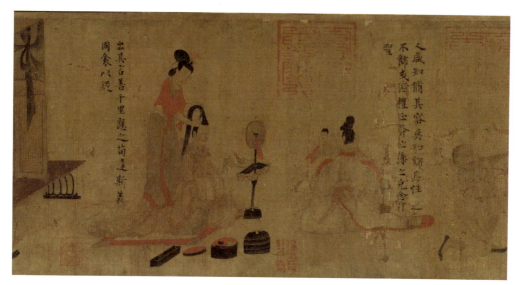

图 12-5　大英博物馆藏《女史箴图》局部（英国大英博物馆供图）

则不一样，近者眼睛睁大而远者小。两个人物的面部表情也不一样，近者眉如新月，面带喜色，是对自己化妆与容貌的自矜；远者眉梢向下，面部平静，是因为有人梳头被牵动而分心，她望镜子只是在看她人的动作和自己的头发，还来不及自我欣赏。位于画面左侧站立的梳头者，眼睛则是看着自己的双手，眉梢上挑，为了便于梳头，把自己长大的袖子打上结，所有这些都是来自作者对生活的直接观察。故宫博物院藏有此卷的宋代摹本，人物位置、服饰基本相似，至于一些细微处则相去甚远（图 12-6）。[1]

唐代以佳人览镜为主题的资料，大致分为绘画、石椁线刻画、三彩俑、瓷俑等几类。绘画有传周昉的《挥扇仕女图》中的第四组画面、章怀太子墓后甬道东壁壁画《侍女览

1　故宫博物院编：《故宫博物院藏品大系·绘画编》3《宋》，紫禁城出版社，2008 年，145 页。

图 12-6　故宫藏《女史箴图》宋代摹本局部（《故宫博物院藏品大系·绘画编》3《宋》，145 页）

镜图》（图 12-7）[1]。石椁线刻画包括唐贞顺皇后石椁、韦顼石椁上的三幅画。2010 年入藏陕西历史博物馆的唐玄宗贞顺皇后石椁内壁上，雕刻有两幅览镜图，均由一仕女一男装侍女构成，立姿，背后饰一棵花朵盛开的树。一幅画面中，仕女左手持葵花形镜镜钮，右手握长簪，似在梳理发髻；另一幅画中，仕女左手执圆镜，右手持倭髻（图 12-8）。有学者提出，仕女形象的身份应是陪侍皇后嫔妃的女官，[2] 意指石椁画中的两位览镜仕女描绘的是宫廷内的女官形象。

这些看上去安静、平和的览镜女官形象，雕刻于厚重的石椁内壁，默默陪伴着皇

1　陕西历史博物馆编：《章怀太子墓壁画》，文物出版社，2002 年，73 页。
2　程旭等：《唐敬陵贞顺皇后石椁》，《文物》2012 年 5 期；葛承雍：《皇后的天堂：唐宫廷女性画像与外来艺术手法》，《故宫博物院院刊》2012 年 4 期。

图 12-7　陕西唐章怀太子墓壁画《侍女览镜图》（《章怀太子墓壁画》，73 页）

图 12-8　陕西唐敬陵贞顺皇后石椁线刻《览镜图》摹本局部（《皇后的天堂：唐敬陵贞顺皇后石椁研究》，97、99 页）

后长眠于黄泉之下，与这位死后追封的皇后生前导演跌宕起伏、波澜壮阔的宫廷大戏形成了强烈反差。贞顺皇后即史书中所说的"武惠妃"，来自于武则天家族，为子嗣争夺皇位的继承权，将竞争对手置于死地而后快，多行不义必自毙，最终导致自身丧命。《旧唐书·贞顺皇后传》："玄宗贞顺皇后武氏，则天从父兄子恒安王攸止女也。攸止卒后，后尚幼，随例入宫。上即位，渐承恩宠。及王庶人废后，特赐号为惠妃，宫中礼秩，一同皇后。……惠妃以开元二十五年十二月薨，年四十余。"[1] 开元二十六年（738年），葬于敬陵。

---

[1] 《旧唐书》卷五一《后妃传下》，2177—2178 页。

正史中未言及惠妃的死因,而在《大唐新语·惩戒》中则有一段曲折、离奇的描述:武惠妃受到唐玄宗的宠幸,想让自己的儿子继承皇位,王皇后为此妒忌,有些愤愤不平,玄宗将皇后废为庶人。接着,太子也将被废,玄宗访于张九龄,九龄回答:"太子,天下本也,动之则摇人心。"玄宗听了不太高兴,不得不隐忍很长时间。后来,李林甫主持朝政,暗中与武惠妃合谋,欲立其子以自固。于是,先罢黜了张九龄的官职,后废太子。鄂王瑶、光王琚与太子同一天遇害,海内痛之,号为"三庶"。

太子等既受冤死,武惠妃及左右经常碰到闹鬼的事,甚感恐惧,有的还听到鬼哭声。召来几位巫师到宫中察看,都说是"三庶"变为恶鬼来闹腾。当初是将鄂王、光王抓起来,行刑者射死他俩并草草埋葬,后命改葬。不久,武惠妃也死了,宫中闹鬼的事才渐渐平息。玄宗立忠王为太子,李林甫的计策未能实现,成天提心吊胆。"三庶"是开元二十五年(737年)四月二十三日死的,武惠妃到十二月而毙命,有见识的人懂得这乃是鬼神降灾神妙莫测之道[1]。历史是一面镜子,透过这座重达26吨的巨型石椁,映照出武惠妃悲惨的人生结局,正如唐人邵谒《览镜》中的诗行:

> 一照一回悲,再照颜色衰。日月自流水,不知身老时。昨日照红颜,今朝照白丝。白丝与红颜,相去咫尺间。[2]

清代末年,西安南郊发现唐开元六年(718年)韦顼墓,出土一件石椁,外壁雕有阴线刻画。有一位站立着的仕女,左手下垂,手指勾着裙带,右臂曲肘,手执带柄镜,对

---

1 (唐)刘肃撰、许德楠等点校:《大唐新语》卷一一《惩戒》,中华书局,1997年,172—173页。
2 《全唐诗》卷六〇五《邵谒》,7052页。

图 12-9 唐开元六年韦顼墓石椁线刻《览镜图》摹本与拓本局部（摹本为朱笛摹绘；拓本引自《中国画像石全集》第 8 卷《石刻线画》，127 页）

镜照容（图12-9）。关于画中这位女子的身份，学界曾有所讨论。王子云提出，石椁上"一个突出的画像，是描写一个青年贵族妇女正在持镜整妆的形象。这一画像的脸型，画师以正确的比例，细心慎重地刻画出唐代妇女典型的面貌。她的面型是和敦煌唐代壁画以及唐墓出土俑像相类的，由于颊部轮廓线一处错笔的更改，更显露出刻工精巧的手法。在整个画像的安排上，由于一手持镜一手提带所显出的悠闲姿态，充分地表现出一个美于姿容的少妇矜持而又骄恣的内在心情"[1]。茹士安持不同意见："给这个刻于石椁上的女像以'贵族妇女'的身份，是与其所处的位置不相适应的。"[2] 此外，这幅画从艺术的角度反映了唐代人使用带柄镜的事实。与其相似的是一件 1948 年出土、陕西历史博物馆

1　王子云：《唐代的石刻线画》，《文物参考资料》1956 年 4 期。
2　茹士安：《从"陶俑"一书材料的真实性谈起》，《文物参考资料》1957 年 10 期。

图 12–10 西安长安县贾里村唐裴氏墓执镜彩绘女俑（霍宏伟摄影）

藏彩绘女立俑，亦为手执带柄镜（图 12–10），此俑发现于陕西长安县神禾原贾里村附近的唐大中四年（850 年）裴氏小娘子墓。[1] 但令人颇感疑惑的是，至今尚未能够确认属于唐代的带柄铜镜实物。

在西藏阿里地区札达县境内的东嘎洞窟壁画中也有手执带柄镜的人物形象，其身份应该是供养人。在编号为 ZD2 的洞窟天井顶部的曼陀罗（坛城）图中，描绘有一人呈坐姿，上身赤裸，耳佩环，下着紧身小衣，身披条帛，双臂并拢，略朝前方伸去，双手捧一带柄镜，镜面中清晰地映出其面容。与此像相距约 50 厘米处，另绘有一人像，亦为坐姿，耳佩环，带项饰，上身穿紧身短袖衫，下身着紧身小衣，两臂外侧飘以条帛。左臂

---

[1] 周到主编：《中国画像石全集》第 8 卷《石刻线画》，河南美术出版社，2000 年，127 页；李秀兰等：《唐裴氏小娘子墓出土文物》，《文博》1993 年 1 期。

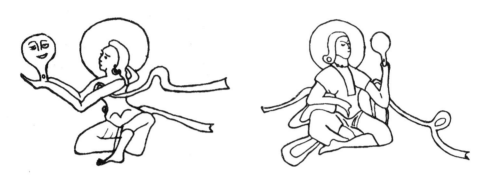

图 12–11 西藏阿里东嘎石窟壁画中执镜人物形象摹本
(《再论西藏带柄铜镜的有关问题》,《考古》1997 年 11 期)

弯曲,左手抬起,拿一带柄镜,右臂略弯,置于腹前。壁画中出现的两面铜镜形象,其柄部略宽,带有穿孔,直接与镜下缘相接(图 12–11)。绘有执带柄镜人物图像的东嘎一号窟属于早期洞窟,时代为公元 11～13 世纪[1],相当于宋元时期。

"插花枝共动,含笑靥俱生。衫分两处色,钏响一边声。就中还妒影,恐夺可怜名。"[2]这首唐诗《叹美人照镜》,表达了诗人对于佳丽览镜照容的感叹,有两件同时代的览镜女坐俑,用立体的表现手法塑造的恰好是这一精彩瞬间。1955 年西安东郊王家坟 90 号唐墓出土的女俑尤其重要,因为此墓未被盗掘,保存较为完整。这件三彩女坐俑头束高髻,脸庞圆润,透着一种迷人的微笑。女俑上身穿半露胸式黄褐色窄袖小衫与乳白色半臂,下着深绿色高腰柿蒂纹绫长裙,裙摆下露出一双重台履。左手持镜,右手伸着食

---

1 霍巍:《再论西藏带柄铜镜的有关问题》,《考古》1997 年 11 期,65 页,图三。
2 《全唐诗》卷七六九《陈述》,8821 页。

佳人览镜

指，坐于一个有着上下两层纹饰繁缛的束腰圆凳之上。俑高 47.3、宽 19.3 厘米（图 12-12）。有一些论著在引用该资料时说女俑左手持镜已失，其实不然。若仔细观察，会发现唐人塑造此像执镜是用了写意的方法，即先塑出握拳的左手，手心向内，再于并拢的五指前部粘贴上一张如饺子皮似的薄片儿，以此代表铜镜。发掘者推测这件女俑可能是墓主人的塑像。

此墓分为两个区域，一个是墓室西侧棺木范围内，以人骨架为中心，其北端有两件彩绘陶罐，东侧自北向南分布着铜洗、狩猎纹铜镜、铜镊子、蚌壳、小瓷盘、开元通宝铜钱；另一个是墓室北壁下，以女坐俑为中心的区域，女俑居中，左右有狮子，前有钱柜，东南有一件陶牛，西南有两件瓷碗。所摆放的器物大致对称（图 12-13）。[1] 从随葬品的平面分布来看，人骨架与女坐俑无疑处于墓中最为重要的两个位置。从女俑周围器物的排列布局来看，其左右各有一件三彩狮子护佑，面前的钱柜是财富的象征，牛也有驱邪厌胜的作用。由此来看，这件女俑是墓主人塑像的可能性还是存在的。

另一件三彩女坐俑为传世品，现藏英国国立维多

图 12-12　西安王家坟 90 号唐墓览镜三彩女俑（《西安东郊王家坟清理了一座唐墓》，《文物参考资料》1955 年 9 期）

1　何汉南：《西安东郊王家坟清理了一座唐墓》，《文物参考资料》1955 年 9 期；陕西省文物管理委员会：《西安王家坟村第 90 号唐墓清理简报》，《文物参考资料》1956 年 8 期。

利亚与艾伯特博物馆（Victoria and Albert Museum）。其头梳双髻，面目清秀，身穿短衫长裙，外罩半臂，肩搭披帛，一块白色小方块粘连于左手指前端，以象征小镜子，曲臂照镜，右手整装。头部素胎粉彩，上身以施黄釉为主，下身多施绿釉。高32、宽10厘米（图12-14）。[1]

与两件三彩女坐俑质地、姿势不同的是，1992年洛阳北郊市劳动教养所餐厅楼工地949号晚唐墓出土的览镜白瓷女立俑。女俑为梳妆状，头向左侧微偏，发型复杂，腰束长带，上着宽袖衫，下穿曳地长裙。右手弯曲执镜于面前，作照镜状；左手拿发笄，作绾发状。胎质细腻，釉色洁白。通高7.5厘米（图12-15）。看着眼前的这位仕女形象，不禁会让人联想起晚唐诗人

图12-13　王家坟90号唐墓发掘现状（《西安王家坟村第90号唐墓清理简报》，《文物参考资料》1956年8期）

李商隐的名篇《无题》：

相见时难别亦难，东风无力百花残。春蚕到死丝方尽，蜡炬成灰泪始干。
晓镜但愁云鬓改，夜吟应觉月光寒。蓬山此去无多路，青鸟殷勤为探看。[2]

1　吕章申主编：《海外藏中国古代文物精粹·英国国立维多利亚与艾伯特博物馆卷》，安徽美术出版社，2014年，334—335页。
2　《全唐诗》卷五三九《李商隐　》，6219页。

图 12-14　维多利亚与艾伯特博物馆藏唐览镜三彩女俑（《海外藏中国古代文物精粹·英国国立维多利亚与艾伯特博物馆卷》，335 页）

图 12-15　洛阳市劳动教养所 949 号唐墓览镜白瓷女俑（霍宏伟摄影）

在五代画家周文矩《宫中图》的南宋摹本中，有两组览镜形象，均为仕女与侍女相对而立，前者高大于后者。位于画面左侧的第一组人物，仕女手持镜背绶带，引镜自照，侍女双手端盘，盘中放有梳妆用品。画面右侧的第二组人物，仕女背对观者，将双手举于脑后，正在临镜挽髻，侍女持镜置于胸前，镜中清晰地映出仕女俊美的容貌（图 12-16）。[1] 画家以其敏锐的观察力，用细腻的笔触、流畅的线条、准确的造型记录了一群内宫特殊人群的现实生活。这一段南宋摹本现藏美国哈佛大学福格艺术博物馆。

与第二组览镜人物类似构图的资料可列举两例。一幅是故宫博物院藏传唐代周昉的

---

[1]　林树中主编：《海外藏中国历代名画》第二卷《五代至北宋》，湖南美术出版社，1998 年，51 页。

图 12-16　五代周文矩《宫中图》南宋摹本局部（《海外藏中国历代名画》第二卷《五代至北宋》，51页）

图 12-17　《挥扇仕女图》局部（《中国历代侍女画集》，图 14）

图 12-18 明代仇英《贵妃晓妆图》局部（《中国历代仕女画集》，图 47）

《挥扇仕女图》，其中第四组画面为两位女子相对而立，左侧穿男装的年轻侍女双手把持着一面体大厚重铜镜的镜钮，右侧年纪稍长、体态丰腴的女子双手放于头旁，正在对镜理鬓梳妆，有人说这正是中晚唐时期宫廷内一群深锁皇宫、寂寞终老嫔妃的真实写照（图 12-17）。[1] 另一幅是台北故宫博物院藏明代仇英的《贵妃晓妆图》，画中一位贵妃坐在圈椅里，对着镜子，双手放于头上，正在向发髻上插簪子，她的对面立一位侍女，双手捧着一面大圆镜（图 12-18）。这些画在题材上均选择了宫内嫔妃的日常生活场景、梳妆打扮的瞬间动作。

两宋时期，佳人览镜题材在绘画作品中得到较为充分的体现。河南禹县白沙一号墓

1　陈粟裕：《绮罗人物：唐代仕女画与女性生活》，上海锦绣文章出版社，2012 年，52—60 页。

图 12-19　河南禹县白沙北宋赵大翁墓《梳妆图》壁画摹本(《中国历代女性像展》,66 页)

图 12-20　河南荥阳槐西村北宋墓《梳妆图》壁画(《郑州文物考古与研究》2,彩版四四:2)

为北宋元符二年(1099 年)赵大翁墓。后室西南壁壁画上设幔、绶,幔下左侧站立一女,高髻,双手捧绛色圆盒。其面前四条腿的方桌上放置一件淡赭色镜台,台端画七枚蕉叶饰,最上蕉叶饰下系圆镜一面。右侧立四位女子,前面一女着窄袖绛衫、卷云文裙、尖鞋,面南,双手上捧白团冠,欠身临镜作着冠状,冠下前后插簪饰;其后左侧立一女,右手指镜台后面的女子,作申斥状;此女之右立一女,双手捧一白色盘,盘中盛两盏及托子;其前一少女,双手捧一绛缘黑底盘,盘中所盛似为梳妆用具,拱身侍立于临镜着冠的女子之后。墓主人赵大翁是一位拥有土地的地主,墓中壁画所描绘的对镜着冠女子,

图 12-21 内蒙古库伦一号辽墓壁画摹本局部(《库伦辽代壁画墓》, 25 页)

或为墓主家眷(图 12-19)。[1]

2008 年,在河南荥阳市豫龙镇槐西村西北部台地上,考古工作者发掘了一座北宋晚期壁画墓。在东壁下部有一幅梳妆图。壁画右半幅绘两位站立的女子,中间绘红色镜台,镜台上悬一圆镜。左侧女子正对镜梳妆,右侧女子回眸望镜(图 12-20)。[2] 与这种典型中原风格完全不同的是地处北方辽代壁画墓中的览镜画面,游牧民族的生活特点跃然壁上。1972 年,在内蒙古哲里木盟库伦旗勿力布格村北发掘的辽代一号壁画墓墓道北壁中段,描绘有女主人于户外备车启程的场景。在一辆轿顶式鹿车的前面有三位男子,车后站立两位女子,其中女主人立于左侧,侍女在其右侧手执铜镜,帮主人整妆,镜内映照出女主人娇美的面容(图 12-21)。[3] 无论是男女人物的衣着打扮,还是所使用的交通工具

---

[1] 宿白:《白沙宋墓》, 27 页, 图版贰柒。
[2] 于宏伟等:《荥阳槐西壁画墓发掘简报》,《郑州文物考古与研究》2, 科学出版社, 2010 年, 557 页, 彩版四四: 2。
[3] 王健群等:《库伦辽代壁画墓》, 文物出版社, 1987 年, 25 页, 图一八, 图版一〇: 2。

图12-22　元代嵌螺钿黑漆盒盖上的《美人对镜图》(《世界美术全集》20卷《中国中世Ⅱ·明·清附近代》，图119)

鹿车，均与中原地区截然不同。

　　有一件现存日本的元代美人对镜图嵌螺钿黑漆盒，原先被误定为明代螺钿器。"该楼阁人物图螺钿菱花食笼，盖面仕女理妆图中物象所见镜架、奁盒与宋人《半闲秋兴图》中桌上所置镜架、奁盒造型几乎无区别。……东京国立博物馆西岗康宏《中国の螺钿》，对元、明螺钿断代做了论证，且也将此作品列为元代制品。"（图12-22）[1] 从图像上来看，楼阁中的佳丽面对着放置于桌上的镜台正在梳妆。实际上，早在东汉画像石上也有楼阁之中仕女览镜梳妆场景的描绘。安徽灵璧县九顶镇出土一块东汉画像石上，雕刻出一位无名女子跽坐于楼阁上层窗边、照镜梳妆的优雅场景。东汉时期楼阁

---

[1] 陈晶：《三国至元代漆器概述》，陈晶主编：《中国漆器全集》第4卷《三国—元》，23页；[日]下中弥三郎：《世界美术全集》20卷《中国中世Ⅱ·明·清附近代》，图119，黑漆螺钿八棱食笼（盖表，《美人对镜图》）。

的出现，显示出女子身份的特殊。

明清时期，有关佳人览镜题材的绘画日渐增多，中国国家博物馆藏明代绘画《千秋绝艳图卷》颇具代表性。这是以历史上诸多美人故事为素材创作的大型仕女图长卷，卷中有三幅与览镜相关的画面，一为隋代陈贞破镜重圆图，二为唐代薛姬临镜写真图，三为北宋聂胜琼持镜图，画面右上角均有工整的小楷题诗。[1]

《千秋绝艳图卷》图八为《陈贞破镜重圆图》，画卷中南朝陈国的乐昌公主陈贞亭亭玉立，左手持一蓝色条带，右手捏着套在镜钮上的蓝色短绶带及半面金黄色残镜边缘，一副若有所思的神情。题诗云："乐昌公主。宝镜空明半月辉，闷来独自掩孤帏。伤心怕说前朝事，泪湿罗衫对落晖。"

该图卷一四为唐代《薛姬临镜写真图》。一位女画家坐在桌前，铺开一纸，对着放置于镜台上的一面圆镜，挥毫作画，将自己美丽的倩影展现于画幅之上。题诗云："薛姬。几回欲下丹青笔，愁向妆台宝镜明。写出素颜浑似旧，请君时把画图临。"（图12-23）

"自写真"亦称自画像，是人物肖像画中的重要门类。画上所题"薛姬"，即唐代才女薛媛。唐范摅《云溪友议·真诗解》一文，有关于薛媛的事迹：

> 濠梁人南楚材者，旅游陈颍。岁久，颍守慕其仪范，将欲以子妻之。楚材家有妻，以受颍牧之眷深，忽不思议，而辄已诺之。遂遣家仆归取琴书等，似无返旧之心也。或谓求道青城，访僧衡岳，不亲名宦，唯务玄虚。
>
> 其妻薛媛，善书画，妙属文；知楚材不念糟糠之情，别倚丝萝之势，对镜

---

[1] 《中国历代仕女画集》，天津人民美术出版社等，1998年，图59、64、65。

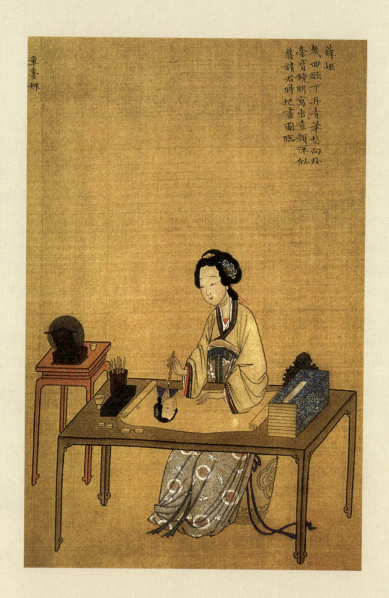

图 12-23 明代《薛姬临镜写真图》(《中国历代仕女画集》,图 65)

图 12-24 大英博物馆藏宋代银镜奁（英国大英博物馆供图）

自图其形,并诗四韵以寄之。楚材得妻真及诗范,遽有隽不疑之让,夫妇遂偕老焉。……薛媛写真寄夫诗曰:"欲下丹青笔,先拈宝镜端。已惊颜索寞,渐觉鬓凋残。泪眼描将易,愁肠写出难。恐君浑忘却,时展画图看。"[1]

唐代濠梁人南楚材游走至陈颍之地,时间久了,陈颍太守敬慕其仪容,想把自己的女儿嫁给他。楚材同意这桩婚事,于是派仆人回家去取琴书,似无返乡之意。其妻薛媛擅长书画,精通作文,也略知丈夫的意图。于是,对镜绘制一幅自画像,并题诗一首送给丈夫。楚材得到妻子的自画像及题诗,感到很惭愧,夫妻重归于好,白头到老。

英国大英博物馆藏一件宋代银镜奁,奁盖中央开光内錾刻有一幅仕女临镜写真的画面(图 12-24),[2] 以往较少有人关注过它的故事内容。通过对明代《千秋绝艳图卷》一四《薛姬临镜写真图》内容的解读,可以较为容易地读懂大英博物馆藏宋代银镜奁盖上画面的含义,它所表现的应该也是唐代薛媛临镜写真的故事。

---

1 (唐)范摅:《云溪友议》卷上"真诗解"条,4 页。
2 [日]东京国立博物馆等:《大英博物馆所藏"日本·中国美术名品展"图录》,朝日新闻社,1987 年,154 页。

图 12-25 明代《聂胜琼持镜图》(《中国历代仕女画集》,图 64)

《聂胜琼持镜图》,画中有一女子坐于圆凳上,将镜子从褐色椅型镜台上取下来,右臂略弯曲,手持镜背红绶带,对镜照容,左手抬起,置于胸前。题诗云:"聂胜琼。双眸别泪越江边,待月东林月正圆。云鬓懒梳还对镜,恐惊憔悴入新年。"(图 12-25)聂胜琼为北宋汴京城的名妓,与李之问相好,分别后寄赠李氏《鹧鸪天》词一首,以表达离别思念之情:

玉惨花愁出凤城,莲花楼下柳青青。尊前一唱阳关曲,别个人人第几程。寻好梦,梦难成,有谁知我此时情。枕前泪共阶前雨,隔个窗儿滴到明。

未曾料到的结果是,李之问返家之后,这首词被他的妻子看到,喜其语句清健,竟主动拿出路费,让李之问将聂胜琼接回家来,以事主母,终身和悦。[1]

清代绘制的览镜图依描绘场景的不同,有户外、室内之分。反映户外场景的绘画,有乾隆三年(1738 年)陈枚以写实笔法创作的《月曼清游图》册之五《对镜梳妆》。五月端午前后,天气渐热,渠畔水榭之中,六位仕女在消夏乘凉。其中一位上着蓝衣下

---

[1] 张思岩辑:《词林纪事》卷一九《宋一七》,古典文学出版社,1957 年,515—516 页。

图 12-26 清代陈枚《对镜梳妆》(《明清风俗画》,105 页)

穿白裙的少女端坐于中央方桌前,桌上奁盒之上支着一面镜子,正在对镜梳妆,周围几位女子的注意力大多集中于女孩身上。画面左侧另有一女子提着茶具,正准备入榭送茶(图 12-26)。[1]

表现室内的佳人览镜瞬间,以故宫藏清代雍正登基之前所用围屏《十二美人》之一的《裘装揽镜》最为人所熟知(图 12-27)。一位佳丽坐于床边,手持镜子仔细端详。1993 年,巫鸿在与以前故宫博物院的两位同事杨臣彬、石雨春的交谈过程中,了

---

1 金卫东主编:《明清风俗画》,105、257 页。

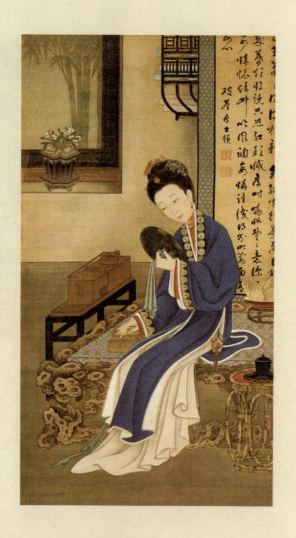

图 12-27　清代《裘装揽镜》(《十二美人》第 1 册《一卷美人》)

解到《十二美人图》发现的大致经过。20世纪50年代初，对故宫清代藏品进行整理，其中有一套12幅佚名画作。经考证，这些美人绢画最初是装裱于圆明园深柳读书堂一架围屏的12扇屏面上，并不是用来装饰宫中殿堂墙壁的。[1]

乾隆五十五年（1790年）绘制、印刷的版画集《百美新咏图传》，有三幅佳人览镜图。第一位是被隋炀帝封为崆峒夫人的吴绛仙，擅于描画修长的蛾眉。画面中，吴绛仙正依桌而立，左手持镜绶，右手执毛笔，对镜描画眉毛（图12–28）。唐颜师古《隋遗录》：

> 一日，帝将登凤舸，凭殿脚女吴绛仙肩，喜其柔丽，不与群辈齿，爱之甚，久不移步。绛仙善画长蛾眉，帝色不自禁，回辇召绛仙，将拜婕妤，适值绛仙下嫁为玉工万郡妻，故不克谐，帝寝兴罢，擢为龙舟首楫，曰崆峒夫人。由是，殿脚女争效为长蛾眉。司宫吏日给螺子黛五斛，号为蛾绿。螺子黛出波斯国，每颗直十金，后征赋不足，杂以铜黛给之，独绛仙得赐螺黛不绝。帝每倚帘视绛仙，移时不去。顾内谒者云："古人言秀色可餐，如绛仙真可疗饥矣。"因吟《持楫篇》赐之，曰："旧曲歌桃叶，新妆艳落梅。将身倚轻楫，知是渡江来。"诏殿脚女千辈唱之。[2]

第二位是已亡国的南朝陈国乐昌公主陈贞，与其丈夫徐德言在隋代大兴城内共同演

---

[1] 赵广超等：《十二美人》第1册《一卷美人》，《装装揽镜》，紫禁城出版社，2010年，5页；[美] 巫鸿著、文丹译：《重屏：中国绘画中的媒材与再现》，上海人民出版社，2009年，174—175页。

[2] （唐）颜师古撰：《隋遗录》卷上，《穷怪录》（及其他四种），丛书集成初编，中华书局，1991年，2页。

图 12-28　清代《吴绛仙描眉图》(《百美新咏图传：历朝名女诗文图记》，23 页)

图 12-29　清代《乐昌公主览镜图》(《百美新咏图传：历朝名女诗文图记》，61 页)

图 12-30　清代《莹娘描眉图》(《百美新咏图传：历朝名女诗文图记》，119 页)

绎了一出流传千古的"破镜重圆"悲喜剧。此画与明代《千秋绝艳图卷》中的乐昌公主形象不同，明画中的是立姿，手执半镜，清画中为坐姿，坐于一个方凳之上，左手持一面完整的镜子（图 12-29）。

第三位是唐代长安平康巷里的莹娘，擅长梳妆描眉。画面中的莹娘，端坐于桌前，长案上放一镜架，架上有一面八卦镜，镜旁有一小砚。莹娘右手持一支毛笔，微蘸墨汁，欲对镜描眉（图 12-30）。[1] 明代焦竑辑《焦氏类林》卷七引《传芳略记》：

> 莹娘，平康伎也。玉净花明，尤善梳掠，画眉日作一样。唐斯立戏之曰：

---

[1] （清）颜希源编撰：《百美新咏图传：历朝名女诗文图记》，中国文联出版社，2006 年，22—23、60—61、118—119 页。

"西蜀有《十眉图》，汝眉癖若是，可作《百眉图》。更假岁年，当率同志为修'眉史'矣。"[1]

故宫博物院珍藏有一幅清代慈禧太后览镜的老照片。据考证，从光绪二十九年（1903年）后，她陆续拍下了照片30张，在光绪二十九年七月立的《宫中档簿·圣容帐》中均有记载。每幅照片或立或坐，服装、头饰、陈设各不相同，经洗印、放大后的照片高75、宽60厘米，托衬在考究的硬纸板上，镶在特制的雕花金漆大镜框中，盛放在高128、宽100、厚20余厘米的紫檀木盒内，外裹明黄色丝绣锦袱。

这批照片的摄影者是先后出任清政府驻日及驻法公使的裕庚之子勋龄。他于光绪癸卯年间（二十九年，1903年）奉诏进入颐和园为慈禧拍摄照片，大多摄于慈禧七十大寿之前，以备寿辰时悬挂于宫中或赏赐给他人之用。

这幅《慈禧对镜插花》照片，应拍摄于颐和园乐寿堂前搭的席棚内，中设御座、布景屏风及豪华陈设。慈禧太后立于正中，左手执带柄镜，右手正在插花。其背后上方有一条横幅，写有楷书"大清国当今慈禧端佑康颐昭豫庄诚寿恭钦献崇熙圣母皇太后。光绪癸卯年"，共计31字。在"豫庄"两字之上有一玺印，据另一幅慈禧坐像上方印文"慈禧皇太后之宝"来看，可知这枚玺印印文与之相同（图12–31）。[2]

通过佳人览镜主题的描绘或塑造，反映出不同时代、不同阶层、不同身份、不同环境中女性的生活状态，即巫鸿提出"女性空间"概念所涉及的内容，这是一个被当作女

---

[1] （明）焦竑辑：《焦氏类林》卷七《冠服》，《续修四库全书》1189册，364页。
[2] 《故宫旧藏人物照片集》，紫禁城出版社，1990年，25、35页，图25。

图 12-31 故宫藏清代慈禧太后对镜插花像局部（《故宫旧藏人物照片集》，35 页）

性来感觉、想象和表现的地方，是一个空间性的统一体，一个由山水、花草、建筑、空气、氛围、色彩、香味、光线、声音，以及被选中而得以居住在这里的女性和她们的活动所构成的人造世界。女性人物和女性事物，只是女性空间的构成因素之一。[1]

自偃师新莽墓中的梳妆图壁画开始，到故宫藏清末慈禧太后的览镜照片结束，历时近两千年。从三国孙吴朱然墓出土漆盘、北魏《女史箴图》描绘的佳人坐于席上照镜，到唐代坐于束腰圆凳上的女俑览镜，时光匆匆走过二百余年。从盛唐圆凳上的照镜女俑，再到白沙一号北宋墓葬壁画中面对方桌上的镜台梳妆打扮的仕女，光阴似箭，向前又穿行了三百多年。五个多世纪的风云变幻，人们的生活习俗发生了较大改变，矮式家具已逐渐升高，成为高足家具，照镜所处位置的不同、家具高低与式样的转换正是这种变化的一种生动体现。

佳人已逝，佳境永存。

---

1 ［美］巫鸿著、文月译：《重屏：中国绘画中的媒材与再现》，184—187 页。

汉墓鉴影

> 我有古时镜，初自坏陵得。蛟龙犹泥蟠，魑魅幸月蚀。摩久见菱蕊，青于蓝水色。赠君将照色，无使心受惑。[1]

唐代朱昼这首《赠友人古镜》诗说到的古镜，来自于被毁的古代陵墓之中。虽然无法确定镜为何时之物，但可以看出随葬铜镜已是古代不可或缺的葬俗之一。汉墓葬镜是常见的习俗，有学者在详细统计汉墓随葬器物后得出这样的结论："铜镜是一件广受汉人喜用的随葬品，其证据就是出土铜镜之墓葬在所有未扰墓中经常占有最高之百分比。"[2] 洛阳烧沟汉墓、西郊汉墓科学的发掘与整理成果，是对这一结论的有力印证。

一、经典烧沟

烧沟汉墓位于洛阳老城西北约 1.5 公里的邙山南坡，地势较高。邙山，亦称北邙山、

---

1 《全唐诗》卷四九一《朱昼》，5602 页。
2 蒲慕州：《墓葬与生死：中国古代宗教之省思》，中华书局，2008 年，153 页。

图 13-1 汉魏洛阳故城北面连绵起伏的邙山（霍宏伟摄影）

芒山，是横亘于伊洛河平原北部的一条东西向土岭，其北侧为黄河，邙山成为一道防御水患的天然大堤。洛阳历代都城均为"背邙面洛"，营建于伊洛河平原之上。中国自古选择茔域就有"尚北"之风，邙山恰好位于洛阳城北（图 13-1），地势高敞、平坦，自西周至今历经 2800 多年，一直是人们选择阴宅的风水宝地。《礼记·檀弓下》："葬于北方，北首，三代之达礼也，之幽之故也。"注云："北方，国北也。"正义曰："言葬于国北及北首者，鬼神尚幽暗，往诣幽冥故也。殡时仍南首者，孝子犹若其生，不忍以神待之。"[1]《白虎通·论葬北首》："所以于北方者何？就阴也。……孔子卒，以所受鲁君之璜玉，葬鲁城北。"[2]《读史方舆纪要·河南三》载，邙山"在府北十里。山连偃师、巩、孟津三县，

---

[1] 李学勤主编：《十三经注疏·礼记正义》卷九《檀弓下》，272 页。
[2] （清）陈立撰、吴则虞点校：《白虎通疏证》卷一一《崩薨·论葬北首》，中华书局，1994 年，558—559 页。

图 13-2 孟津张盘西南的东汉陪葬墓群（1996年拍摄，洛阳市文物考古研究院供图）

绵亘四百余里，古陵寝多在其上"（图 13-2）。[1] 洛阳民间流传着"邙山无卧牛之地"和"生在苏杭，葬在北邙"的俗语。

洛阳邙山墓区大致可以划分出西、中、东三段。西段以烧沟汉墓为代表；中段古墓分布密集，但被盗严重；东段以偃师杏园唐墓最具典型性。通过对已发表考古资料的统计，邙山墓区出土铜镜 229 面，铁镜 16 面，[2] 若再加上民国时期邙山盗掘出的 108 面铜镜，所出铜镜数量达到 337 面。

1952～1953 年，洛阳区考古发掘队在烧沟村西南清理汉墓 225 座（图 13-3）。这些汉墓葬制规模大致相同，考古学者认为，这批墓应属于汉代一般官吏及其眷属的墓葬。

1　（清）顾祖禹撰、贺次君等点校：《读史方舆纪要》卷四八《河南三》"北邙山"条，2225 页。
2　霍宏伟等主编：《洛镜铜华》，20—24 页。

图 13-3 烧沟汉墓考古发掘现场(《科学出版 60 年》,308 页)

整个墓地出土铜镜 118 面,铁镜 9 面,共计 127 面。这些镜子在墓内的放置是有规律的,大部分放于棺内。置于棺内的镜子上时常发现有较细的绢纹,可能当时是用绢包裹或是用一镜囊盛放的。在少数几面镜子的钮穿中,发现纤维痕迹,推测当时还在镜钮处穿上一条带状的"系组"[1],这在湖南长沙马王堆西汉墓出土铜镜上已得到了证实。烧沟汉墓报告整理者还对 30 个人骨痕迹较为清楚的墓做了统计:镜子放于头左上方或头左侧的有 16 面,置于头右上方或头右侧的 12 面,见于胸前或肩上的 3 面,摆在足旁的 3 面。由此可见,镜子放于头旁的数量最多。按照古人"事死如事生"的观念来看,逝者与生者没有什么区别,只不过生活空间由地面上的阳世转为黄泉之下的阴间而已,逝者在地下也需要镜子照容理妆,还可以借助于铜镜的光辉来保护逝者地下生活的安宁,不受鬼魅的袭扰,所以大多将镜子放置于头部的一侧。1990 年,考古工作者在烧沟汉墓东侧发掘出一

---

[1] 洛阳区考古发掘队:《洛阳烧沟汉墓》,160—176 页。

座北宋晚期仿木结构砖室壁画墓，出土4面铜镜，其中1面是悬挂于墓顶心圆砖之上的云龙镜,[1]让人联想到《周易·乾卦》中"飞龙在天，利见大人"的爻辞。宋人在墓中放镜的位置已与汉代有所不同，甚至有人将铜镜悬于棺盖以照尸体，但目的是相同的，都是为了"取光明破暗之意"[2]。

1959年，《洛阳烧沟汉墓》发掘报告出版。此书的学术贡献在于解决了汉墓的编年问题，建立起洛阳地区汉墓分期的标尺，确立了汉墓考古学研究的基本理论与方法，对后来全国各地的汉墓考古有着重要的学术指导意义，被誉为"汉代墓葬考古的奠基之作"[3]。若追溯以往的学术传统，可以看到两宋至明清时期盛行的金石学，其研究对象一般为传世品，器物早已脱离了原始的出土环境，丧失了许多珍贵的历史信息，铜镜研究亦然，在资料的使用上有较大的局限性。而烧沟汉墓的发掘者们以现代考古学理论为指导，在考古现场进行科学、细致的发掘与记录。在资料整理阶段，充分运用类型学的方法，对汉墓与随葬器物形制进行排比、分析，重视器物组合的变化，总结、归纳出其演变规律，从而较为准确地推断出墓葬与器物的大致年代。以烧沟汉墓出土铜镜为例，将其分为蟠螭纹镜、草叶纹镜、博局镜（图13-4）等14种类型，时间推断为自西汉中期至东汉晚期6个时段。

这部经典报告的主编蒋若是，早年曾就读于齐鲁大学，后来还接受过首届中央考古训练班的严格培训，有着较高的考古学理论素养与实践经验。1997年，当年参加过报告整理的北大历史系吴荣曾教授告诉我，蒋若是在主持报告编写之初，对于其框架、体例

---

1 洛阳市第二文物工作队：《洛阳邙山宋代壁画墓》，《文物》1992年2期。
2 （宋）周密撰、吴企明点校：《癸辛杂识》续集下"棺盖悬镜"条，中华书局，1997年，202页。
3 刘庆柱主编：《中国考古发现与研究（1949—2009）》，人民出版社，2010年，353页。

图 13-4　烧沟 60 号新莽墓罕见的几何纹博局镜及拓本（洛阳市文物考古研究院供图）

的设计已是胸有成竹，思路清晰，所以报告的整理过程较为顺利。该书面世至今已有半个多世纪，仍是中国多所大学考古专业研究生考古文献研读课程指定的必读书目，也是铜镜研究者整理与探讨汉镜问题的案头必备之书，正如孔祥星意味深长的一句话："在我们研究中国古代铜镜伊始，给予最大启迪的当属1959年出版的《洛阳烧沟汉墓》一书。"[1]

二、天壤之别

1957~1958年，在洛阳西郊金谷园村和七里河村发掘一大批两汉墓葬，统称为"洛阳西郊汉墓"（以下简称"西郊汉墓"）。金谷园村位于烧沟墓地西南约1公里，南距汉河南县城遗址北墙 1.5 公里。七里河村东临近涧河，墓地在涧河西岸的台地上，隔河与汉

---

[1] 孔祥星：《洛镜铜华》序，霍宏伟等主编：《洛镜铜华》上册，2页。

河南县城西墙相望。墓主人身份等级较高，有可能属于汉代一般官吏及其眷属的墓葬，出土铜镜数量较多，铸造工艺精良。考古报告公布的资料，仅限于保存较好的217座两汉墓葬，出土铜镜175面。[1] 一般置于棺内头侧，个别放于棺外。包括草叶镜、星云镜、凤鹤镜、神兽镜、铜华镜等14种类型。较为罕见的有四凤四鹤镜（图13-5），在近60年来洛阳汉墓考古发掘品中仅此一面，它与星云镜伴出，应是西汉中期的一种镜型。其他又如铜华镜（图13-6），也是洛阳汉墓中不多见的。

1955年，考古工作者在位于汉河南县城西南约5公里的一片低洼地带，清理了70座两汉小型墓（以下简称"小型墓"），从墓葬形制及随葬品来看，应属于贫民墓与儿童墓。依其墓葬形制的不同，分为陶棺葬、瓮棺葬、瓦棺葬、小型砖棺葬、土圹墓。这五类墓葬出土的随葬品，大多为陶器，少数墓中出有铜、铁器，铜镜共9面，仅见于后两类墓中，铁镜1面。砖棺葬38号墓出土1面连弧纹铜镜，直径8.8厘米。8座土圹墓各出1面铜镜。包括四乳四螭镜、四禽镜、长宜生子镜、位至三公镜及蝙蝠形钮座镜等，直径7.5~11厘米，多属小型镜（图13-7、13-8）。66号墓出铁镜1面。镜背中央带一乳状平钮，铁锈较厚，无法辨认是否有纹饰。直径13厘米。出铜镜的墓葬有9座，其中5座墓出有位至三公镜或长宜生子镜，有东汉晚期的初平式陶罐伴出。4座墓随葬四螭镜、四禽镜及连弧纹镜3种，与东汉货币或陶器伴出，其时间不会早于东汉。但就铜镜及伴出陶器而论，则应较上述五墓时间为早。

洛阳地区发掘两汉贫民墓与儿童墓数量较少，这批小型墓则是与较高等级汉墓进行对比的难得资料。正如发掘、整理者所说："极少见此类贫苦人民的墓地。而此次发掘的墓地，恰在远距汉河南县城西南约10华里的低洼地带。此种现象，或与汉代死者的土地

---

[1] 中国科学院考古研究所洛阳发掘队：《洛阳西郊汉墓发掘报告》，《考古学报》1963年2期。

图 13-5 洛阳西郊 3165 号西汉墓凤鹤镜(《洛阳西郊汉墓发掘报告》,《考古学报》1963 年 2 期)

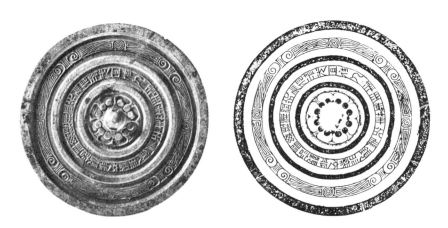

图 13-6 洛阳西郊 3206 号西汉墓铜华镜及拓本(《洛阳西郊汉墓发掘报告》,《考古学报》1963 年 2 期)

图 13-7 洛阳涧西两汉小型墓铜镜拓本(《一九五五年洛阳涧西区小型汉墓发掘报告》,《考古学报》1959 年 2 期)

图 13-8 洛阳东方红拖拉机厂 62 号东汉墓四乳四禽镜(洛阳市文物考古研究院供图)

占有有关，颇堪注意。此外，鸠车出自儿童墓，铜镜多佩于成年者的墓中，疑亦为两汉时代的葬俗。"[1]

通过以上汉河南县城周围官吏眷属墓与贫民墓的比较，可以看出，由于墓主人身份、等级高低贵贱的不同，在墓地选址、墓葬规模与结构、随葬器物的数量、种类及尺寸大小等方面皆存在较大差异。西郊汉墓选址，无论是在汉河南县城的北郊还是西郊，均位于地势高敞之所，距离城址较近，如金谷园墓地与汉河南县城北墙之间仅有1公里之遥，七里河墓地与汉河南县城西墙隔涧河相望。而小型墓却在东距汉河南县城5公里之外，地势低洼，从风水的角度来看，确非理想茔域。西郊汉墓所出铜镜种类繁多，有14种类型，小型墓所见铜镜种类较为单一，纹饰简约，仅有四乳镜、连弧镜、变形四叶镜3种类型。再就铜镜的随葬比例而言，西郊汉墓217座，出土铜镜175面，随葬铜镜比例高达80.6%。小型墓70座，出土铜镜9面，随葬铜镜比例仅为12.9%，另有1面铁镜。西郊汉墓出土铜镜直径5.5～23.2厘米，平均值14.35厘米，直径为20厘米以上的镜子有3面。小型墓所出铜镜直径为7.5～11厘米，平均值9.25厘米。贫民墓的铜镜随葬比例、种类及直径大小，均远远低于官吏眷属墓所出同类器物，从铜镜随葬比例、工艺水平优劣等方面反映出不同社会阶层的较大差异。

三、城之兴废

在烧沟225座汉墓中，仅有两座纪年墓，其一为147号东汉初平元年（190年）墓，出土一件陶罐，器壁上书写文字："初平元年□□□□□□□□死者河南□□□郭□□

---

[1] 河南省文化局文物工作队：《一九五五年洛阳涧西区小型汉墓发掘报告》，《考古学报》1959年2期。

□……生人入成（城）死人生（出）郭生人在宅舍死人在□□……"墓中放置"长宜高官"八连弧纹镜、变形四叶纹镜各一面。由陶罐上的残存文字，可以推知墓主人生前为汉河南县城居民。

两面铜镜均为圆形，圆钮。"长宜高官"八连弧纹镜，蝙蝠形四叶纹钮座，其间各有一字铭文，合读为"长宜高官"，字形修长，外饰内向八连弧纹，宽平素缘。直径13厘米（图13-9）。变形四叶纹镜，圆钮座，座外四面饰变形蝙蝠纹四叶，并以细弧线相连，四叶之间饰以变形涡纹。宽平素缘。直径8.3厘米（图13-10）。[1]

另有一座未曾引起学术界关注的813号初平二年（191年）墓。1954~1955年，在洛阳中州路西工段工地，于汉河南县城遗址中部偏西南清理813号初平二年砖棺墓，仅有5件随葬品，包括陶罐、卷云纹瓦当、"长宜子孙"八连弧纹铜镜、铁刀、五铢铜钱各1件（图13-11）。[2] 即使在条件极其艰难的情况下，仍要放置一面铜镜，可见铜镜已成为汉墓的重要随葬品之一。陶罐上的朱书文字清晰地显示出该墓的纪年："□初平二年三月□□朔二日丙……""长宜子孙"八连弧纹铜镜，圆形，圆钮，蝙蝠形四叶纹钮座，其间各有一字铭文，合读为"长宜子孙"。外饰内向八连弧纹，弧间饰以四个小圆圈与"立至三公"铭文，宽平素缘。直径11.6厘米（图13-12）。

上述两座初平年间的墓葬年代分别为公元190、191年，仅一年之差，坟茔位置的选择却有天壤之别，一座是在距汉河南县城北墙2.5公里之外的烧沟，另一座却位于城内中部偏西南。这究竟是什么原因呢？答案是，它既与城墓分离制度有关，也同东汉末年一个重要历史事件密不可分。

---

1 洛阳区考古发掘队：《洛阳烧沟汉墓》，159、169—173页。
2 中国科学院考古研究所：《洛阳中州路（西工段）》，科学出版社，1959年，131—136页，图版捌捌：3。

图 13-9　烧沟 147 号东汉初平元年墓连弧镜及拓本（《洛阳出土古镜》，图 98；《洛阳烧沟汉墓》，172 页）

图 13-10　147 号东汉初平元年墓变形四叶镜及拓本（《洛阳出土古镜》，图 91；《洛阳烧沟汉墓》，172 页）

图 13-11　汉河南县城遗址 813 号东汉初平二年墓(《洛阳中州路[西工段]》,图版捌柒:2)

图 13-12　813 号东汉初平二年墓连弧镜及拓本(《洛阳中州路[西工段]》,图版捌捌:3,135 页)

作为一个无法替代的坐标,对汉河南县城的基本概况与历史沿革应当有所了解。这座城营建于洛阳东周王城遗址中部,城市面积比东周王城减少四分之三,平面略近方形[1]。城址的始建年代,应是在西汉高祖六年(前201年)。《汉书·高帝纪下》载,汉高祖"六年冬十月,令天下县邑城"[2]。该城址的废弃年代,应是在东汉初平元年(190年),汉河南县城的沿用时间长达391年。该城址于东汉晚期废弃之后,才出现了城中筑墓的奇特现象。

在汉河南县城长期使用的过程中,城内是不允许埋葬死人的。因为自西汉初年开始,

1　中国社会科学院考古研究所:《洛阳发掘报告:1955—1960年洛阳涧滨考古发掘资料》,北京燕山出版社,1989年,193—194页。
2　《汉书》卷一下《高帝纪下》,59页。

已是城墓分离，这种制度最迟在西汉中期完全定型，被人们所遵从。[1] 东汉班固撰《白虎通·论葬北首》："葬于城郭外何？死生别处，终始异居。"[2] 烧沟147号东汉初平元年墓陶罐上写的文字："生人入成（城），死人生（出）郭；生人在宅舍，死人在丘墓。"东汉《驱车上东门行》诗："驱车上东门，遥望郭北墓。白杨何萧萧，松柏夹广路。下有陈死人，杳杳即长暮。潜寐黄泉下，千载永不寤。"[3] 这些资料从不同角度均说明汉代人的生死观念发生了较大变化，从而直接影响到城市规划与布局。

汉代城墓分离制度的实行，反映出城与墓的相互对立，在正常情况下不可能将墓葬置于城中，而属于初平二年的813号墓却在汉河南县城遗址内发现，这种将坟墓埋入城中的做法是极其特殊的现象，透露出的信息就是这座城址已完全废弃。结合历史文献来看，东汉初平元年（190年）正是董卓之乱的关键点，董卓胁迫汉献帝迁都长安，焚毁洛阳及其周围地区，汉河南县城亦在劫难逃。《三国志·魏书六·董卓传》："初平元年二月，乃徙天子都长安。焚烧洛阳宫室，悉发掘陵墓，取宝物。"《集解》引《续汉书》："卓部兵烧洛阳城外面百里。又自将兵烧南北宫及宗庙、府库、民家，城内扫地殄尽。"[4]《后汉书·董卓传》："卓自屯留毕圭苑中，悉烧宫庙、官府、居家，二百里内无复孑遗。"[5] 国都由洛阳迁往长安，东汉王朝的彻底衰落由此开始，30年后的延康元年（220年），汉献帝禅位于曹魏，东汉灭亡。

正是在这一历史大背景之下，汉河南县城于东汉初平元年废弃。当一座城市衰败之

---

1 霍宏伟：《城墓分离：洛阳古代城市史上的重大转折》，《洛阳汉魏陵墓研究论文集》，文物出版社，2009年，206—208页。
2 （清）陈立撰、吴则虞点校：《白虎通疏证》卷一一《崩薨·论葬北首》，558页。
3 （梁）萧统编、（唐）李善注：《文选》卷二九《杂诗上》，411页。
4 （晋）陈寿撰，（南朝宋）裴松之注、卢弼集解、钱剑夫整理：《三国志集解》卷六《魏书六·董卓传》，上海古籍出版社，2012年，634—636页。
5 《后汉书》卷七二《董卓传》，2327页。

后，连城内也成了逝者的天堂，繁华的城市由阳世变成了寂寥的阴宅。所以，在该城址内才出现初平二年墓以及其他成人墓，在汉河南县城北墙、西墙上也发现数座东汉晚期墓。这些墓葬的出现与董卓之乱有着密不可分的关系，墓内所出铜镜也是这一历史事件的有力物证。

烧沟 147 号墓"长宜高官"八连弧纹镜与汉河南县城址内 813 号墓"长宜子孙"八连弧纹镜，形制相同。不同点在于，后者比前者多饰一弦纹圈，圈外多饰四个小圆圈与"立至三公"四字铭文；前者直径略大，为 13 厘米，后者直径 11.6 厘米。烧沟 147 号墓同出一面变形四叶纹镜，与汉河南县城址内 708 号墓"位至三公"变形四叶纹镜，形制、纹饰基本相同，唯铭文、直径大小略有差异。前者四字铭文模糊，仅辨识出一"高"字，镜直径 8.3 厘米；后者铭文笔画完整清晰，镜直径 10 厘米[1]。

这几面出土于东汉初平年间墓葬的铜镜，形制、纹饰、直径大小近似，随葬地点却有城外、城内之分，显示出它们已不再仅仅是普通的东汉镜子，镜中或可映照出东汉末年杀伐频仍、动荡不安、枭雄出没的乱世，可谓小镜子照出大乾坤。

四、破镜重圆

1953 年 3 月 18 日，烧沟墓地发掘出的两座新莽墓引起了考古工作者的注意。这两座墓各出一半残破的铜镜，合在一起竟然是一面完整的铜镜[2]，"破镜重圆"的故事活生生地

---

[1] 中国科学院考古研究所：《洛阳中州路（西工段）》，130—136 页，图版捌陆：13。
[2] 洛阳区考古发掘队：《洛阳烧沟汉墓》，160 页；洛阳市文物管理委员会编：《洛阳出土古镜》（两汉部分），图 72，《古镜出土墓葬登记表》，6 页。

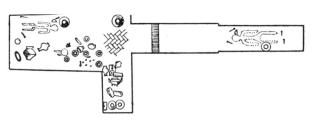

图 13-13 烧沟 38 号新莽墓平面图
（《洛阳烧沟汉墓》，39 页）

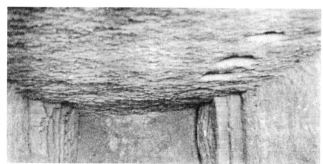

图 13-14 烧沟 38 号新莽墓墓道俯视
（《洛阳烧沟汉墓》，图版肆：3）

在考古工地上重演，让人听起来有一种时空穿越的感觉。编号为墓 38A、B 的这两座墓，位于整个发掘墓区的东南。属于"同穴异室葬"，也就是在同一个墓穴中，分别设置两个墓室（图 13-13）。具体修筑方法是，在竖井式墓道的两端，凿出两个墓室（图 13-14）。墓 38A 为弧顶小砖券双棺室墓，室内放置有两具棺木，B 室为一具棺木。墓 38A 室左棺与 B 室的单棺，人骨头前各发现半面铜镜，原来是一面镜子破开后分别放置的。复原后的完整铜镜为四神博局镜，直径 15、缘厚 0.5 厘米（图 13-15）。A 室中另有一棺合葬，人骨已朽，三者的关系更显得错综复杂，难以解析，但"破镜重圆"的现象却是摆在眼前的事实，这是新中国成立后第一次考古发掘出土的重圆破镜，也是目前经科学发掘出来的最早一例。A 室内同时出土一面四乳四虺镜（图 13-16），此外陶器较多，包括鼎、壶、罐等生活用具，灶、井、炉等模型明器。

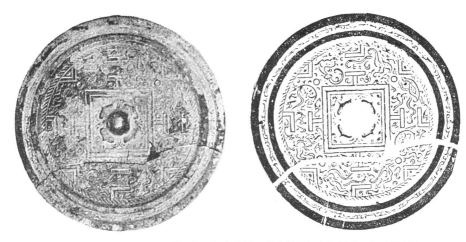

图 13-15 烧沟 38 号新莽墓四神博局镜及拓本（《洛阳烧沟汉墓》，图版肆叁：2，165 页）

图 13-16 烧沟 38 号新莽墓四乳四虺镜（洛阳市文物考古研究院供图）

在汉唐墓葬中，还有一些"破镜重圆"的例证。1990年，陕西安塞县王家湾乡西圳界村民取土时发现一座新莽时期夫妻合葬墓，县文管所派人调查。在墓室内清理出一面昭明镜，直径12.3、厚0.4厘米，出土时镜子的一半放于男主人头边，另一半置于女主人头边。[1] 1985年，安徽省怀宁县窖银嘴县电视台工地，文物管理所人员从两座遭到破坏、相距3米的唐墓中，分别发现半面铜镜，镜子的断面吻合，对在一起，确为一面完整的伏龟飞鹤铭文镜，直径22.5、缘厚0.45厘米。[2]

民国时期，在湖南长沙被盗掘的两座唐墓中也有此类现象。商承祚记录了一位盗墓者的亲身经历：1937年，这位盗墓者先是在长沙砚瓦池掘一座唐墓，出半边唐镜，其径尺左右，花纹不精而色佳。其后又在丝茅冲再挖掘一墓，得镜半胖，与砚瓦池墓之半镜相合。商氏由此感慨万端："唐代韦述《两京新记》及孟棨《本事诗·情感》皆记南朝陈后主妹乐昌公主与其婿、太子舍人徐德言破镜重圆事。此生者如是，死者亦追求胖合耶？！"[3]

阴间的"破镜重圆"葬俗正是人世间破镜重圆观念的真实反映。"破镜"一词有几种含义，本义是指打破的镜子。《太平御览》引旧题汉东方朔撰《神异经》："昔有夫妻将别，破镜，人执半以为信。其妻与人通，其镜化鹊，飞至夫前，其夫乃知之。后人因铸镜为鹊，安背上，自此始也。"[4] 后来以"破镜"比喻夫妇分离。如唐代孟郊《去妇》："君心匣中镜，一破不复全。"元稹《古决绝词》之二："感破镜之分明，睹泪痕之余

1　杨宏明等：《陕西安塞县王家湾发现汉墓》，《考古》1995年11期。
2　李贞等：《安徽怀宁县文物管理所藏铜镜浅析》，《收藏界》2011年3期。
3　商承祚：《长沙古物闻见记·续记》，281页。
4　《太平御览》卷七一七《服用部一九·镜》，3179页。

血。"[1] 也有以"镜破""镜断"来比喻夫妻或恋人分离，以"破镜"比喻残月，亦为传说中的恶兽、恶鸟之名。

"破镜重圆"的故事，始见于唐代韦述《两京新记》卷三"延康坊"条，[2] 说的是隋军攻破南朝陈的都城建康城，陈后主之妹乐昌公主陈贞与丈夫徐德言离散之后，以破镜为信物，经过一段曲折经历，终于续写夫妻相逢、破镜重圆的美满姻缘。这个故事主要发生在隋代大兴城的延康坊。此坊位于城内朱雀门街西第三街，即皇城西侧第一街，从北数第七坊。延康坊西南隅为唐代西明寺，原为隋代尚书令、越国公杨素的宅第。杨素府里有一位美姬，出身高贵，本是南朝陈后主叔宝的妹妹陈贞，被封为乐昌公主（图13-17），才色卓绝，下嫁陈太子舍人徐德言，夫妻两人情义深厚。隋军攻打南朝，陈国将灭。德言哭着对妻子说："今国破家亡，必不相保。以子才色，必入帝王贵人家。我若死，幸无相忘；若生，亦不可复见矣！虽然，共为一信。"于是，打破一镜，各收其半。德

图 13-17　明代画家笔下的乐昌公主像（《中国历代仕女画集》，图 59）

1　《全唐诗》卷三七四《孟郊三》，4210 页；《全唐诗》卷四二二《元稹二七》，4648 页。
2　（唐）韦述撰、辛德勇辑校：《两京新记辑校》，38—39 页。

图 13-18 破镜重圆故事的发生地唐西明寺遗址（《唐研究》第六卷，图版五：1）

言云："子若入贵人家，幸将此镜令于正月望日市中货之。若存，当冀志之知生死耳。"

等到陈亡之后，乐昌公主果然被隋军所虏，隋文帝赐给了杨素，深得宠爱，杨素为其营建别院。陈贞后令一宦官于望日带着破镜到市场高价出售，恰好遇上徐德言，德言依其价买下破镜，引其回家，哭诉其始末缘由，取出自己珍藏的另一半镜子，破镜重圆，并为妻子题诗一首："镜与人俱去，镜归人不归。无复恒娥影，空余明月辉。"陈氏得镜，读诗，悲怆流泪，寝食难安。杨素见她面容憔悴，问其原因，陈贞以实情相告，杨素听罢，竟然为之动容。派人召来德言，将陈氏还给他，并赠与衣服、被子。临行之际，杨素邀请陈贞作诗叙别，陈氏推脱不了，吟出这样的诗句："今日何迁次，新官对旧官。笑啼俱不敢，方验作人难。"当时的人既同情陈氏的遭遇，也认为杨素有宽容、仁慈之心。

杨素宅第所在的延康坊西南隅，几经周折，到了唐代变成了著名寺院西明寺。新中国成立之后，该寺遗址大部分被西安市的现代建筑所覆压，留下少部分经过两次考古发掘，清理出一些建筑基址及佛教遗物（图 13–18）。[1] 破镜重圆的发生地杨素宅第遗址，分别被陕西省第八建筑公司、一〇二〇研究所、西北电讯工程学院、白庙变电站所占用，已完全淹没在现代城市的钢筋水泥丛林之下，今人只能通过遗址的发掘照片来想象当年那令人感动的瞬间。

此段姻缘佳话亦见于唐代李冗《独异志》卷下、孟棨《本事诗·情感》。这个故事可谓家喻户晓，流传甚广，以至于李商隐以此为主题，借乐昌公主诗中的一句起头，创作了《代越公房妓嘲徐公主》诗："笑啼俱不敢，几欲是吞声。遽遭离琴怨，都由半镜明。应防啼与笑，微露浅深情。"[2] 罗虬《比红儿诗》五八："红儿若向隋朝见，破镜无因更重寻。"[3] 亦是以此为典故，赞美杜红儿的美貌。后人常以"破镜重圆"来比喻夫妻离散或决裂后团聚或重归于好。诗人杜牧有一首《破镜》："佳人失手镜初分，何日团圆再会君。今朝万里秋风起，山北山南一片云。"[4] 宋苏轼《蝶恋花·佳人》词："破镜重圆人在否，章台折尽青青柳。"[5] 上述唐诗、宋词皆以破镜重圆为创作题材，可见这一故事对于后代文学创作影响深远。镜子作为爱情的信物，贯通古今。民国时期，梁思成亲手制作了一面仿古铜镜，送给林徽因。镜子正面嵌上玻璃镜面，背刻铭文"徽因自鉴之用，思成自镌并铸"，可以看出梁思成对林徽因的一片痴情，后因"文革"抄家，此镜下落不明。[6]

---

1 中国社会科学院考古研究所西安唐城工作队：《唐长安西明寺遗址发掘简报》，《考古》1990 年 1 期；安家瑶：《唐长安西明寺遗址的考古发现》，《唐研究》第六卷，337—352 页。
2 《全唐诗》卷五四〇《李商隐二》，6254 页。
3 《全唐诗》卷六六六《罗虬》，7689 页。
4 《全唐诗》卷五二四《杜牧五》，6052 页。
5 曾枣庄等主编：《三苏全书》第十册《集部五》，语言出版社，2001 年，392 页。
6 郭黛姮等：《一代宗师梁思成》，中国建筑工业出版社，2006 年，27 页。

以铜镜作为切入点,自镜至墓,从墓观城址,再由此看生活在城内不同的社会阶层,这的确是一种"透镜见人"的研究思路。一般来说,城址出土铜镜数量明显比墓葬少,多为残片,墓中出土铜镜数量较多,绝大部分为完整品,这是一个普遍规律。大多数铜镜出土地点与墓葬分布有直接关系,而墓葬的分布与城址关系密切,城址布局结构又与城内不同社会阶层的居民相关联。[1] 以汉河南县城遗址为例,其周围各类墓地的分布、随葬铜镜数量、种类及工艺水平质量的优劣,均反映出城市内部不同社会人群等级、身份地位存在着较大差异。城市、墓葬属于有形的物质空间,而由不同阶层构成的则是无形的社会空间,两者存在着一定的对应关系,不同的镜子在有意无意之间伴随着不同的主人,显示出主人千差万别的身份与地位。

---

1 霍宏伟等主编:《洛镜铜华》上册,32—33 页。

墓里盗出的镜子

  北邙山头少闲土，尽是洛阳人旧墓。旧墓人家归葬多，堆着黄金无买处。天涯悠悠葬日促，冈坂崎岖不停毂。高张素幕绕铭旌，夜唱挽歌山下宿。洛阳城北复城东，魂车祖马长相逢。车辙广若长安路，蒿草少于松柏树。涧底盘陀石渐稀，尽向坟前作羊虎。谁家石碑文字灭，后人重取书年月。朝朝车马送葬回，还起大宅与高台。[1]

  唐代王建《北邙行》诗行透露出来的，是邙山作为古人风水宝地、理想茔域寸土寸金的稀缺（图14-1）。历朝历代的达官显贵们，总是在大张旗鼓地建墓，随葬金银财宝于地下，其结果之一就是让一些不法之徒以盗墓为职业，牟取不义之财，惊扰黄泉之下的魂灵。从古墓里盗挖，是铜镜"出土"的一种另类方式，属于非法行为。

一、历代盗墓禁不绝

  西汉时期，汉武帝兄广川惠王刘越的孙子广川王刘去疾，有组织人力公开盗墓的癖

---

[1] 《全唐诗》卷二九八《王建二》，3368页。

图 14-1　北邙山上的古墓冢群（《古都洛阳》，70 页）

好。"广川王去疾好聚无赖少年，游猎毕弋无度，国内冢藏，一皆发掘。……王所发掘冢墓不可胜数，其奇异者百数焉。"其所盗掘战国魏襄王之子魏哀王的陵墓，随葬有铁镜。"哀王冢，以铁灌其上，穿凿三日乃开。……床左右石妇人各二十，悉皆立侍，或有执巾栉镜镊之象，或有执盘奉食之形。无余异物，但有铁镜数百枚。"书中所记哀王冢内发现铁镜数百枚，可说是一种奇特的葬俗，战国铁镜实物目前未见出土。广川王刘去疾不仅盗挖以前的古墓，甚至连本朝的坟墓也不放过。西汉文景时期的大臣袁盎，因与梁王结怨，被梁王派人刺死，墓中仅随葬铜镜一面。"袁盎冢，以瓦为棺椁，器物都无，唯有铜镜一枚。"[1]

南朝齐时，有两个盗掘墓冢发现镜鉴的例子。《南史·萧鉴传》载，萧鉴对手下人说："皇太子昔在雍，有发古冢者，得玉镜、玉屏风、玉匣之属，皆将还都，吾意常不

---

[1] 《西京杂记》卷六"广川王发古冢"条，257—261 页。

同。"¹他谈到"皇太子昔在雍",是指南齐文惠太子萧长懋任雍州刺史,据考证,是在刘宋顺帝昇明三年(479年)至南齐高帝建元二年(480年)之间,²古冢所出玉镜、玉屏风等应出自这一时期。另一个是官方公开盗掘墓冢的例子。萧敦,南朝梁武帝太清初年任魏兴太守、后为梁州刺史府长史,曾经亲临茔域,监督盗墓,"及开,唯有银镂铜镜方尺"³。从墓中仅挖出一面银镂铜镜,应是镜体铜质、镜背贴有雕刻花纹银片的银平脱镜。唐代王建《老妇叹镜》诗:"嫁时明镜老犹在,黄金镂画双凤背。"⁴"黄金镂画双凤背",是指使用特殊工艺制作的金平脱镜。

晚唐之际,关中地区有一位从业30年的职业盗墓贼,从冢内挖出一面奇异的铜镜,镜钮在镜缘一侧,而非在镜背中央;两面可以照容,正面与普通镜子相同,背面镜中则为倒影,如同今人所熟知的"哈哈镜"。

> 李道,咸通末为凤翔府府曹,因推发掘冢贼,问其所发,云:"数为盗三十年,咸阳之北,岐山之东,陵域之外,古冢皆开发矣。"又问其所得之物,云:"……又一墓在咸阳原上,既入得镜,两面,可照人。鼻在侧畔。背、面莹洁如新,磨毕以面照之,如常无异,以背照之,形状备足,衣冠俨然而倒立也。"⁵

1975~1989年,考古队员在陕西西安北郊发掘一批汉墓。于北郊一号东汉中期墓内

---

1 《南史》卷四三《萧鉴传》,中华书局,1975年,1087页。
2 王子今:《中国盗墓史:一种社会现象的文化考察》,中国广播电视出版社,2000年,121页。
3 《南史》卷四一《齐宗室列传》,1050页。
4 《全唐诗》卷二九八《王建二》,3370—3371页。
5 (五代)杜光庭撰、萧逸校点:《录异记》卷八《墓》,收入(唐)李德裕等撰、丁如明等校点:《次柳氏旧闻》(外七种),上海古籍出版社,2012年,128页。

清理出两件残铜镜，对在一起是一面完整的铜镜。这座墓早已被盗，盗墓贼将一些认为值钱的文物洗劫一空，只剩下一些陶器、小件铜器，[1] 应是陕西一带的盗贼所为，这面铜镜可谓劫后余生。

  周显德乙卯岁，伪连（涟）水军使秦进崇修城。发一古冢，棺椁皆腐，得古钱、破铜镜数枚。复得一瓶，中更有一瓶，黄质黑文，成隶字，云："一双青鸟子，飞来五两头。借问船轻重，寄信到扬州。"其明年，周师伐吴，进崇死之。[2]

  宋张十五者，园中有古墓。张因贫，发取其物。夜闻语云："有少物，几被劫去。"张次日又毕取铜镜诸物。遂病膇毒，日号呼曰："杀人！"竟以死。[3]

这两条文献记述了五代与宋代有两人因盗取古墓中的铜镜及其他随葬品、后均死亡的奇事。五代后周显德二年（955年），有一名将官秦进崇修城，掘墓，得古钱、破铜镜，第二年卒。宋代有一名叫张十五的人，园中有墓，两次私自盗挖取物，得上脚肿毒病死去。

  降至明代，中原北方地区盗掘古墓范围较广，铜镜出土数量较多。谢肇淛《五杂组·物部四》："今山东、河南、关中掘地得古冢，常获镜无数，它器物不及也。云古人

1　中国社会科学院考古所唐城队：《西安北郊汉墓发掘报告》，《考古学报》1991年2期。
2　《太平广记》卷三九〇《冢墓二》引《稽神录·秦进崇》，3122页。
3　（明）朱国桢：《涌幢小品》卷六"古墓"条，《笔记小说大观》六，江苏广陵古籍刻社，1983年，176页。

新死，未敛，亲识来吊，率以镜护其体，云以防尸气变动；及殡，则内之棺中。有一冢中镜数百者。岁久为尸血肉所蚀，又为苔土所沁成红、绿二色，如朱砂、鹦鹉、碧钿诸宝相，斯为贵矣。其传世者，光黑如漆，不能成红、绿也。然临淄人伪为之者最多。洛阳人取古冢中镜破碎不全者，截令方，四片合成，加以柱而成炉焉，谓之镜炉。……近时金陵军人，耕田得镜半面，能照地中物，持之发冢掘藏，大有所得。"[1] 看来南方地区也存在古墓葬被盗挖的现象（图14-2）。清代屈大均撰写的《广东新语》一书，较为详细地记述了明崇祯九年（1636年）五代十国南汉高祖刘䶮陵墓康陵惨遭盗掘的经历，墓内随葬的一面宝镜被田父拿回家，却又被其打碎。"崇祯九年秋，洲间有雷出，奋而成穴。一田父见之，……于是率子弟以入。堂宇豁然，珠帘半垂，左右金案玉几备列。……中二金像冕而坐，若王与后，重各五六十斤。……旁有便房，当窗一宝镜，大径三尺，光烛如白日。……田父先持镜归，光动邻舍。亟扑碎之，有一珠，入夜辄作怪状，惧而弃之。于是邻人觉而争往，遂白邑令。令亟临其地

图14-2 清代人想象中的盗棺图（《点石斋画报·大可堂版》2，153页）

---

1 （明）谢肇淛：《五杂组》卷一二《物部四》，中华书局，1959年，347页。

图 14-3 被盗掘一空的南汉康陵地宫(《广州南汉德陵、康陵发掘简报》,《文物》2006 年 7 期)

视搜发,令得玉枕一、金人四以归。"[1] 2003~2004 年,考古工作者在广东省广州市东南约 15 公里的小谷围岛上,找到了文献中记载的这座被盗掘的南汉陵墓。康陵位于北亭村东南侧的大香山南坡,由地下玄宫与地面陵园建筑组成,坐北朝南,陵园总面积有一万多平方米。墓内惨不忍睹,空空如也,仅清理出一些残存的小件器物(图 14-3)。[2]

民国时期,尤其是抗战期间,湖南长沙一带盗墓严重。1936 年,供职于长沙市政府的蔡季襄目睹了长沙北门外、小吴门东南战国楚墓、汉墓的盗掘过程。两座墓位于嵩山镇。先是有窑户为了烧砖取土,挖一座高约三丈的土堆,挖了两年多,才将土堆掘平,竟然在下面发现一座长约二丈、宽约八尺的土坑。窑工觉得下面有宝藏,继续

---

[1] (清) 屈大均撰:《广东新语》卷一九《坟语》"刘䶮墓"条,中华书局,1997 年,495—496 页。
[2] 广州市文物考古研究所:《广州南汉德陵、康陵发掘简报》,《文物》2006 年 7 期。

挖掘，至五六尺，获古铜镜及破铜洗各一，五铢钱数枚。"镜则光泽极佳，背饰四神华文（花纹），五铢钱为汉代通用货币，以二物证之，为汉冢无疑也。"窑工将此坑挖完后，在下面又发现一巨大土坑，原来汉墓下面压着一座战国楚墓。窑工看到墓室内的棺木，竞相去打开棺盖。"忽轰然有声，俄顷，有燐火由隙内喷出，高达五尺余，茧茧作响。斯时满坑皆火，窑工惧葬身火窟，群相趋避，然（燃）烧达五分钟始行息（熄）灭，工馁不敢下，有胆壮者，启去其版，则一棺一匳在焉。"匳内出有一件漆奁，内盛一面铜镜，"镜薄而小钮，华文（花纹）作旋钩文（纹）兼山形文（纹）四，与汉制殊"。[1] 这应是一面典型的战国四山纹镜。

商承祚于 1938 年、1941 年两次赴湖南长沙，调查古墓盗掘现状，并为金陵大学征集流散文物。正如他在《长沙古物闻见记》一书的自叙中所说："每慨乡人任意盗掘古墓，器物残毁无论矣。其重要文化、礼经发明，同归于尽。兹据零星断烂，以求其遗制。"他较为细致地记录了长沙附近一些古墓冢遭到盗掘的事例。1935 年，"浏阳门外串边山楚墓出陶鼎、壶、敦、铎，各裹以银叶，铎柄端有伏兽。铜镜一，木镜一，木俑五。启椁盖而火出，此为有火之墓"。1936 年，龙开云盗得战国楚木椁墓，随葬"大小漆镜盒六，小者径四五寸，大者倍之，每盒贮四山铜镜一；另径尺大镜，仅得其半而无匳"。同年 10 月，"胡志强、承豪与友合购荒地四十余亩于北门外喻家冲，多古冢，时为人盗发。乃雇工亲自发掘，得汉墓五六，获匋（陶）器及铜镜、金银指环，继掘得楚墓"。1940 年 7 月，长沙北门外义冢山汉墓挖出 8 面铜镜。"镜八，七面甚小，直径约 4 公分；谷芽璧七。此七小镜即一一掩璧孔上，铜斑锈迹皆可见。"

商氏在长沙为金陵大学购买的镜鉴资料，皆出自该地区盗掘的古墓中，包括 1938 年

---

[1] 蔡季襄撰文，原载长沙《大晚报》1936 年 2 月 8—26 日，收入商承祚：《长沙古物闻见记·续记》，9—12 页。

图 14-4 长沙唐墓盗掘出的八卦十二生肖镜拓本(《长沙古物闻见记·续记》,290 页)

收集的残缺汉代铜镜 3 面、石镜 1 面,1941 年征集的残缺战国镜 4 面、汉镜 7 面、石镜 1 面。至今大多保存在南京大学文物室。他还亲手拓制了蔡季襄收藏长沙出土的两面唐、宋铜镜拓本(图 14-4)。[1]

二、北邙盗贼如虎豹

成书于明代万历二十五年(1597 年)的《广志绎》,记录了洛阳一带的盗墓情况,出土器物以铜镜数量最多:"洛阳水土深厚,葬者至四五丈而不及泉,辘轳汲绠有长十丈者。然葬虽如许,盗者尚能以铁锥入而嗅之,有金、银、铜、铁之气则发。周、秦、汉王侯将相多葬北邙,然古者冢墓大隧道至长里余者,明器多用金、银、铜、铁,今三吴

---

[1] 商承祚:《长沙古物闻见记 续记》,288—290 页。

所尚古董皆出于洛阳。然大冢禁于有司，不得发，发者其差小者耳。古器惟镜最多，秦图平面最小，汉图多海马、葡萄、飞燕，稍大，唐图多车轮，其缘边乃如剑脊。"[1]

清末民国以来，邙洛地区盗墓活动日益猖獗，令人触目惊心，真可谓："北芒何垒垒，高陵有四五。借问谁家坟，皆云汉世主。恭文遥相望，原陵郁肬肬。季世丧乱起，贼盗如豺虎。毁坏过一抔，便房启幽户。珠柙离玉体，珍宝见剽虏。园寝化为虚，周墉无遗堵。"[2] 据洛阳考古专家黄明兰估计："洛阳解放前出土约五千方历代墓志，平均十座墓出土一方，即被盗掘五万座墓，平均每座墓出土十件文物，即有五十万件之巨，而其中百分之九十五的文物都流失国外。"[3] 以至于有学者发出这样的感叹："近代中国盗墓行为形成风潮的，应首推洛阳与长沙最为典型。20 世纪二三十年代，洛阳盗墓运动曾经形成震动世界的影响。邙山古墓群遭到的破坏，可能是历史上空前的。"[4]

邙山历代古墓中出土铜镜数以千计，但相关记述大多语焉不详。1928 年，洛阳古墓盗掘、文物贩卖严重，国民政府派何日章到洛阳查收出土文物，先是放置于古物保存所，后移交给河南博物馆。"洛阳为古帝王都，故宫丘陇，遗物之埋藏于地下者，所在皆是，历年私人发掘，所获良多，经市贾窃售于外人者，不知凡几。民国十七年，何日章奉令前往查收，月余之间，搜获七十余件，运存古物保存所，现已移交本馆。"[5] 入藏铜镜 6 面，残缺者 3。1928~1932 年，洛阳金村 8 座战国大墓被盗掘，出土铜镜 24 面，[6] 均已流失海

---

1 （明）王士性撰、吕景琳点校：《广志绎》卷三《江北四省》，中华书局，1981 年，38 页。
2 （晋）张载：《七哀诗》之一，《先秦汉魏晋南北朝诗》晋诗卷七《张载》，741 页。
3 赵振华：《洛阳盗墓史略》，《洛阳古墓博物馆馆刊》创刊号，1987 年，223 页。
4 王子今：《中国盗墓史：一种社会现象的文化考察》，205 页。
5 《本馆庋藏物品报告——新郑洛阳器物》，《河南博物馆馆刊》第一集，1936 年 7 月。收入《民国文物考古期刊汇编》19 册，全国图书馆文献缩微复制中心，2006 年，9555—9557 页。
6 霍宏伟：《洛阳金村出土铜镜述论》，《洛阳博物馆建馆四十周年纪念文集（1958—1998）》，79—95 页。

外,现藏欧美、日本等国博物馆及收藏家手中。洛阳军官分校教官李健人说:"洛阳出土之金属玉器诸件,多售于平沪古董商,间亦由外人购得者,洛阳古玩铺虽有十余家(多在东大街如九如春等),然多零星残件,且杂有赝伪,其稍有价值者多售于外矣。……民十六七年驻军设古物征收税处于洛阳,准人民发掘陵墓,故当时洛阳出土古物最多。以言其种类,则为一、金属,出土有三代之铜器。……铜戈、铜铃、铜镜,多秦汉以后之物。"[1]

1940~1942年,梁上椿编撰、出版《岩窟藏镜》,书中著录洛阳地区盗掘出土的铜镜有40余面,时代包括战国、两汉及唐宋时期。[2]孟津郭玉堂充分利用地利之便,经过多年实地调查、访录,完成《洛阳出土石刻时地记》一书的写作。[3]虽然该书重点在于记述民国时期洛阳北邙山一带盗掘碑碣墓志的出土时间、地点及基本情况,但有关铜镜的信息也略有涉及,可以勾勒出邙山盗墓所出铜镜的大致轮廓。书中记录了1918~1942年邙山古墓葬出土铜镜概况,包括汉、魏、晋、唐、宋、明时期的铜镜,共计108面,其中唐墓出土铜镜102面。[4]

在邙山墓区范围内,汉、魏、晋、宋、明等朝代所出铜镜相对较少,所见资料亦少。在位于汉魏洛阳故城东北隅的翟泉镇北汉代小冢内盗出骨卜筹8根,另有铜镜、陶器。初为翟泉镇东门内吕姓所得,后以30元的价格卖给郭玉堂的宗弟郭玉润。杨坟村北出土鲍寄神座石刻,并出铜镜、陶器,上带银片。陈家村东南盗挖西晋墓,出土元康三年

---

[1] 李健人:《洛阳古今谈》,洛阳史学研究社,1935年,325页。
[2] 梁上椿:《岩窟藏镜》,四集六册,1940—1942年。
[3] 郭培育等主编:《洛阳出土石刻时地记》,大象出版社,2005年。以下所引民国时期洛阳邙山古墓出土铜镜资料,均源自该书,不再一一出注。
[4] 霍宏伟等主编:《洛镜铜华》上册,5页。

(293 年)阳平乐生柩记石刻,同出小铜镜 1 面。冢头村北宋嘉祐七年(1062 年)焦世昌夫人张氏墓,出铜镜 1 面,瓷器数件,售价千元。凤凰台村西北宣和四年(1122 年)苻世表与夫人赵氏夫妻合葬墓,出小瓷器数件,铜镜 1 面,共售数百元。洛阳北魏元怿墓冢西侧,朱龙咀村民挖掘明墓,出有弘治八年(1495 年)陆礼墓志,并出铜镜 1 面,瓷砚台 2 件,酒壶 1 件。

《洛阳出土石刻时地记》所载盗掘出土铜镜主要集中在唐代,因墓中出有墓志,故有明确的纪年,墓主身份明确,具有较为重要的学术价值。纪年唐墓 87 座,分布于邙山墓区中段,即今洛阳瀍河以东、孟津县朝乡与送庄乡一带的邙山岭上。这些唐墓出土铜镜数量较多,种类丰富,共 102 面。洛阳邙山唐墓出土铜镜种类,包括一般工艺镜与特种工艺镜两类。属于特种工艺镜的有金背镜、银背镜、金钿镜、螺钿镜及漆灰镜。

1. 一般工艺镜

一般工艺镜有银镜与铜镜两种质地。1936 年,南陈庄村神龙二年(706 年)右金吾胄参军沈君夫人朱氏墓,出银镜 1 面,售价 2000 元,银盒 1 件,价 200 元,陶器售 30 元。

铜镜有葡萄镜、方形镜、大铜镜、小铜镜及其他铜镜。盛唐墓随葬葡萄镜 3 面,1921~1942 年出土,售价不高。杨凹村东开元八年(720 年)管城县令杨琎墓,出石翁仲 1 对,葡萄镜 1 面,大而精。山岭头村南凹开元十四年(726 年)前卫尉卿张滂夫人郭仪墓,出葡萄镜 1 面,售价 40 元,并出三彩陶器,售 37 元。

方形镜 1 面。1931 年,南石山村龙朔三年(663 年)侯子夫人郭氏墓,出有 1 面方形铜镜,铸造甚精,所出陶器均已残破。

大铜镜 5 面,其中盛唐墓出 1 面,中唐墓随葬 4 面。在夫妻合葬墓中,有放置一大一小两面铜镜的现象。1927~1931 年出土。此类直径较大的铜镜,价格依铜镜直径、制作工艺水平等因素,自数百元至数千元不等。前李村掘出久视元年(700 年)武骑尉张大酺段夫人夫妻合葬墓，出铜镜 2 面，一大一小，另有三彩器、陶器等，共卖 1200 元。史家湾村北地天宝八年（749 年）遂安县尉李夫人崔氏墓，出大铜镜 1 面，极精，并出陶器数十件，共售价 4000 元。南陈庄村天宝十年（751 年）清河房有非夫妻合葬墓，出大、小铜镜各 1 面，陶器 20 件。

小铜镜 7 面，包括出自初唐、盛唐、中唐墓各 1 面，晚唐墓 4 面，1927～1936 年出土。解坡村咸通三年（862 年）范阳卢夫人墓，出小铜镜 1 面，陶器 20 件，杨建章以 4 元购得。27 人曾在张杨村兴师动众，恣意盗掘乾符二年（875 年）振武观察支使崔茂藻墓，却得不偿失，仅出小铜镜 1 面，所出陶器无人要。

其他铜镜因文献笼统记为"铜镜"，未详细记述镜背为何种纹饰，这一类镜数量最多，有一些与陶瓷器同出。上店村开元二十七年（739 年）蔚州刺史王元琰墓，出铜镜 2 面，售 1800 元；花鼓人俑 1 件，售 700 元；蓝彩罐及双龙尊、陶器等，售 2200 元。小梁村太和五年（831 年）海陵县令刘尚宾夫人卢氏墓，出陶器 20 件，铜镜 3 面，这在邙山唐墓中是极为少见的一例。

2. 特种工艺镜

金背镜 17 面，俗称"金壳镜"，应是纯金或鎏金银背，背上錾刻鸟兽花草纹饰。因制作工艺复杂，色泽富丽堂皇而奉为镜中上品（图 14-5）。初唐墓出金背镜 3 面，1928～1932 年出土，甚至有一墓随葬两面金背镜的现象。因铜镜制作工艺水平、保存状况的不同，价格在 30 元至 1700 元不等，差距较大。十里铺村唐代永徽三年（652 年）盖夫人墓，出金背镜 2 面，以 1700 元售于北京客人，所出陶器次之。

盛唐墓流行以金背镜随葬，多达 7 面，1924～1933 年出土。有的墓同出银器、三彩器、陶器等，质量上乘，堪称精品。金背镜依制作工艺的不同，售价在 2000 元至 1 万元不等。卢家村与营里村之间，盗挖圣历二年（699 年）清河县开国子崔玄藉墓，出金背镜

图 14-5 流失海外的唐代金背镜（出土时地不详，美国弗利尔美术馆藏；霍宏伟摄影）

墓里盗出的镜子

1 面，售 3000 元；鎏金银盒 1 件，表面满刻花纹，卖 300 元；陶器售 30 元，均为马老四所得，后转卖给北京客人张仲明。

中唐墓发现的金背镜有 4 面，1920～1931 年出土，售价 3000～8000 元，有的墓同出三彩器、陶器，价格较低。半坡村贞元十一年（795 年）试大理评事郑公夫人卢氏墓，出金背镜 1 面，售 3000 元，北京客人买去，黑头费 200 元。另有三彩器约 200 件，其中马上人俑 20 件，大马高约 2 尺。

晚唐墓所见金背镜 3 面，1925～1934 年出土，同时随葬的三彩器、陶器数量较多，种类丰富。售价 3000～5000 元。左寨沟村太和五年（831 年）东都留守崔弘礼墓，发现金背镜1面，三彩10大件，马上人俑20件，其余侍女俑、文吏俑、乐舞俑等，另有鸡、鸭、狗俑各1件，共计百余件。伯乐凹村太和六年（832年）阜城县令郑溧夫妻合葬墓，出金背镜1面，并出陶器百件，李芝兰经手，售价5000元。

银背镜5面，俗称"银壳镜"，制作工艺较为复杂（图14-6），1924～1936年出土，售价400～8000元。北陈庄村掘初唐龙朔元年（661年）任夫人墓，出陶器数十件，铜镜两面，其中一面为银背镜，售价3000元。盛唐墓出有两面，其中北陈庄村民在营庄村西掘出开元三年（715年）幽府士曹参军孟裕墓，出银背镜1面，经马名璋手卖之。中唐墓出两面银背镜，有一面出自伯乐凹天宝九年（750年）平遥县尉慕容夫人源氏墓，井沟村李芝兰买去，价1200元，后吴文道入股，作价3000元，至北京售价8000元，吴文道独得，他人不服，经官司判决归公。这桩生意因分赃不均，曾引起法律纠纷。

金钿镜1面。上店村开元九年（721年）晋州霍邑县令杨纯墓，出一面大铜镜，表面嵌金丝，应属于金钿镜，出土数量极少，售价1000元。

螺钿镜1面。白鹿庄村南地万岁通天二年（697年）瀛洲文安县令王周夫人薛氏墓，工艺甚精，另有陶器、三彩器30件。吴文道购得全部器物，运到北京出售，在火车上与上海客人议价6000元，在北京交款。

漆灰镜3面。"漆灰"之"灰"泛指做漆器底胎用的粉状材料。灰与漆拌合，形成漆灰，可用于打底[1]。漆灰镜，就是用某类粉末调和漆，敷于铜镜背面之上为地，再于其上施以特种工艺，成为金银平脱镜（图14-7）或是螺钿镜。因铜镜埋于地下长达一千多年，金银箔或蚌片从镜背上脱落殆尽，有的成为素面无纹的光背镜，有的残留部分饰片，纹饰较难辨认。漆灰镜在洛阳邙山盛唐墓出两面，晚唐墓有一面。1925～1935年出土，售

---

[1] （明）黄成著、（明）扬明注、长北译注：《髹饰录图说》，山东画报出版社，2007年，35页。

图14-6 流失海外的唐代银背镜
（出土时地不详，美国宾夕法尼亚大学博物馆藏；霍宏伟摄影）

价400元左右。南陈庄村东地长寿二年（693年）刘夫人墓，出三彩器、陶器60件，另有漆灰铜镜甚精，所出器物共售价700元。北窑村先天元年（712年）夫人长孙氏墓，出铜镜两面，其中一面为漆灰铜镜，售价400元。左寨沟村大中元年（847年）东都留守崔弘礼小女迁墓，发现一面小铜镜，镜表面有漆灰，镶有鱼骨，南石山村人高松生以400元购得，不久又以500元售出。镜背上仍残留有鱼骨，说明此镜确实曾镶嵌鱼骨，设计成某种纹饰。用鱼骨来装饰镜子，较为罕见，一般唐代特种工艺镜多以金银箔、蚌片贴于镜背之上。

民国时期，邙山唐墓所出金背镜、银背镜、金钿镜、螺钿镜、漆灰镜等特种工艺镜，大多见于盛唐、中唐墓。直径较大的铜镜，见于盛唐、中唐墓，主要集中出于天宝元年至十年（742~751年）的墓中，反映出当时国家强盛、百姓生活富足的现实。直径较小的铜镜，大多出于晚唐墓，从一侧面反映出唐代晚期社会经济衰落、资源匮

图 14-7 流失海外的唐代金银平脱花鸟镜
（出土时地不详，日本《白鹤英华：白鹤美术馆名品图录》，77 页）

乏的状况。

三、邙冢盗镜流四方

谈到文物的价值，通常只说历史、科学、艺术三大价值。实际上，文物牵涉到的经济利益，是一个无法回避的事实。由于利益驱动，民国时期邙山古墓群惨遭疯狂盗掘。洛阳盗掘古墓铜镜的买卖渠道大致如此：盗墓贼挖出铜镜后，由中介出面联系，洛阳当地的古玩商闻风而动，及时收购，再转卖给以北京为主的外地古玩商；或者直接将文物运至北京，以获得更大的利润。例如，1925 年，营庄村盗掘唐代天宝十年（751 年）南充郡司马高琛夫妻合葬墓，出金壳镜 1 面，作价 2000 元，后以 8000 元售给北京客人。1929 年，盗掘北陈庄村南地唐贞元十八年（802 年）蓝田县尉孙婴幼女墓，出金壳镜 1

面，郑凹村人吴文道直接将其运至北京，售 4000 元，随出陶器售 26 元。

这些来自洛阳的铜镜进入京内古玩市场交易，大多流到海外博物馆及收藏家手中。洛阳墓冢盗掘出的铜镜，有一些要经过中介卖出，《洛阳出土石刻时地记》多次提到"黑头费"，从上下文来看，应是指中介费，即买主给介绍人的佣金。例如，1931 年，营庄村北盗挖唐贞元十五年（799 年）山南东道节度使嗣曹王李皋墓，出三彩 10 大件，另有马上人俑、盘子、罐、凤凰壶、跑马、侍女俑、金壳镜及小品百件，两次售价 5000 元，加黑头费 1000 元。

特种工艺镜的价格远远高于同墓所出的三彩器、陶器及墓志的价格，最高价可卖到 1 万元，最低价也可卖到几十元。如 1925 年，游王庄村盗掘唐垂拱四年（688 年）高安县封明府夫人崔柔仪墓，出金壳镜 1 面，售价 1 万元，这是邙山唐墓所出铜镜中价格最高的一面金壳镜，同出三彩器与陶器均为珍品。

一般工艺镜价格较低，最高价大约数百元，最低价只有数元。当时所用的货币单位"元"，是指银元，即俗话说的"现大洋"。洛阳古玩商可分为坐商与行商两类。吴文进为坐商，开设有古董铺文联山房，位于洛阳老城东大街鼓楼东，主要经营陶器买卖。[1] 杨凹村南盗挖唐光宅元年（684 年）偃师县令高安期墓，出金壳镜 1 面，吴文进以 2000 元价格买入。行商人数众多，如吴文道、高松生、李芝兰、李二德、杨建章、马老四、张光斗、马名璋等。

高松生为南石山村人，曾出价 400 元买到在左寨沟村唐大历九年（774 年）连州桂阳县主簿杜佚夫人李氏墓出的一面银壳镜，另以 30 元价格购入白胎陶器数件。李芝兰家在井沟村，购买伯乐凹村唐天授二年（691 年）常州司法参军柳崇约太夫人杜氏墓出金壳镜

---

[1] 吴圭洁：《洛阳古玩行史话》，《河南文史资料》9 辑，河南人民出版社，1984 年，141—162 页。以下有关民国洛阳古玩行的逸闻，均引自该文。

1面，售给北京朱三，同出三彩器、陶器售给吴文道。提起吴文道，可说是洛阳古玩商的典型代表。他是郑凹村人，主要经营陶器买卖，同时兼营铜镜生意，时常往来于洛阳与北京之间，赚取高额利润。他到北京卖货，带的古物经常是十几大箱或数十大箱，多次采用"卖公盘"的方式，有点类似于在古玩行业内公开拍卖的形式。当他将古物从洛阳运到北京之后，由称为"拉纤"的生意介绍人通知各位古玩商，某日在某处公开买卖。当日，人到齐后，卖主取出一件古物，先让众人看过，再提出卖价，客人还价，最后由出价最高者将此器物收入囊中。就这样循环往复，一一卖出。采取这种方式，卖的一般是普通古物。

邙山墓冢盗出的铜镜，大多卖给了"北京客人"，就是来自京城的古玩生意中介，他们将在洛阳买的古器物带回北京，再转手卖给京内的古玩行，张仲明是北京最有名的古玩生意介绍人之一，另有朱三等人。如徐村北地调露二年（680年）何摩诃墓，出铜镜与陶器，由张光斗售给北京客人，得3000元。外地古玩商收购洛阳铜镜的，还有上海的叶叔重，绰号"叶三"。青少年时期在法国巴黎读书，1928年回国，开始做古玩生意。他的舅舅吴启周和大古玩商卢芹斋合伙，成立卢吴公司，向美国、法国出口文物，叶叔重在京、沪地区为该公司大量收购文物，运往海外。1941年，卢吴公司关闭，叶氏自己独力经营，1952年仍往国外出口走私文物，被判刑，死于新疆。[1]

除了买卖邙山古墓盗出的真品之外，洛阳个别古玩商还存在造假行为，甚至也被人所骗。"焦云贵在东街开银匠楼时，吴文道用百十元买到一个一尺二寸大的唐镜，一切均好，就是因无花纹，难售高价，即托焦云贵为之加工，以三百元代价作成一个金壳子。吴即携之赴京。在去北京火车上，遇到了上海客人叶叔仲（重），亦系往北京者（叶是上海吴启周之甥），当时即在火车上将金壳子唐镜，以一万二千元卖给叶叔仲（重）。成交

---

[1] 陈重远：《古玩史话与鉴赏》，国际文化出版公司，1992年，286页。

后,吴欢喜过度,车至长辛店,他再也坐不住了,即下车狂笑不已,遂雇人力车前往北京,途中仍坐不安稳,时而跳下车来,打几个'彩脚',蹦蹦跳跳,或大笑一阵,然后登车再走;到北京几十里路中,就这样弄了好几次,使车夫与路人莫名其妙。"吴文道卖给叶叔重的假金壳唐镜,有可能被叶叔重经卢吴公司,卖到了国外。洛阳古玩商高松生,曾将他弟弟高松茂亲手烧制的三彩罐子,误认为真品,从他人手中以 600 元价格购入。[1]

令人遗憾的是,无论是属于特种工艺镜的金背镜、银背镜、宝钿镜、螺钿镜、漆灰镜,还是作为一般工艺镜的方形镜、葡萄镜及其他铜镜,均为盗掘出土,失去了许多它们所承载的历史信息,且通过外地的许多古玩商人,流失海外,成为国外一些博物馆的藏品以及收藏家的掌上玩物。需要特别指出的是,疯狂掘墓的盗贼和唯利是图的不法商贾,将会遭到世人的唾弃,永远被钉在历史的耻辱柱上。

四、劫后余生留盗痕

以上记述多是非法盗挖古冢、出土铜镜的史实。当代考古工作者在进行抢救性发掘或配合基建清理古墓葬的过程中,也发现了一些盗墓者盗掘之后留下的遗迹和遗物。

1964 年,考古工作者在河南孟津县送庄村西南发掘一座东汉晚期黄肠石墓。出土残铜镜一面,饰波折纹,边饰二方连续菱形勾云纹,残存铭文为"……不辟宜,三羊作竟(镜),自有纪……"在该墓所出一些长方形砖的一端,烧造时打有篆书戳记"永□二年""永兴□□粟□"。"永兴"为东汉桓帝刘志的年号,即公元153~154 年,该墓应是东汉永兴二年(154 年)壁画墓。这座东汉黄肠石墓多次被盗,仅在扰乱的泥土中,清

---

[1] 吴圭洁:《洛阳古玩行史话》,《河南文史资料》9 辑,157 页。

理出陶器、铁器、玉片等器物。送庄汉墓分别于 1927 年、1929 年两次盗掘，据说被盗走的玉片，装了两竹篮子。幸存下来的玉片有 30 块，孔内有铜丝，说明墓内原有"铜缕玉衣"之类的葬服。[1] 这座黄肠石墓的被盗惨状，无疑为唐代寒山《诗三百三首》之一做了最为恰当的注解："我行经古坟，泪尽嗟存没。冢破压黄肠，棺穿露白骨。欹斜有瓮瓶，挠拨无簪笏。"[2]

在位于送庄东汉黄肠石墓西南约 15 公里的洛阳邙山乡冢头村，还有一座北魏皇帝宣武帝元恪的陵墓景陵。唐武德四年（621 年）二月，秦王李世民率军攻打盘踞于东都洛阳的王世充，曾登上景陵墓冢观察敌情。[3]1991 年 6 月至 8 月，考古工作者对这座神秘的北魏皇陵进行了抢救性发掘。[4] 在前期勘察中发现，有两处盗洞对墓冢、墓室造成了严重破坏。冢前有一个沿墓道向墓室延伸的古代盗洞（图 14-8），盗洞的大部分为窄而长的空穴，仅口部为少量松土虚掩，约为宋元时期盗掘景陵的遗迹。墓冢接近顶部处有一竖井式盗洞，据当地史家沟村民史林和冢头村民陈跟头回忆，系 1941 年盗掘者所挖，没有盗出什么值钱的文物，但对墓室破坏严重。[5]

盗墓贼掘墓之前，也害怕墓中设有机关。晚唐时期，关中一位具有三十年盗墓经历的专业冢贼，曾经进入一座古墓，从墓道直下三十余尺，见到一石墓门，想办法用工具打开门，突然间门内有利箭不断射出，竟有百余发。等门内不再射箭了，再以物撞开石门，一盗贼先入，却被轮剑所中，当场毙命。门内有十余位木人周转运剑，其疾如风，

---

1 郭建邦：《孟津送庄汉黄肠石墓》，《河南文博通讯》1978 年 4 期。
2 《全唐诗》卷八〇六《寒山》，9171 页。
3 《资治通鉴》卷一八八《唐纪四》，5902 页。
4 中国社会科学院考古研究所洛阳汉魏城队等：《北魏宣武帝景陵发掘报告》，《考古》1994 年 9 期。以下所引有关景陵的发掘情况，均源于该报告。
5 方孝廉：《文物考古工作四十年回顾》，《方孝廉考古文集》，中州古籍出版社，2014 年，16 页。

图 14-8 景陵封土前的盗洞（南→北，洛阳古代艺术博物馆供图）

势不可当。有盗贼用横木抵御，控制木人的机关马上停了，盗墓者赶快将木人手中的剑夺去，并顺利进入墓室。但见室内帐幄整齐，毛褥舒展，铺于座上。设置有漆灯，特别明亮，木质的人像与姬妾都是成双成对。离墓底一丈多高的地方，有一具皮子包裹着的棺木，以铁索悬挂起来。盗贼用木头撞击棺材，才使棺动，立刻就有砂子像水一样流下来，顷刻之间无法阻止，到处都是流沙。冢贼赶快奔出石门，砂子已深达二尺多。过了一会儿，再看墓室内已被砂子填满，无法再进，竟然不知道是何人的墓穴。[1]

　　从发掘的遗迹来看，洛阳北魏宣武帝景陵未见上述文献所说的各类机关。墓道内残留的痕迹足以说明，从冢前古盗洞进入的盗贼，先是沿着墓道西壁前行 16 米，再折向墓道东壁，毁坏厚厚的封门墙，进入甬道与墓室。1941 年挖掘竖井式盗洞的盗墓者，在砖壁墓道以南直接下去，并与古盗洞汇合，沿同样的行进路线进入墓室。半个世纪后的 1991 年，考古工作者发掘墓道时，发现在第一道封门墙之前的砖壁墓道内，堆满了厚度

---

[1] （五代）杜光庭撰、萧逸校点：《录异记》卷八《墓》，收入《次柳氏旧闻》（外七种），128 页。

达4米左右的扰乱土，很难分辨出这些土是哪一次盗掘所为。

在长达40.6米的墓道北端，是第一道又高又厚的封门砖墙，将前甬道口严密地封死，却无法挡住盗墓贼贪婪的私欲和疯狂的脚步。他们将封门墙的顶部大面积拆毁，在其东侧下部还挖出一个几乎一人高的大洞（图14-9），这都是盗贼进出墓室的路径。

从第一道封门墙向北，进入前甬道。盗贼将甬道券顶南半部破坏，坍塌严重。他们四处寻宝，甚至将甬道底部绝大部分石板揭开，看看下面是否藏有宝物。再向北为后甬道，是厚1.9米的淤土与乱砖层相间的无序堆积。墓冢顶上的竖井式盗洞是个值得注意的隐患，在遇到下雨天的时候，雨水带着泥土顺着盗洞流入墓室，所以墓室内积

图14-9 被盗贼部分拆毁的景陵封门砖墙
（南→北，洛阳古代艺术博物馆供图）

存了大量淤土。后甬道北端厚重高大的石门，也被盗贼们砸坏，倒在地上（图14-10）。东西两壁上残留的条状浅沟，是盗墓贼将大型器物从墓室拖向墓外的罪证。

由后甬道继续向北，经过第二道封门墙及石门，进入青条砖垒砌的墓室，民国时期的土匪们在东壁中部留下一个3.2米见方、穿透墓壁的残破口，将墓室底部铺地石板几乎全部揭起，到处搜寻宝物，室内堆满厚度达1.9米的扰乱土和淤土，盗贼们还在墓室北壁前的堆积土中，挖了一个4~5平方米、深至生土以下的大坑，他们生怕错过每一次发现皇家宝藏的机会，以至于宁可挖地三尺，也决不放过一寸土地。

图 14-10 被盗贼破坏的景陵后甬道石门（南→北，洛阳古代艺术博物馆供图）

由于盗墓贼肆无忌惮的疯狂盗掘，墓室内的随葬品大多被盗走，残存者寥寥无几，有的被打碎，碎片混于前后甬道、墓室的扰乱土之中，有的早已移动了位置。经过整理，出土完整及可以复原的器物共45件，包括青瓷器、釉陶器、陶器、石器、铁器五类。在清理中，还发现盗贼带入墓内的晚期器物9件，分别出于盗洞及扰乱土中，有白瓷盏、碗、盘、黑瓷盂形器等宋代遗物。另有北宋晚期圣宋元宝1枚，清代光绪元宝铜钱2枚。在墓冢南端墓道的盗洞淤土中发现半面残铜镜。景陵于1991年6月1日开始发掘（图14-11），墓道入口处2~4米厚的夯土十分坚硬，发掘速度比较慢，所以6月14日发现残镜，说明距离墓道入口处不远。[1] 以上这些出土器物都是北魏景陵被盗时间的物证，说明景陵多次遭到盗掘。这面残铜镜应是盗墓贼无意之间留下来的罪证。

1　2015年10月9日，洛阳古代艺术博物馆副馆长徐婵菲提供原始发掘记录。

图 14–11 正在景陵墓室内发掘的考古学者（右一段鹏琦，右二肖淮雁；洛阳古代艺术博物馆供图）

发掘者推测，景陵第一次被盗挖的时间应在北宋之后、元代以前，是从墓道公开挖掘的，盗洞里填的都是碎夯土。北宋末年，金兀术南侵占领洛阳后，对宋陵进行了疯狂盗掘，景陵可能是他们这次盗掘活动的牺牲品。[1] 我进一步查找了一些宋金时期史料，初步判定盗掘景陵应是金人扶持下的傀儡政权伪齐刘豫部下所为。《宋史·刘豫传》载，北宋灭亡之后，金人统治中原，南宋绍兴二年（1132 年）四月，刘豫之子刘麟"籍乡兵十余万，为皇子府十三军。分置河南、汴京淘沙官，两京冢墓发掘殆尽"[2]。《大金国志·齐国刘豫录》记，阜昌三年（1132 年）四月，"西京兵士卖玉注碗与三路都统，豫疑非民间物，勘（鞫）[鞫] 之，知得于山陵中。遂以刘从善为河南淘沙官，发山陵 [及] 金人发

---

1 方孝廉：《北魏宣武帝陵寝发掘回忆》，《方孝廉考古文集》，241 页。
2 《宋史》卷四七五《刘豫传》，中华书局，1977 年，13796 页。

不尽棺中水银等物"[1]。

北魏景陵出土的残铜镜,其年代有三种可能性:一是北魏随葬品,二是金代盗掘者留下的遗物,三是清代至民国时期盗墓贼的遗物。洛阳发掘出土的北魏铜镜数量极少,仅见两面铜镜,一面铁镜。从景陵残镜的形制上看,也不具有北朝铜镜的特点。所以,考古简报整理者认为其年代可能晚至明清时期。残镜的直径8.5、外缘厚0.65、内断面厚0.18厘米,重量51.5克（图14-12）。与其纹饰相似的铜镜有两面。一面是黑龙江哈尔滨民间收藏完整的金代仿唐奔马禽鸟铜镜,伏兽钮,高窄缘,直径8.4、缘厚0.65厘米,重110克。此镜发现于阿城地区,阿城为金上京遗址所在地,金代遗物众多。这面铜镜与景陵所出残铜镜形制大小、纹饰,几乎完全相同。围绕钮座的内区饰以3匹奔马,外区装饰12只鸟。另有一面纹饰近似的铜镜,现藏日本泉屋博古馆,定为宋镜,直径8.6厘米（图14-13）。[2] 从目前发现的实物来看,金代曾经仿造唐代瑞兽葡萄镜铸造了一些铜镜。其风格与唐镜类似,但制作工艺较为粗糙,尺寸较小。所以,景陵出土残铜镜的时代,应该为金代仿唐铜镜,它为北宋末年金人统治区内盗掘景陵提供了实物佐证。

北魏景陵是新中国成立后洛阳地区科学发掘的第一座皇帝陵墓。谁也未曾料到,景陵竟然惨遭疯狂盗掘,盗墓贼们为了寻宝,不惜挖地三尺,连墓室铺地石也被掀了个底儿朝天。以黄土作堆,伫立在地面上高24米、直径100米左右,巨大无比的封土堆,无疑是招来盗墓者野蛮劫掠最显著的符号。邙山上大大小小、或高或矮、酷似馒头状的墓冢,昭示着墓主人生前显赫一时的地位与身份。不同朝代的封土堆,外形轮廓是不一样

---

1 （金）宇文懋昭撰、李西宁点校:《大金国志》卷三一《齐国刘豫录》,《二十五别史》17册,齐鲁书社,2000年,234—235页。
2 沙元章:《辽金铜镜》,黑龙江美术出版社,2007年,224页;[日]泉屋博古馆:《泉屋博古·镜鉴编》,85页。

图 14-12　景陵盗洞出土金代残镜（李波摄影）

图 14-13　泉屋博古馆藏金代奔马花鸟镜（《泉屋博古·镜鉴编》，85 页）

图 14-14　孟津三十里铺附近的汉魏陵墓（1958 年拍摄，洛阳市文物考古研究院供图）

的。在洛阳百姓中流传的俗话"唐方魏尖汉扑塌"，意思是说，唐代的墓冢形状为方形，北魏陵墓的封土堆顶部看起来是尖的，汉代的墓冢有点像低矮的小山丘，在平面上摊子铺得很大，却不太高（图 14-14）。邙山上凡是有冢头的墓葬几乎是洗劫一空，无一幸免，多次被盗，惨不忍睹，这真是应了唐代诗人张祜的《洛阳感寓》诗：

> 扰扰都城晓四开，不关名利也尘埃。千门甲第身遥入，万里铭旌死后来。洛水暮烟横莽苍，邙山秋日露崔嵬。须知此事堪为镜，莫遣黄金漫作堆。[1]

---

[1] 《全唐诗》卷五一一《张祜二》，5864 页。

后 记

这是一次和以往任何一次写作都有所不同的经历。我既对较为陌生的文风感到新鲜,又觉得富于挑战性,在不断探索和学习的过程中完成了这次有关中国古代铜镜文化写作的短暂旅行。

2015年1月,一次偶然的机会让我与有过一面之缘的三联书店编辑曹明明女士取得了联系。在交谈过程中,她向我约稿,希望能写一本有关古代铜镜的书,并建议书中最好能包括铜镜形制、故事,与铜镜相关的文化、文物等方面内容。她先后找来十余本三联出版的同类书,让我学习、研读,体会三联此类图书的写作风格。阅读之后,我的写作思路与文风逐渐发生了变化。3~5月,我试写了几个铜镜小专题。5月下旬,选题顺利通过审核,签订了出版合同,我开始了艰难的写作之旅。8月,打破原有编年体框架,按专题重新修改、设计目录。每当完成一至两个小专题之后,就将征求意见稿发送给编辑,约好时间当面讨论稿子的优劣,她每次都能提出切实可行的修改意见,从而使稿子所写内容更加充实、完善,书名也由最初的《镜若长河:中国铜镜的演变与转折》,改为现在这个略微大众化的标题。

本书包括五个方面的内容。一是引言《以史为鉴》,通过讲述三位皇帝与多面镜子的故事,说明镜子不仅是生活中普通的照容器具,而且是国家兴亡的标志,镜子的重要性由此彰显出来。二是关于镜鉴的本体研究,主要把握中国铜镜发展史上的关键问题,即能够体现战国、两汉、唐代三个时段最高技术水平的特种工艺镜,具有特色的一般工艺镜,如含有文学意味的铭文镜、被人忽视的铁镜等。三是铜镜技术与置镜器具,即铸镜、磨镜、镜架与镜台。四是铜镜与古人的社会生活,《耕人犁破宫人镜》说的是铜镜在城址内外的踪影,《镜殿写青春》论述的是镜子在建筑中的展示,《白居易的镜子》探讨的是铜镜在诗人生活中的显现,《佳人览镜》描绘的是艺术载体中对镜子的审视。五是黄泉之下镜与墓的关系,如《汉墓鉴影》《墓里盗出的镜子》。

　　本书是在考古学视野下进行的镜鉴学研究,并非传统金石学视角下的探讨。所谓考古学视野,是将镜鉴作为考古遗址或墓葬中的出土器物,进行较为全面而又深入的研究。不是孤立、片面、单纯地仅对镜鉴本身做研究,而是结合当时的社会生活,尽可能复原镜鉴在古代人们生活场景中的位置,由此达到"透物见人"的目的,从而扩大镜鉴研究的范围,努力丰富研究视角的多样化。太史公所谓"究天人之际,通古今之变,成一家之言",这是作为史学家的最高境界,虽不能至,心向往之。

　　通过写作,我发现这本书的最大特点在于跨界杂糅、整合引领。它以考古学为根基,试图熔文物、历史、文学、艺术于一炉,整合与铜镜相关的各类资料,有点像我小时候在家乡洛阳吃的烩菜。这种文体看似信手拈来,侃侃而谈,实为捉襟见肘,绞尽脑汁,需反复锤炼才行。由此看来,如何在目前铜镜著作日渐增多的情况下,写出自己的特色,创出一些新意,激发读者的兴趣点,的确是一件需要动脑筋的事。第二个特点是以鉴论史,透镜见人,从单纯的器物探讨上升到物质文化史研究的高度,并结合城市考古学、社会生活史、美术史、文学史等方面的研究成果来分析。第三个特点是在本书写作专题的选择上,把握"人无我有,人有我优,人优我走"的原则,尽可能选择自己熟悉、擅长、具有一定创新性的专题来写,放弃其他铜镜书已多次写过并且难以超越的专题。"必有详人之所略，异人之所同，重人之所轻，而忽人之所谨"（章学诚《文史通义》内篇四《答客问上》）。

中国国家博物馆是具有铜镜研究传统的文博考古机构，我有幸就职于此。1958年沈从文先生编著的《唐宋铜镜》发行，1984年孔祥星先生等合著《中国古代铜镜》面世，1992年孔先生等主编《中国铜镜图典》发行；1991年孙机先生著、2008年增订出版《汉代物质文化资料图说》，将铜镜分为四个专题进行了较为深入的探讨。这些著作不仅在学术界产生较大反响，而且对我的研究思路影响至深。

在本书写作过程中，国博孔祥星先生、四川大学黄伟、霍巍老师给予诸多学术指导，孔先生还帮助翻译了日文资料。川大代丽鹃博士、国博李重蓉女士阅读了本书部分文稿，并提出一些修改意见。中国社会科学院考古研究所刘庆柱、徐殿魁、许宏、徐龙国、杨勇、汪勃、韩建华等先生，南京师范大学王志高教授，苏州博物馆程义先生，成都博物馆苏奎博士，洛阳博物馆王绣老师，洛阳市文物考古研究院程永建、张鸿亮、黄吉军先生，洛阳古代艺术博物馆徐婵菲女士、李波先生，西安市文物保护考古研究院高博先生，徐州博物馆朱笛女士提供多幅铜镜图版及相关资料；故宫博物院展梦夏博士提供院藏《磨镜图》资料信息。扬州市文物考古研究所束家平所长、王小迎女士，扬州博物馆王冰先生，仪征博物馆刘勤馆长、夏晶副馆长慨允我观摩并拍摄扬州汉墓出土的4面特种工艺镜，为本书增加了一些新材料。日本东亚大学黄晓芬教授赠予《正仓院》图录，韩国国立中央博物馆文東洙（Moon Dongsoo）女士提供该馆藏两件镜架图片及相关信息，英国大英博物馆中国部负责人霍吉淑（Jessica Harrison-Hall）女士授权使用该馆的两幅文物图片，美国纳尔逊·阿特金斯艺术博物馆中国艺术部主任马麟（Colin Mackenzie）博士、加拿大皇家安大略博物馆副馆长沈辰博士惠赐洛阳金村铜镜及馆藏镜台图片资料。国博马玉梅、王方女士、朱万章先生给予多方面帮助。责任编辑曹明明女士总是在百忙中抽出宝贵时间，不厌其烦，多次对本书初稿提出具体、细致的修改意见，从而保证了书稿质量，进一步加快了本书的写作进度。美术编辑康健先生不辞劳苦，将近300幅大小不同、形式各异的图片精心编排，合理布局，并设计出能够充分反映本书特色的封面，令人赏心悦目。在此书即将出版之际，谨向以上这些师友、同道表示诚挚的谢意。

20多年前，我为自己设定理想的生活目标是自由穿行于自然、历史与艺术之间。这本小书的出版在一定程度上部分实现了这一目标，我努力将其作为一件"艺术品"来打造，让读者细细咀嚼这遥远悠长的考古诗行。

为理想而战，付出的代价是巨大的。11年前，年近90的父亲霍金水溘然长逝。正在蜀地负笈求学的我，千里奔丧中原，未能与老父见上一面。11年后的丁酉正月初八，年逾九旬的母亲刘东英驾鹤西归。侍奉在她老人家床前的我，面对亲人生命一分一秒地逝去，却无力回天。仿佛眺望着夕阳的金色余晖，一点一点，光辉渐渐褪尽，最终隐没于遥远的地平线之下。当我办完母亲的后事、背起行囊即将返程之际，再也听不到母亲反复的嘱咐与美好的祝愿。寂寞归途中始终伴随我的，是那一直延伸至天边的地平线和对亲人的无尽思念。

自古忠孝难以两全。对于养育我的父母双亲的恩情，今生难以回报，谨将这本小书献给我的父亲霍金水、母亲刘东英。

霍宏伟
丙申惊蛰，于紫竹院昌运宫京洛堂
丁酉清明补记